新时代中国仿真应用丛书

仿真与作战

曲向丽　金伟新　著

国防工业出版社
·北京·

内 容 简 介

本书主要从基础理论、基础技术、应用技术、前沿技术四个方面对作战仿真进行了分析与介绍,大部分内容属于作战仿真理论与实践中的疑难课题,包括作战体系建模与仿真技术、作战大数据建模与仿真技术、作战云建模与仿真技术、作战智能建模与仿真技术、无人系统建模与仿真技术等。

本书的读者可以是在军工科研院所、大学仿真相关院所、部队院校、作战部队与机关等工作、学习的教学科研人员、大学生、研究生、部队指战员等。

图书在版编目(CIP)数据

仿真与作战 / 曲向丽, 金伟新著. -- 北京 : 国防工业出版社, 2025. 5. -- ISBN 978-7-118-13690-6

Ⅰ. E83-39

中国国家版本馆 CIP 数据核字第 20256U6L58 号

※

国防工业出版社出版发行

(北京市海淀区紫竹院南路 23 号　邮政编码 100048)

三河市天利华印刷装订有限公司印刷

新华书店经售

*

开本 710×1000　1/16　**印张** 13　**字数** 210 千字

2025 年 5 月第 1 版第 1 次印刷　**印数** 1—1500 册　**定价** 88.00 元

国防书店:(010)88540777　书店传真:(010)88540776

发行业务:(010)88540717　发行传真:(010)88540762

新时代中国仿真应用丛书
编委会

序　言

“聪者听于无声，明者见于未形。”当前，“仿真技术”以其强大的牵引性、带动性、创新性，有力促进了虚拟现实、人工智能等大批前沿科技的发展。仿真领域已经成为国际竞争的新焦点、经济倍增的新引擎、军事斗争的新高地。

即将付梓的这套“新时代中国仿真应用丛书”，就为推动新时代仿真领域的发展进行了重要理论探索，可谓应运而生、恰逢其时，有助于我们把握先机，努力掌握仿真领域创新发展的主动权。

所谓“不畏浮云遮望眼”，仿真的根本目的，就是要运用好信息技术革命的成果，来驱散经济社会复杂系统的迷雾，看清态势、明辨方向、掌控全局，实现预见未来、设计未来、赢得未来。这就像双方下棋一样，如果脑子里装着所有的棋谱和战法，就一定能快速反应、从容应对。以军事领域为例，美国从国防部到各军兵种，都有仿真建模的研究机构，如国防部建模仿真协调办公室(M&SCO)、海军建模与仿真办公室(NMSO)、空军建模与仿真局(AFAMS)等。美军在军事行动前，常对部队训练水平和战争进程进行兵棋推演，推演时间、效果与实际作战往往能达到高度一致，对战争胜利发挥至关重要的作用。在未来战场上，仿真要做到拥有各种先验的最佳路径、棋谱战法，能够根据敌人的兵力部署、可能的作战想定，迅速地给出最佳的应对策略，而且算无遗策。

从更广领域看，当前的经济社会是一个开放的复杂巨系统，其涉及因素众多、关系耦合交织、功能结构复杂，对仿真提出了更高要求。仿真绝不是对现实世界中单个要素的简单再现和拼盘，而是要以虚拟仿真的手段，做到集成和升华，像剥笋一样，一层又一层，实现“拨开云雾见青天”的效果。这就需要我们充分利用各领域、各行业、各系统的先进技术与数据资源，运用系统工程思想、理论、方法、工具，做到集腋成裘，“集大成，得智慧”。

“千金之裘，非一狐之腋也。”“新时代中国仿真应用丛书”要编出水平、编出影响，离不开各方的大力支持和悉心指导。在此，恳请各有关方面的专家，关注本丛书，汇聚起跨部门、跨行业、跨系统、跨地域的智慧和力量，让颠覆性的思想充分迸发，让变革性的观点广泛聚合，把本丛书打造成为仿真领域传世精品。

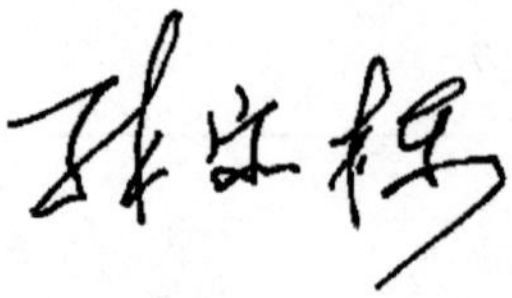

孙家栋：中国科学院院士，“共和国勋章”获得者。

前　言

仿真与作战的渊源很久远。在中国,墨子可谓是运用现代作战仿真技术(运用仿真工具和科学的仿真方法,仿真并推演作战结果)的鼻祖,其通过"解带为城,以牒为械"进行攻防推演,"公输盘九设攻城之机变,子墨子九距之",公输盘不得不承认失败。最终,墨子借助仿真推演,以惊人的勇气和机智制止了一场不义战争,实现了止楚攻宋这一目标。这一史实发生于我国的春秋战国时期。虽然从仿真技术角度看起来比较初级,与现代计算机仿真技术差距很大,但无疑地,它反映出仿真技术方法应用于作战研究确有十分久远的历史。

事实上,仿真技术对作战的支持相继经历了早期智力推演(如墨子所用方法)、兵棋对弈、沙盘仿真、实兵演习、图上作业、刻板式作战仿真(rigid war simulation,1811 年,德国)、自由式作战仿真(free war simulation,1876 年,普鲁士)、兰彻斯特微分方程(1914 年,英国)、蒙特卡罗方法(1950 年,美国)、作战仿真解析方法(作战数学模型求解)到今天仍在普遍使用的计算机作战仿真方法(虚拟仿真、实况仿真、推演仿真)等。可以说,仿真技术发展到今天如此广泛、如此深入地嵌入国家政治、经济、军事各领域,与军事上作战需求的牵引、拉动密不可分。

现代作战仿真技术内容繁多,但从技术的固有属性出发,仍可将其划分为作战仿真基础技术、作战仿真应用技术、作战仿真前沿技术三大类别。伴随仿真技术从基础和应用两大方向上更深入地嵌入社会各领域的方方面面,(作战)仿真技术的科学化与工程化趋向日益突出,本书单设"作战仿真技术的科学化与工程化"一章,对这部分内容加以介绍。基于以上考虑,本书对作战仿真技术展望的介绍,也将依此标准,独立设章加以介绍。在各章节的内容取舍上,将按照"常用、必须、最新"作为基本的判别标准与条件,力求将最新的、最基础的、最重要的、最关键和必备的作战仿真技术介绍给各位读者和同仁。

本书共 6 章:第 1 章为概述,主要介绍作战仿真的基本概念、基本模型、基本理论和基本方法;第 2 章为作战仿真基础技术,重点介绍作战仿真的实体建模技术、网络建模与仿真技术、行为建模与仿真技术、智能建模与仿真技术和环境建模技术;第3章为作战仿真应用技术,主要介绍作战想定设计技术、作战数据建模技术、作战要素建模与仿真技术、作战系统建模与仿真技术、作战体系建模与仿真技术、作战对抗建模与仿真技术、作战仿真实验技术、作战仿真评估技术;第4章为作战仿真前沿技术,重点介绍作战仿真的综合集成与一体化融合技术、作战复杂网络建模与仿真技术、作战无人(机、船/艇、车)系统建模与仿真技术、作战大数据建模与仿真技术以及作战云仿真技术;第5章为作战仿真技术的科学化和工程化,主要介绍基于仿真的工程科学、基于模型的系统工程、基于仿真的战争科学与工程三部分内容;第6章为作战仿真技术展望,分别从虚拟化、网络化、智能化、数字化四个方面对未来作战仿真技术的发展趋向进行预测和分析。

伴随仿真技术的进一步发展和仿真能力水平的显著提升,仿真技术与作战的紧密联系也得到了前所未有的加强,仿真技术深入融合作战的各领域、各层次、各活动、各机构。对于今天的军队,仿真已经实实在在地成为军队作战能力的有机组成部分。

作者

2025年1月

目　录

第1章 作战仿真概述

作战仿真是仿真在军事领域，特别是作战领域的一种应用形式。随着计算机、网络、大数据、云计算等仿真支撑技术的快速发展，作战仿真已成为世界主要国家军队建设发展、作战筹划、武器装备研发、作战训练、作战方案评估等的重要辅助决策手段与工具，为这些国家的国防和军队建设、部队作战训练、院校教学和指挥员培训、武器装备研制与采办等作出了巨大的贡献。

目前，作战仿真技术已被各主要国家广泛深入地应用于各个层次、军种和领域。从应用层次上，作战仿真已非常广泛地应用于战略、战役、战术多个层次。从应用军种上，作战仿真已十分普遍地应用于陆、海、空、天等多个军种。从应用领域上，作战仿真已全面深入地应用于指挥、后勤、装备、网络等多个领域。

作战仿真的用户对象包括国家战略决策与指挥人员、军队领率机关、军兵种部队、军队高校、科研院所、军工企业、军队试验基地和保障机构等。

作战仿真的内容体系非常庞大而繁杂。为了便于读者学习、了解和应用，本书将重点聚焦于作战仿真技术。在具体介绍作战仿真技术之前，本章主要以概述的形式对作战仿真的部分基础知识进行扼要介绍，包括作战仿真基本概念、基本模型、基本理论与基本方法。

1.1 作战仿真基本概念

什么是作战仿真？迄今为止，可以在很多著作、教材、论文中找到相关的定义、解释和注译。尽管这些定义、解释并不统一，但以下两类具有一定的典型性和代表性：第一类，我国军方及部分从事装备仿真研究的专家学者对作战仿真的基本概念的界定、理解；第二类，美国等国外军方及学术界对作战仿真的内涵、外延给出的定义。

第一类代表性的术语表述有“作战模拟”“作战仿真”“战争模拟”“联合作战模拟”“联合作战仿真”“一体化联合作战仿真”“基于信息系统的体系对抗仿真”“体系对抗建模与仿真”“战役仿真”“战术仿真”“空战仿真”“海战仿真”“陆战仿真”“电子对抗仿真”“网络作战仿真”“导弹战仿真”等。第二类代表性的术语表述有“combat simulation”“combat model”“joint combat simulation”“warfare simulation”“battle simulation”“wargaming”“war gaming”“modeling and simulation”“MAPEXs”“STAFFEXs”“CPXs”“tactical simulation”“combat support simulation”“logistical simulation”“joint electronic warfare simulation”“joint networks simulation”“constructive simulation”“virtual simulation”“live simulation”等。

近年来,国内外专家学者对于中、英文两种不同表达形式的基本概念术语,对其基本内涵和外延的界定,正在逐渐地趋向一致。但是,对作战仿真概念的理解,比较明确地区分为广义和狭义两种。狭义的理解,普遍认为,作战仿真就是对作战(战争)过程、作战行动、作战活动、作战程序、作战效果、作战手段、作战方法的仿真,包括战争仿真、战役仿真、联合作战仿真、作战行动仿真、战斗仿真等各层次、各领域、各类别。广义的理解,则是将所有与作战关联紧密的相关事务、活动、行为都纳入作战仿真门类下,除包含狭义理解的作战仿真内涵外,还包括所有国防、军队、武装力量建设发展和运用类仿真,包括军队建设发展规划、作战规划、国防科技发展战略规划、作战需求分析、武器装备研制与试验、武器装备体系需求分析等的仿真。在本书中,介绍各类作战仿真技术时将以狭义理解为主,但在需要时,也将包含部分广义的作战仿真类别与内容。

基于以上分析,对作战仿真的基本概念作以下界定:作战模型是对作战与指挥人员、作战与保障装备、作战系统/作战体系、作战对象、作战环境等作战相关的主体或客体的全部或部分性质、状态、行动、活动、过程的物理的、数学的或其他形式的完整表达或描述,而作战仿真就是作战模型的执行、推演或演练。从层次上,作战仿真可以划分为战争仿真、战役仿真、战斗仿真三个主要类别。从仿真对象及专业属性上,作战仿真可以划分为联合作战仿真、体系对抗仿真、陆战仿真、海战仿真、空战仿真、导弹战仿真、天战仿真及信息作战、网络作战、电子对抗仿真等。从对抗方角度,作战仿真可以划分为单方作战仿真、双方对抗仿真和多方对抗仿真。从领域属性上,作战仿真可以分为作战行动仿真、指挥控制仿真、作战/后勤/装备保障仿真等。从时间维度上,作战仿真可以划分为作战准备阶段仿真、作战筹划阶段仿真、作战实施阶段仿真等。

以下是对部分作战仿真相关基础概念的理解与定义。

战争仿真：借助仿真工具、手段(可以是数学的、物理的或虚拟的、实物的等)搭建完成一个接近真实的战争环境,在该环境中,战争决策者/指挥者、执行者或其他参与者对战争的发生、发展、演化过程、终局进行推演、分析的一种仿真类别,是辅助战略决策者/指挥者进行战争决策或战争指导、战争布局、战争实施的重要辅助决策手段与方法。

战役仿真：利用真实或仿真的装备、器材、场地、设施,按照构设或实际的战役目的,对战役的筹划、组织、准备、实施部分或全部活动、程序、过程所进行的单方或多方对抗的模拟推演、战役演习或战役实验等。战役仿真重在辅助战役指挥员理解战役的发起、筹划、组织、实施程序、过程,训练战役指挥能力以及探索与总结战役活动控制规律。

战斗仿真：按照战斗企图立案,利用真实或仿真的装备、器材、场地、设施,对战斗的筹划、组织、准备、实施部分或全部活动、程序、过程所进行的单方或多方对抗的模拟推演、战术演习或战术实验等。战斗仿真重在辅助战术指挥员、其他战斗人员或保障人员理解战斗的发起、组织、实施程序、过程,训练战斗指挥能力,以及探索与总结战术活动控制规律。

联合作战仿真：按照联合作战的企图立案,利用真实或仿真的装备、器材、场地、设施,对联合作战行动或保障行动的筹划、组织、准备、实施部分或全部活动、程序、过程所进行的单方或多方对抗的模拟推演、联合演习或联合实验等。联合作战仿真重在辅助联合作战指挥员、其他联合作战人员或保障人员理解联合作战行动的发起、组织、实施程序、过程,训练联合作战指挥能力,以及探索与总结联合作战行动控制规律。

体系对抗仿真：按照战争或战役体系对抗的企图立案,利用真实或仿真的装备、器材、场地、设施,对战争或战役体系对抗行动或保障行动的筹划、组织、准备、实施部分或全部活动、程序、过程所进行的单方或多方体系对抗的模拟推演、体系对抗演习或体系对抗实验等。体系对抗仿真重在辅助体系对抗战争或战役指挥员、其他参战人员或保障人员理解体系对抗行动的发起、组织、实施程序、过程,训练体系对抗指挥能力,以及探索与总结体系对抗行动控制规律。

陆战仿真：利用真实或仿真的装备、器材、场地、设施,按照战争、战役或战斗企图立案,对陆战作战行动或保障行动的筹划、组织、准备、实施部分或全部活动、程序、过程所进行的单方或多方对抗的模拟推演、实兵演习或作战实验等。

陆战仿真重在辅助作战指挥员、其他参战人员或保障人员理解陆战行动的发起、组织、实施程序、过程，训练陆战指挥能力，探索和总结陆战行动控制规律。

海战仿真：利用真实或仿真的装备、器材、场地、设施，按照战争、战役或战斗企图立案，对海战作战行动或保障行动的筹划、组织、准备、实施部分或全部活动、程序、过程所进行的单方或多方对抗的模拟推演、实兵演习或作战实验等。海战仿真重在辅助作战指挥员、其他参战人员或保障人员理解海战行动的发起、组织、实施程序、过程，训练海战指挥能力，探索与总结海战行动控制规律。

空战仿真：利用真实或仿真的装备、器材、场地、设施，按照战争、战役或战斗企图立案，对空战作战行动或保障行动的筹划、组织、准备、实施部分或全部活动、程序、过程所进行的单方或多方对抗的模拟推演、实兵演习或作战实验等。空战仿真重在辅助作战指挥员、其他参战人员或保障人员理解空战行动的发起、组织、实施程序、过程，训练空战指挥能力，探索与总结空战行动控制规律。

导弹战仿真：利用真实或仿真的装备、器材、场地、设施，按照战争、战役或战斗企图立案，对导弹战作战行动或保障行动的筹划、组织、准备、实施部分或全部活动、程序、过程所进行的单方或多方对抗的模拟推演、实兵演习或作战实验等。导弹战仿真重在辅助作战指挥员、其他参战人员或保障人员理解导弹战行动的发起、组织、实施程序、过程，训练导弹战指挥能力，探索与总结导弹战行动控制规律。

天战仿真：利用真实或仿真的装备、器材、场地、设施，按照战争、战役或战斗企图立案，对天战作战行动或保障行动的筹划、组织、准备、实施部分或全部活动、程序、过程所进行的单方或多方对抗的模拟推演、实兵演习或作战实验等。天战仿真重在辅助作战指挥员、其他参战人员或保障人员理解天战行动的发起、组织、实施程序、过程，训练天战指挥能力，探索与总结天战行动控制规律。

网络作战仿真：利用真实或仿真的装备、器材、场地、设施，按照战争、战役或战斗企图立案，对网络作战行动或保障行动的筹划、组织、准备、实施部分或全部活动、程序、过程所进行的单方或多方对抗的模拟推演、实兵演习或作战实验等。网络作战仿真重在辅助作战指挥员、其他参战人员或保障人员理解网络作战行动的发起、组织、实施程序、过程，训练网络作战指挥能力，探索与总结网络作战行动控制规律。

电子对抗仿真：利用真实或仿真的装备、器材、场地、设施，按照战争、战役或战斗企图立案，对电子对抗行动或保障行动的筹划、组织、准备、实施部分或全部活动、程序、过程所进行的单方或多方对抗的模拟推演、实兵演习或作战实验等。

电子对抗仿真重在辅助作战指挥员、其他参战人员或保障人员理解电子对抗行动的发起、组织、实施程序、过程,训练电子对抗指挥能力,探索与总结电子对抗行动控制规律。

作战指挥控制仿真:按照战争、战役或战斗企图立案,利用真实或仿真的装备、器材、场地、设施,对作战指挥控制的部分或全部活动、程序、过程所进行的单方或多方对抗的模拟推演、实兵演习或作战实验等。作战指挥控制仿真重在辅助作战指挥控制人员理解战争、战役或战斗行动的发起、组织、实施程序、过程,训练作战指挥控制能力,探索与总结作战指挥控制活动规律。

装备保障仿真:按照战争、战役或战斗企图立案,利用真实或仿真的装备、器材、场地、设施,对装备保障行动的筹划、组织、准备、实施部分或全部活动、程序、过程所进行的单方或多方对抗的模拟推演、实兵演习或保障实验等。装备保障仿真重在辅助装备保障指挥员或其他装备保障人员理解装备保障行动的组织、实施程序、过程,训练装备保障指挥能力,探索与总结装备保障行动控制规律。

后勤保障仿真:按照战争、战役或战斗企图立案,利用真实或仿真的装备、器材、场地、设施,对后勤保障行动的筹划、组织、准备、实施部分或全部活动、程序、过程所进行的单方或多方对抗的模拟推演、实兵演习或保障实验等。后勤保障仿真重在辅助后勤保障指挥员或其他后勤保障人员理解后勤保障行动的组织、实施程序、过程,训练后勤保障指挥能力,探索与总结后勤保障行动控制规律。

与作战仿真关联紧密的基础概念还有许多,在此不再一一介绍。

1.2　作战仿真基本模型

仿真主要依托模型,作战仿真也不例外。如 1.1 节所述,作战仿真有许多类别,相应地,作战仿真模型也存在许多不同类别,如联合作战模型、体系对抗模型等。作战仿真模型作为作战仿真的最基础模型,主要有实体模型、机动模型、交战模型、评估模型、环境模型和网络模型。

1.2.1　实体模型

实体模型是作战仿真模型中最基础的模型。实体模型主要分为以下几种类别:从结构形态上,可将其划分为单体(或元实体)模型、聚合体(或复合体)模型;从物理性态上,可将其划分为实物模型、半实物模型、虚拟模型;从是否具有自主决策能力上,可将其划分为普通实体模型和智能实体(智能体)模型;从与环境的关系上,可将其划分为主动实体模型和被动实体模型;从实体职能属性上,可将其划分为指控实体模型和执行实体模型;等等。

实体模型的描述需要区分不同的粒度,需要在不同的粒度水平上对实体的物理属性、功能属性、活动属性及交互属性进行精准分析并提供定性、定量的指标集合。属性分析与指标选择是作战仿真实体模型描述的最基础工作,也是影响作战仿真效能、效果的核心与关键环节。

实体模型描述的难点和重点是分辨粒度确立和不同粒度实体之间聚合解聚关系的建模。

1.2.2 机动模型

机动模型是作战仿真最重要的模型之一。机动模型的最基础形式是物理学上的运动方程,其应用形式非常丰富。从空间属性上,机动模型可以划分为陆上机动模型、海上机动模型、空中机动模型、外层空间机动模型及赛博空间机动模型等。从军种属性上,机动模型可以划分为陆军机动模型、海军机动模型、空军机动模型、火箭军机动模型等。从应用层次上,机动模型可以划分为战略机动模型、战役机动模型、战术机动模型等。

机动模型建模及算法设计需要重点关注:①不同环境条件下(交战条件和陆路、水路、空中不同运载平台、不同路况、不同气象水文条件下)机动速度的设计和选取,应尽最大可能与实兵实装实际路况环境条件下一致;②不同装载、卸载场地(港口、码头、机场、车场等)滞留及装卸载时间的确立与选取,在实践操作上应尽可能与实兵实装实际背景和所用时间一致;③机动过程指控指令的响应与通信处置应与部队实际作战、演习相一致;④作战条件下道路、桥梁的受损及修复等处置需要与实际作战环境一致;⑤机动过程中部队的受损与各种条件下的减员及机动过程中油料等能源消耗应与实际机动行进中的能源耗费一致;⑥指挥员对特殊情况的处置应能根据通信条件的变化使部队的行进状态发生合理变更与调整;等等。

1.2.3 交战模型

交战模型是作战仿真最重要的模型,也是作战仿真实践处理难度最大的模型。从空间属性上,交战模型可以划分为空战模型、海战模型、陆战模型、导弹战模型、电子战模型、网络战(或赛博战)模型等。从攻防对抗各自所处位置属性上,交战模型可以划分为地对空防空作战模型、空对地攻击模型、地对海(岸对舰/艇、地对舰/艇等)攻击模型、地对地攻击模型、空对空攻击模型、舰对舰攻击模型、地对天攻击模型、天对地攻击模型等。从军种属性上,交战模型可以划分为陆军作战模型、海军作战模型、空军作战模型、导弹部队作战模型等。从对抗方数量属性上,交战模型可以划分为双方交战模型、多方交战模型等。

交战模型建模的难点和重点是攻防样式、攻防方式、杀伤效应、战损计算等。其中,战损计算是重点中的重点和难点中的难点。战损计算的主要指标:①对于单装、点目标、单体目标,通常使用杀伤概率、毁伤概率、命中概率等指标描述;②对于集群目标、面目标、聚合目标,通常使用毁伤率、毁伤百分比、毁伤目标数、毁伤面积等指标描述;③对于作战系统、作战体系、装备体系、装备系统目标,一般使用失能概率、失能时长、压制时间、功能完好率、瘫痪概率等指标描述;④对于大规模、持续时间长的战役或战斗,兵力损失通常用单位时间杀伤率、单位时间损耗率等指标描述;等等。交战损耗模型特别需要注意各类指标计算的科学性、可信性、可用性。双方或多方对抗类交战模型比较典型的代表有博弈论模型和兰彻斯特方程。

1.2.4　评估模型

评估模型是作战仿真的必备模型。作战仿真的评估模型主要包括以下几类:效果评估模型、效率评估模型、效能评估模型。

(1)效果评估模型。效果评估模型主要包括战果评估模型、战损评估模型、目标实现度评估模型、使命任务完成度评估模型、战略意图实现度评估模型、敌战略意图被抑制度评估模型、敌作战意志力和抵抗力下降度评估模型、敌结盟能力下降度评估模型等。

效果评估模型重点在于评估结果的可用性、可信性和评估方法的科学性。

(2)效率评估模型。效率评估模型主要包括:时间利用率评估模型;空间利用率评估模型;作战效率评估模型;保障效率评估模型;国家战略资源利用率评估模型,包括人员和装备潜在作战能力转化率评估模型;国家其他潜在战略资源转化为作战能力转化率评估模型等。

效率评估模型的重点是科学设置效率评估指标和正确选取效率评估方法。

(3)效能评估模型。效能评估模型主要包括作战效能(能力)评估模型、保障效能(能力)评估模型等。效能评估模型的重点是客观评估潜在能力、准确评估真实能力、科学评估显效能力。效能评估要获得满意结果必须准确设置交战环境,使想定构设尽最大可能逼近未来作战实际。

评估模型最常用的模型主要有指数模型、概率模型和统计模型。

(1)指数模型。指数模型是评估模型使用最频繁和最广泛的模型。指数模型构设的关键是科学选取、设定、评价各类指数及准确确立各类指数之间聚合解聚关系。指数模型中的指数,简言之,就是使用一种绝对或相对的"数"去测度、评估各类装备乃至作战部队或保障部队不同条件下的"能力""效能""效率",并以此为依据,评判各作战或保障力量的战斗力水平,从而在交战或未经交战情形下,评判对抗双方或多方的胜负。

指数模型不仅仅用于仿真,对部队日常战备评估也极有价值。

(2)概率模型。由于对抗双方或多方是具有较强决策智慧和处置能力的指挥者或作战人员,加上侦察情报手段的局限性,战争"迷雾"在可预见的未来,将不可能也不会从战场环境上褪去或消失,因此,在实际的战争或真实的作战过程中许多事件的发生、发展及结局也常常不以某一方指战员的意志为转移,而是经由双方或多方对抗后使之结果具有很强的不确定性,也具有一定的盖然性。对于这类事件的描述或建模,常常选用概率作为事件是否发生的测度指标,也使概率模型过去是、现在是、将来若干时期内仍将是作战仿真的必选模型。

概率模型构建的难点与重点:如何设计和确立概率指标、概率分布密度函数、各概率指标间的数学函数模型。比如:仅就概率指标的确立就有杀伤概率、命中概率、隐蔽概率、发现概率、防护概率、机动概率、生存概率等;概率分布函数包括泊松分布、正态分布、幂函数分布、指数分布、δ 分布等;概率指标间的连接关系包括"串行"连接、"并行"连接、"串并行"连接等。

概率模型在作战仿真中的应用十分广泛,是作战仿真中非常重要的模型,包括联合火力打击、大规模导弹突击,甚至电磁对抗、网络攻击、赛博攻击等都有普遍的应用。

(3)统计模型。统计模型是一类比较特殊的作战仿真模型,与概率模型有关联,但也有自己的应用重点和领域。像均值、方差常常需要运用统计方法获得,有些分布函数也需要进行统计检验方可实际应用。统计模型也可用于对敌作战能力的静态评估与计算。

1.2.5 环境模型

环境模型是作战仿真的必需模型。环境模型包括自然环境模型、军事环境模型、社会环境模型、电磁环境模型。环境模型的描述要求真实、准确、可用、好用。环境模型是影响作战仿真有效性,特别是交战模型可信性的最重要因素。

任何战争的发生、发展、演化,任何战斗的发生、持续和终止都是在特定的战场环境中进行的。离开了战场环境的科学描述和精确描述,要获得好的仿真结果是很难想象的。

环境模型描述难度最大的仍是环境数据的获取和环境数据的建模与呈现,以及对各类实体的影响、作用关系的精准刻画与分析。环境模型中较为成熟的模型是自然环境模型和电磁环境模型,比较成熟的模型是军事环境模型,争议和难度较大的模型是社会环境模型。

1.2.6 网络模型

网络模型是伴随着信息化战争、网络化战争的出现而逐渐步入作战仿真模型家族前台的模型。网络模型描述的对象是交战各方实际和虚拟的、物理和拓扑的网络空间实体、结构及活动。

实际的、物理类网络模型描述的重点是与实际一致的网络结构及带宽、网络"节点""连边""流"属性及动力学规律;虚拟的、拓扑类网络模型描述的重点在于各类有向或无向、加权或无权网络度、连边、权重分布函数的建模及特征量的计算与分析。

计算机作战仿真应用网络模型的重点是各类网络特征量对作战、保障行动的影响分析、建模及网络态势表达与显示。

1.3 作战仿真基本理论

作战仿真之所以能取得今天这样比较显著的成绩,与作战仿真丰厚的理论底蕴密不可分。尽管迄今为止对作战仿真的基本理论体系的构成尚未形成一个无歧义且一致的公认框架,但以下几个板块应当说已形成作战仿真理论支撑体系的最基础的部分。这几个基础板块是仿真基础理论、作战仿真基础理论、军事运筹学基础理论、系统科学基础理论、人工科学基础理论和网络科学基础理论。

1.3.1 仿真基础理论[1]

仿真基于模型,模型的特性直接影响着仿真的实现。从仿真实现的角度来看,仿真对象系统可分为两大类:一类是连续系统;另一类是离散事件系统。由于这两类系统固有运动规律的不同,因而描述其运动规律的模型形式也存在较大差异(表1-1),由此,基于模型的仿真的基础理论被区分为两部分:连续系统仿真理论(continuous system simulation theory)和离散事件系统仿真理论(discrete event system smulation theory)。

表 1 – 1　仿真模型分类

<table>
<tr><th rowspan="2">模型描述变量的轨迹</th><th rowspan="2">模型的时间集合</th><th rowspan="2">模型形式</th><th colspan="2">变量范围</th></tr>
<tr><th>连续</th><th>离散</th></tr>
<tr><td>空间连续变化模型</td><td>连续时间模型</td><td>偏微分方程</td><td>√</td><td></td></tr>
<tr><td>空间不连续变化模型</td><td>连续时间模型</td><td>常微分方程</td><td>√</td><td></td></tr>
<tr><td rowspan="6">离散(变化)模型</td><td>离散时间模型</td><td>差分方程</td><td>√</td><td>√</td></tr>
<tr><td>离散时间模型</td><td>有限状态机</td><td></td><td>√</td></tr>
<tr><td>离散时间模型</td><td>马尔可夫链</td><td></td><td>√</td></tr>
<tr><td>连续时间模型</td><td>活动扫描</td><td>√</td><td>√</td></tr>
<tr><td>连续时间模型</td><td>事件调度</td><td>√</td><td>√</td></tr>
<tr><td>连续时间模型</td><td>进程交互</td><td>√</td><td>√</td></tr>
</table>

1. 连续系统仿真理论

连续系统是指系统状态随时间连续变化的系统。连续系统模型从空间特性上可划分为两种:一种是分布参数系统模型。该类模型一般用偏微分方程(组)描述,如各种物理和工程领域内的“场”问题。另一种是集中参数系统模型。此类模型一般用常微分方程(组)描述,如各种电路系统、机械动力学系统、生态系统等。但是,离散变化模型中的差分方程模型(表 1 – 1)需要归于连续系统仿真类别。这是因为当用数字仿真技术对连续系统仿真时,必须对其连续形式的模型进行离散化处理,从而被转化为差分模型。

连续系统仿真:基于连续系统模型的仿真。连续系统仿真的数学模型有很多种,但基本上可分为三类:连续时间模型、离散时间模型及连续 – 离散混合模型。

连续时间模型:如果描述系统的模型的输入量 $u(t)$、输出量 $y(t)$ 及内部状态变量 $x(t)$ 都是时间的连续函数,那么称该模型为连续时间模型。连续时间模型主要有以下几种表现形式:常微分方程、传递函数、权函数、状态空间描述。

离散时间模型:如果描述系统的模型的输入量、输出量及其内部状态变量都是时间的离散函数,即分别使用 $\{u(kT)\}$、$\{y(kT)\}$、$\{x(kT)\}$ 时间序列形式表达(T 为离散时间间隔。有时为简化表达,将 T 从表达式中省略,直接使用$\{u(k)\}$、$\{y(k)\}$、$\{x(k)\}$表示),那么称该模型为离散时间模型。离散时间模型主要有差分方程、z 传递函数、权序列、离散状态空间模型四种表现形式。

连续－离散混合模型:如果描述系统的模型的一部分状态变量是连续变量,另一部分状态变量是离散变量,那么称该模型为连续－离散混合模型。比如,用数字计算机控制连续对象而组成的计算机控制系统就是属于这一类系统(图 1－1)。图 1－1 中 T 表示以 T 为周期的采样开关。对于这类系统,它的离散部分(如图 1－1 中的数字计算机)可用离散时间模型来描述,而它的连续部分(如图 1－1 中的连续对象)可用连续时间模型来描述。图 1－1 中的保持器是一个将离散信号$\{u(kT)\}$恢复成连续信号的装置,使用脉冲序列函数来表达。假设数字计算机完成的运算关系为 1,即 $u(kT)=e(kT)$,则图 1－1 中的数字计算机和保持器两部分可合并为图 1－2 的形式。

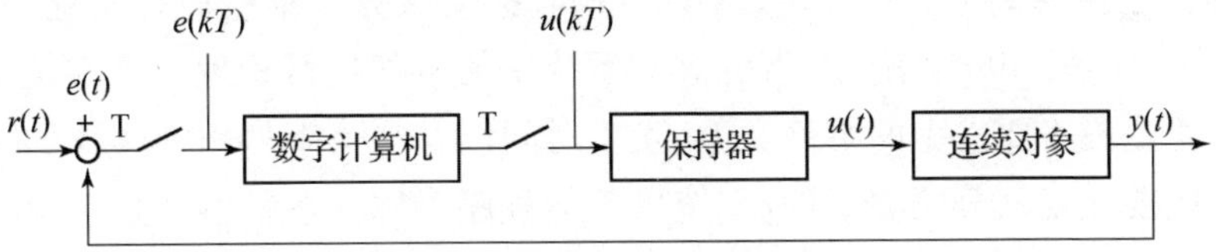

图 1－1　计算机控制系统

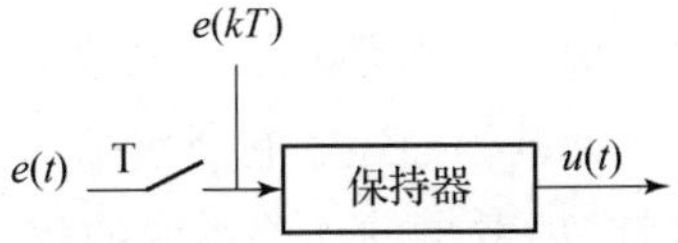

图 1－2　采样开关及保持器

2. 离散事件系统仿真理论

离散事件系统是指系统状态在某些随机时间点上发生离散变化的系统。离散事件系统模型与连续系统模型的主要区别在于:系统的状态变量常常是离散变化的,系统状态变化发生在随机的时间点上。这类引起系统状态变化的行为一般称为“事件”,所以,这类系统是事件驱动的。并且,这些“事件”常常发生在随机时间点上,也将它们称为随机事件。例如,电话交换台系统,顾客呼号状态可以用“到达”或“无到达”描述,交换台状态则要么处于“忙”状态,要么处于“闲”状态。不像连续系统,这样的系统的动态特性很难用人们所熟悉的数学方程形式(如微分方程或差分方程等)加以描述,无法得到系统动态过程的解析表达,一般只能借助活动图或流程图。因而,对这类系统仿真研究与分析的主要目标是系统行为的统计特征而不是行为的点轨迹。

离散事件系统仿真:基于离散事件系统模型的仿真。离散事件系统中的状态只在离散时间点上发生变化,而且这些离散时间点一般是不确定的。离散事件系统仿真通常由以下几个主要部分构成。①实体,分为两大类:临时实体及永久实体。临时实体:在系统中只存在一段时间的实体。这类实体由系统外部到达系统,通过系统,最终离开系统。永久实体:永久驻留在系统中的实体。只要系统处于活动状态,这些实体就存在,或者说,永久实体是系统处于活动状态的必要条件。临时实体按一定规律不断地到达(产生),在永久实体作用下通过系统,最后离开系统,整个系统呈现出动态过程。②事件:引起系统状态发生变化的行为。从某种意义上说,这类系统是由事件驱动的。“顾客到达”为一类事件。顾客到达,引起系统一种状态——服务员的“状态”可能从“闲”变到“忙”(如果无人排队),或者另一种系统状态——排队的顾客人数发生变化(队列人数增加)。“顾客离去”为另一类事件。顾客接受服务完毕后离开系统,服务员的“状态”由“忙”变成“闲”。事件表对系统中的事件进行管理。事件表中记录每次发生的或将要发生的事件类型、发生时间以及与该事件相连实体的有关属性等。需要注意区分两类事件:系统事件与程序事件。系统事件是系统中固有的事件,程序事件是用于控制仿真进程的事件。③活动:用于表示两个可以区分的事件之间的过程。它标志着系统状态的转移。顾客的到达事件与该顾客开始接受服务事件之间的过程可称为一个活动——排队活动。④进程:进程由若干个有序事件及活动组成。一个进程描述了它所包括的事件及活动间的相互逻辑关系及时序关系。⑤仿真钟:离散事件动态系统的状态本来就只在离散时间点上发生变化,不需要进行离散化处理。由于引起状态变化的事件发生时间的随机性,仿真钟的推进步长完全是随机的。此外,由于两个相邻发生的事件之间系统状态不会发生任何变化,因而,仿真钟可以跨过这些“不活动”周期。仿真钟的推进呈现跳跃性,推进速度具有随机性。时间控制部件是必不可少的,以便按一定规律来控制仿真钟的推进。⑥统计计数器:某一次仿真运行得到的状态变化过程只不过是随机过程的一次取样。它们只有在统计意义下才有参考价值。在仿真模型中,需要有一个统计计数部件,以便统计系统中的有关变量,如图1-3所示。

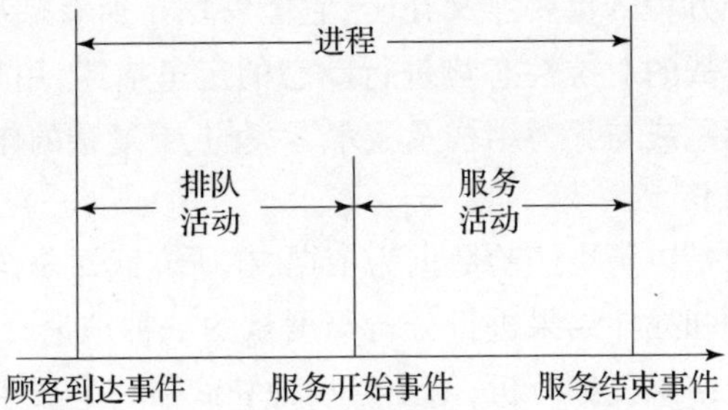

图 1-3　事件、活动、进程三者关系示意图

1.3.2　作战仿真基础理论

如何度量参战各方的作战能力及战损，是作战仿真的基础理论和应用实践课题。数十年来，围绕这两方面的理论研究和实践应用，取得了大量研究成果，也成为作战仿真理论的核心支撑。目前，比较成熟并被广泛应用的作战仿真基础理论主要有兰彻斯特方程、杜派指数理论与蒙特卡罗理论。

1. 兰彻斯特方程[2]

兰彻斯特方程是 1914 年英国工程师弗莱德雷克 · 兰彻斯特（Frederick William Lanchester）在论证兵力集中作战原则时提出的。经过近 100 余年的发展，迄今为止，人们已提出了各种“改进”“拓展”“完善”形式的数学方程。然而，这些方程仍然保留以下几个共有的特征（假设 $r(t)$ 和 $b(t)$ 分别代表红方和蓝方部队在 t 时刻的“兵力”。这里的“兵力”是一个比较宽泛的概念，可以是军队人员数量、武器装备数量或其他各种“指数”等）。

（1）“兵力”损耗是“兵力”数量和其他相关参数的函数。

（2）“兵力”数量是时间的函数。连续时间变量 $r(t)$、$b(t)$ 是实际兵力中作战单元数量的近似值。

（3）损耗率表示为一组微分方程：

$$\frac{\mathrm{d}r(t)}{\mathrm{d}t}=f_1(r,b)$$

$$\frac{\mathrm{d}b(t)}{\mathrm{d}t}=f_2(r,b)$$

兰彻斯特型损耗模型是描述作战兵力和其他变量随作战时间变化的一组微分方程，可用来计算兵力随时间的变化及其损耗。如果考虑因素少，其形式非常简洁；相反，其形式可以很复杂，将需要用到数学分析等各种描述方法。

兰彻斯特微分方程的重要意义在于,它能够用于所有层次作战行动的兵力损耗计算并能对作战的对抗性态势进行动态的定量描述,用来回答像哪一方将获胜等作战基本问题或与兵力结构及战术有关的、更复杂的作战问题。

2. 杜派指数理论[2]

杜派指数理论是以历史经验数据为依据,在研究武器杀伤力的基础上,对各类武器的战斗效能和战斗结果进行分析与度量的一种理论。杜派(Dupuy)通过对军事历史的经验结果仔细分析,给予各兵种和武器一个战斗效能值,作为作战研究的基础。杜派的研究结果表明基于历史经验的定量化方法具有现实的使用价值。

杜派指数理论主要有四部分内容。

(1)理论杀伤力指数(theoretical lethality index,TLI)。杜派把武器的杀伤力定义为"武器在给定时间内杀伤人员、摧毁物体的内在能力。这种能力包括武器射程、射击速率、准确度、作用半径、战场机动能力等多种因素在内"。杜派根据历史上各种武器的毁伤能力,提出了一种比较武器内在杀伤力的计算方法。这种方法考虑了武器的全部物理属性和能力,并且表达在一个经验公式中,该公式的计算结果被称为"理论杀伤力指数"。

(2)作战杀伤力指数(operational lethality index,OLI)。由于理论杀伤力指数还不能确切反映武器实际作战效能,同时注意到17世纪到20世纪的300多年中,虽然武器的威力不断增大,但战场上人员的伤亡比例却不断减小。杜派在研究中认为这种趋势主要是作战部队进入战场后能迅速疏散展开造成的。疏散已成为制约对方火力发挥的重要因素。为了定量描述疏散在现代战争中的作用,杜派提出了疏散因子的概念。理论杀伤力指数经过疏散因子修正得到的数值称为作战杀伤力指数,它较好地反映了武器的分布疏密程度、武器的机动性对武器火力的发挥产生的影响。作战杀伤力指数与理论杀伤力指数转换公式为

$$OLI = TLI/DF$$

式中:DF为疏散因子。

(3)战斗变量(combat variable)的概念。在战场上,武器效能的实际效果取决于战斗所发生的环境,在各种情况之间差异极大。杜派将战斗过程中任何可能发生变化并影响武器效能的环境、状态等称为战斗变量。战场上武器的效能不仅依赖疏散因子,而且只有当实际的战斗变量(如天气、地形、季节、机动等)对作战杀伤力指数进行修正时才能够被正确表示。为方便表示和使用,杜派将战斗变量分为相互对照的三种类型:一是环境变量和作战变量;二是列表变量和

公式变量；三是有形变量和无形变量。

这些反映战场环境变化的变量效果能够得出明确的量值。如果能够描述出不同的环境变量和作战变量是怎样影响了作战杀伤力指数值，就可以确定每种武器在特定环境中的实际作战效能指数值，也就能够计算出在一场战斗中对抗双方的武器总指数值。它们反映了变化的战场环境下的武器效能，其大小在一定程度上说明了双方的胜负情况。

（4）战斗效能定量判定模型（quantified judgment model）。战斗效能定量判定模型是通过确定环境变量和作战变量对交战双方兵力的影响，来比较双方相对战斗效能的一种模型，其核心是量化和评估各种武器的 OLI 值，以及确定影响战斗效能的战斗变量因子的数值。它可用于统计分析以往的历史战争，计算战争环境下交战双方战斗力或战斗潜力，比较战斗力大小，从而在理论上确定谁是胜方，以及获胜的代价有多大。杜派指数方法还可以用于动态战斗模拟中，例如被广泛采用的指数——兰彻斯特方法等。

3. 蒙特卡罗理论[2]

蒙特卡罗（Monte Carlo）理论又称统计试验理论。它是以概率论为基础、以统计试验为手段达到计算目的的一种计算理论。在解决某些复杂且充满偶然性和随机性的问题时，统计试验是一种基本有效的方法。蒙特卡罗理论的基础是概率论中的大数定律。

蒙特卡罗方法的应用范围非常广泛。从经验角度，人们普遍认为凡是解析法不能解决的问题，常常可以借助蒙特卡罗方法去尝试解决。而且，研究经验表明：解决问题过程中的随机因素越多，也就越适合采用蒙特卡罗方法。在现代计算机作战仿真中，蒙特卡罗方法得到了广泛应用。

蒙特卡罗理论的名称来自法国、意大利交界处摩纳哥公国的一个著名赌城——蒙特卡罗。在世界上，“蒙特卡罗”就是赌博的代名词。这也说明蒙特卡罗理论是专门处理不确定问题的方法。

蒙特卡罗理论的基本原理非常简单。在概率论中，随机事件发生的可能性大小是遵从一定的概率分布的，如果已知某随机事件发生的概率，即可用随机抽样的方法来判定该事件是否发生。例如，经过大量的试验，得知某火炮在 1000m 距离上对目标的命中概率为 0.5。在这种情况下，判定命中目标这个事件是否发生时，就不必真的发射一发炮弹，而是采用模拟方法加以解决。如抛掷一枚硬币，根据硬币出现正、反面的情况而定。如果出现正面判定为命中，出现反面则判定为不命中。

用抛掷硬币的方法来模拟炮弹是否命中目标,道理很简单。因为抛掷一枚均匀的硬币时,该硬币将以 0.5 的概率出现正面,以 0.5 的概率出现反面,正好与火炮命中目标的概率相同。这说明,两个根本不同的随机事件,只要它们发生的规律相同,即出现的概率相同,就可以用一个随机事件是否发生来判定另一随机事件是否发生。这就是蒙特卡罗方法的基本原理。

蒙特卡罗法的另一个特点是通过对某一现象的多次“仿真”并观察每次的结果,并把这些结果加以平均,便得到所求量的近似值。统计的次数越多,结果也就越精确。这就是把它称为统计试验法的原因。用数学语言来说,就是从已知分布的总体中抽取部分“子样”加以观察,从而推出总体的性质。1777 年,法国学者蒲丰应用投针试验的几何概率方法计算圆周率,获得了较好的近似值。他的试验被认为是蒙特卡罗方法的前导。

在作战仿真中,蒙特卡罗方法是仿真战斗过程随机因素作用的基本方法。使用蒙特卡罗方法的作战仿真模型又称随机型作战仿真模型。在随机型作战仿真中,使用蒙特卡罗方法仿真各种随机现象,研究随机现象的分布规律,以简易的方法产生符合这些分布规律的随机变量的抽样系列,从而得到关于所仿真战斗的各种定量数据。

1.3.3 军事运筹学基础理论

军事运筹学可谓作战仿真基础的基础。军事运筹学的许多理论,除以上介绍的作战仿真的三大基础理论外,还有决策论、对策论、排队论、概率论及统计论,它们都是作战仿真常用且必需的基础理论。

1. 决策论

决策论是专门研究为达到预期目的怎样从多个备选方案中选取最好或满意方案的学科,是运筹学的一个分支和决策分析理论的基础。如果按(作战)决策问题所在的层次,可将决策问题划分为战略决策、战役决策和战术决策;如果按作出决策的决策者数量,可将决策问题划分为单人决策和多人决策(群决策);如果按决策问题涉及的目标数量,可将决策问题划分为单目标决策和多目标决策;如果按决策时所掌握信息的完备程度,可将决策问题划分为确定型决策、风险型决策、严格不确定型决策、模糊决策等。其中,确定型决策又分为静态确定型决策和动态确定型决策两种;不确定型决策分为静态不确定型决策和动态不确定型决策两种。对于风险型和严格不确定型等决策,如果将其中包含的不确定使用随机变量表达和处理,则这类决策问题就转化为随机型决策问题。随机型决策的基本特点是后果不确定性的概率表达和后果的效用表达。决策论研究的重点是随机型决策问题,其基本程序、步骤和方法为:构造决策问题;确定各种决策的可能后果并设定各种后果发生的概率;确定各种后果对决策者的价值,即确定决策者对后果的偏好;确定各种后果的效用(效用是对后果价值的定量评估),进而计算各方案的期望效用,对备选方案进行评价和比较,选取"最优"或"满意"方案,完成决策。

决策论是作战仿真战略或战术指挥员拟制和选取决心方案的重要理论基础。

2. 对策论

由于作战是作战双方或多方在既有装备等物质资源条件下指挥员、战斗员战略战术水平和谋略能力激烈的对抗过程,因而,指挥决策面临的不确定性因素并不是自然状态条件下的盖然性,很多时候是"敌手"刻意为之,蓄意制造出来的"战争迷雾",诱导或欺骗对手作出错误决策。指挥决策很多时候不仅仅是一个决策方案"选优",而是一个对策论(博弈论)课题。因而,对策论是作战仿真一种非常重要的基础理论。

对策论,又称博弈论、竞赛论。用数学方法研究带有竞赛或对抗性质的现象,主要研究决策者是否存在制胜对方的最优策略,以及如何在平等的对局中各自利用对方的策略变换自己的对抗策略,达到取胜的目的。它是运筹学的一个分支。运用对策论,可对作战仿真指挥决策过程建模并对对策方案的优劣作出比较分析。田忌赛马是古人运用博弈论思想的经典案例(尽管那时尚不存在现代经济学意义上的博弈理论)。冷战时期,美国、苏联曾运用对策论方法研究核威慑战略的稳定性问题以及(核)军备竞赛等战略课题。

1928 年,冯·诺依曼证明了对策论的基本原理,从而宣告了对策论的正式诞生。1944 年,冯·诺依曼和摩根斯坦共著的划时代巨著《对策论与经济行为》将二人博弈推广到 n 人博弈结构并将对策论系统地应用于经济领域,从而奠定了这一学科的基础并构成了理论体系。1950—1951 年,约翰·福布斯·纳什(John Forbes Nash Jr)利用不动点定理证明了均衡点的存在,为对策论的一般化奠定了坚实的基础。约翰·福布斯·纳什的开创性论文《n 人博弈的均衡点》(1950 年)、《非合作博弈》(1951 年)等,给出了纳什均衡的概念和均衡存在定理。此外,莱因哈德·泽尔腾、约翰·海萨尼的研究也对对策论发展起到推动作用。对策论迄今已发展成为一门比较完善的学科。

对策(博弈)论的基本要素如下。

(1)局中人:在一场竞赛或博弈中,每个有决策权的参与者都成为一个局中人。只有两个局中人的博弈现象称为“两人博弈”,而多于两个局中人的博弈称为“多人博弈”。

(2)策略:在一局博弈中,每个局中人都选择实际可行的完整的行动方案,即方案不是某阶段的行动方案,而是指导整个行动的方案。某个局中人的一个可行的自始至终全局筹划的一个行动方案,称为这个局中人的一个策略。如果在一个博弈中局中人都只有有限个策略,则称为“有限博弈”,否则称为“无限博弈”。

(3)得失:一局博弈结局时的结果。每个局中人在一局博弈结束时的得失,不仅与该局中人自身所选择的策略有关,而且与所有局中人所取定的一组策略有关。所以,一局博弈结束时每个局中人的“得失”是全体局中人所取定的一组策略的函数,通常称为支付(pay off)函数。

(4)对于博弈参与者来说,存在一个博弈结果。

(5)博弈涉及均衡:均衡是平衡的意思,在军事学中,均衡即相关量处于稳定值。在交战关系中,如果在某种局势下,攻防双方都有维持此局势的强烈意愿,此时就可以说,该战局达到了均衡。所谓纳什均衡,就是指一种稳定的博弈结果。

纳什均衡(Nash equilibrium):在一种策略组合中,所有的参与者面临这样一种情况,即当其他人不改变策略时,他此时的策略是最好的。也就是说,此时如果他改变策略他的支付将会降低。在纳什均衡点上,每一个理性的参与者都不会有单独改变策略的冲动。

对策(博弈)论研究的假设:决策主体是理性的,最大化自己的利益;完全理性是共同知识;每个参与人被假定为对所处环境及其他参与者的行为形成正确信念与预期。

对策论揭示出只有多方合作才能使各方利益实现最优,同时,它也揭示出博弈过程中“信息”“底牌”的重要性。在获取对手策略的条件下,常常将对手陷于“最劣解”和“不利”之中。

对策论是作战指挥仿真与作战决策方案优化评估建模的重要工具。

3. 排队论

排队是战争(作战)中习见现象,如伤员在救护所排队等候救治、武器装备故障在修理所等待维修等。这些伤员、武器装备可广义地称为顾客,而为顾客服务的救护所、维修所可称为服务机构(服务员或服务台)。由于在某一时刻要求服务的顾客数量超过服务机构的容量，顾客必须等候，因而产生排队现象。研究这些服务机构排队现象的随机特性和规律的理论，称为排队论(queuing theory)。

排队论是研究系统随机聚散现象和随机服务系统工作过程的数学理论和方法，又称随机服务系统理论，是通过对服务对象的到来及服务时间的统计研究，得出这些数量指标(等待时间、排队长度、忙期长短等)的统计规律，然后根据这些规律来改进(或仿真)服务系统的结构或重新组织被服务对象，使服务系统既能满足服务对象的需要(或满足仿真需求)，又能使机构的费用最经济或某些指标最优。

排队系统由输入过程与到达规则、排队规则、服务机构的结构、服务时间与服务规划组成。一般还假设到达间隔时间序列与服务时间均为独立同分布随机变量序列，且这两个序列相互独立。

评价一个排队系统的好坏要以顾客与服务机构两方面的利益为标准。就顾客来说，总希望等待时间或逗留时间越短越好，从而希望服务台个数尽可能多些。但是，就服务机构来说，增加服务台数，就意味着增加投资，服务台增加多了会造成浪费，增加少了要引起顾客的抱怨甚至失去顾客。增加多少服务台比较合适呢？顾客与服务机构为了照顾自己的利益对排队系统中的3个指标：队长、等待时间、服务台的忙期(以下简称忙期)都很关心。因此，排队论的主要研究内容也围绕这3项指标展开。

排队论解决问题的方法步骤：统计推断，根据资料建立排队系统服务模型；确立排队系统的性态，即和排队有关的数量指标的概率规律性；对排队系统进行优化。其目的是正确设计和有效运行排队各个服务系统，使之发挥最佳效益。

排队论起源于20世纪初的电话通话。1909—1920年，丹麦数学家、电气工程师A. K. 爱尔兰(A. K. Erlang)用概率论方法研究电话通话问题，从而开创了这门应用数学学科，并为这门学科建立了许多基本原则。20世纪30年代中期，当W. 费勒(W. Feller)引进生灭过程时，排队论才被数学界承认为一门重要的学科。在第二次世界大战期间及之后，排队论在运筹学这个新领域中变成了一项重要内容。20世纪50年代初，D. G. 堪道尔(D. G. Kendall)对排队论作了系统的研究，他用嵌入马尔可夫(A. A. Markov)链方法研究排队论，使排队论得到了进一步的发展。他首先用三个字母组成的符号A/B/C表示排队系统。其中，A表示顾客到达时间分布，B表示服务时间分布，C表示服务机构中服务台的个数。

排队论广泛应用于社会、政治、经济、军事等各项资源共享的随机服务系统中。由于作战仿真许多行动(如维修保障、伤员救治、战机出动等)模型涉及排队论原理与方法,因而,排队论是作战仿真基础理论非常重要的组成部分。

4. 概率论

战争虽然是作战双方力量的对撞和较量、指挥谋略和指挥艺术的比拼,但是,毫无疑义地,战争也是一个盖然性充斥的“怪物”。比比皆是的“偶然性”因素,有时极大地影响着,甚至改变了战争的进程和结局。作战仿真需要直面这种“偶然性”,而处理这种偶然性的理论就是概率论。

概率论产生于17世纪,最初是由保险事业发展而来,后来,出自赌博者的需求,转而成为数学家思考概率论问题的源泉。早在1654年,有一个赌徒梅累向当时的数学家帕斯卡提出一个使他苦恼了很久的问题:“两个赌徒相约赌若干局,谁先赢 m 局就算赢,全部赌本就归谁。但是,当其中一个人赢了 $a(a<m)$ 局,另一个人赢了 $b(b<m)$ 局的时候,赌博中止。问:赌本应该如何分才合理?”后者曾在1642年发明了世界上第一台机械加法计算机。三年后,也就是1657年,荷兰著名的天文、物理兼数学家惠更斯企图解决这个问题,结果写成了《论机会游戏的计算》一书,这就是最早的概率论著作。到了18—19世纪,伴随科学的发展,人们注意到某些生物、物理和社会现象与机会游戏之间有某种相似性,促使由机会游戏发展而来的概率论被应用到这些领域中;同时,这也大大推动了概率论本身的发展。使概率论成为数学分支的奠基人是瑞士数学家伯努利,他建立了概率论中第一个极限定理,即伯努利大数定律,阐明了事件的频率稳定于它的概率。随后棣莫弗和拉普拉斯又导出了第二个基本极限定理(中心极限定理)的原始形式。拉普拉斯在系统总结前人工作的基础上写出了《分析的概率理论》一书,明确给出了概率的古典定义,并在概率论中引入了更为有力的分析工具,将概率论推向一个新的发展阶段。19世纪末,俄国数学家切比雪夫、马尔可夫、李雅普诺夫等人用分析方法建立了大数定律及中心极限定理的一般形式,科学地解释了为什么实际中遇到的许多随机变量近似服从正态分布。20世纪初受物理学的刺激,人们开始研究随机过程。在这方面柯尔莫哥洛夫、维纳、马尔可夫、辛钦、莱维及费勒等作出了杰出的贡献。

近几十年,随着科技的蓬勃发展,概率论大量应用到军事、政治、国民经济、工农业生产及各学科领域。许多新兴的学科,如信息论、对策论、排队论、控制论等,都是以概率论为基础的。

简言之，概率论是根据大量同类随机现象的统计规律，对随机现象出现某一结果的可能性作出一种客观的科学判断，对这种出现的可能性大小作出数量上的描述；比较这些可能性的大小、研究它们之间的联系，从而形成一整套数学理论和方法。概率论作为一门数学分支，它所研究的内容一般包括随机事件的概率、统计独立性和更深层次上的规律性。概率是随机事件发生的可能性的数量指标。在独立随机事件中，如果某一事件在全部事件中出现的频率，在更大的范围内比较明显地稳定在某一固定常数附近，就可以认为这个事件发生的概率为这个常数。对于任何事件的概率值一定介于 0 和 1 之间。有一类随机事件，它具有两个特点：第一，只有有限个可能的结果；第二，各个结果发生的可能性相同。具有这两个特点的随机现象叫作“古典概型”。

在客观世界中，存在大量的随机现象，随机现象产生的结果构成了随机事件。如果用变量来描述随机现象的各个结果，就叫作随机变量。随机变量有有限和无限的区分，一般又根据变量的取值情况分成离散型随机变量和非离散型随机变量。一切可能的取值能够按一定次序一一列举，这样的随机变量叫作离散型随机变量；如果可能的取值充满了一个区间，无法按次序一一列举，这种随机变量就叫作非离散型随机变量。在离散型随机变量的概率分布中，比较简单而应用广泛的是二项式分布。如果随机变量是连续的，则都有一个分布曲线。实践和理论都证明：有一种特殊而常用的分布，它的分布曲线是有规律的，这就是正态分布。正态分布曲线取决于这个随机变量的一些表征数，其中最重要的是平均值和差异度。平均值也叫数学期望，差异度也就是标准方差。

随着人们对随机现象认识的深入，大量现实盖然性事件发生的“随机规律”被相继发现，如泊松分布、幂律分布等，使概率论的应用愈加广泛。

作战仿真描述的许多作战行动及环境普遍充斥着满满的不确定性，对于其中的随机不确定性的处理，概率论就是常用的基础理论。因而，概率论是作战仿真重要而必备的基础理论。

5. 统计论

统计论是军事运筹的一个基础学科。统计论是建立在频率理论基础上的，分别由英国逻辑学家约翰·维恩（John Venn，1834—1923）和奥地利数学家理查德·冯·米塞斯（Richard Von Mises，1883—1953）提出。他们认为，获得一个事件的概率值的唯一方法是通过对该事件进行 100 次、1000 次甚至 10000 次的前后相互独立的 n 次随机试验，针对每次试验均记录下绝对频率值和相对频率值 $h_n(A)$，随着试验次数 n 的增加，会出现如下事实，即相对频率值会趋于稳定。

它在一个特定的值上下浮动,也就是说存在着一个极限值 $P(A)$,相对频率值趋向这个极限值。这个极限值被称为统计概率,表示为

$$P(A) = \lim_{n \to \infty} h_n(A)$$

统计论以概率论为基础,利用概率论建立数学模型,收集所观察系统的数据,进行量化的分析、总结,进而进行推断和预测,为相关决策提供依据和参考。统计论被广泛应用于军事、政治、社会、商业、物理等各学科领域。它的实质是获取随机事件或过程的大量现实样本,并通过处理这些现实样本数据得到过程参数或统计特征的估计值。

统计论的理论基础是大数定理。大数定理认为:在无穷次独立试验下,具有有限散度的随机变量观测值的算术平均值收敛于此随机变量的数学期望,事件出现的频率则在概率意义上收敛于事件发生的概率。

统计方法的优点在于它实际上可应用于具有随机结果的任何问题,并能用必要的试验次数得到要求的精度,因而,它特别适用于以下几种情况:①根据试验数据建立的武器装备等作战性能、效能模型;②许多作战随机事件相互影响产生一组可能结果,作战模型需要描述各种随机因素如何影响结果的随机性;③由于所出现的作战随机过程不能用简单的概率分布数字特征表示,因而不能建立足够精确的解析模型。[3]

作战仿真常用的两种统计建模方法是回归分析方法和统计试验法。比如,在仿真命中概率、毁伤概率、发现概率等性能、效能参数时,就可以运用统计试验法仿真实际的作战效果。

1.3.4 系统科学基础理论

除军事运筹学外,系统科学基础理论,也是支撑作战仿真系统构建、模型开发、软件实现的重要指南。系统科学理论,从经典的“老三论”到“新三论”,再到现在的复杂系统理论,可以说,它对作战仿真的作用与影响几乎是无处不在的。以下仅就基础部分,简要介绍系统论、控制论和信息论。

1. 系统论

系统论是研究系统的结构、特点、行为、动态、原则、规律以及系统间的联系,并对其功能进行数学描述的新兴学科。系统论的基本思想是把要研究和处理的对象看作一个整体系统来对待。系统论的主要任务就是以系统为对象,从整体出发来研究系统整体和组成系统整体各要素间的相互关系,从本质上说明其结

构、功能、行为和动态,以把握系统整体,实现整体最优的目标。

系统论的基本思想方法,就是把所研究和处理的对象,当作一个系统,分析系统的结构和功能,研究系统、要素、环境三者的相互关系和变动的规律性,并尝试寻求系统的优化解。世界上任何事物都可以看成一个系统。系统是普遍存在的,大至渺茫的宇宙,小至微观的原子、一粒种子、一群蜜蜂、一台机器、一个工厂、一个学会团体……都是系统,整个世界就是系统的集合。

系统的种类繁多,可以根据需要基于不同的标准对系统的类别进行划分。按人类是否干预可将系统划分为自然系统与人工系统,按学科领域可将系统划分为自然系统、社会系统和思维系统,按规模结构可将系统划分为胀观系统、宇观系统、宏观系统、微观系统、渺观系统,按系统与环境的关系可将系统划分为开放系统、封闭系统、孤立系统,按系统状态划分可将系统划分为平衡系统、非平衡系统、近平衡系统、远平衡系统等。

系统思想源远流长,但作为一门科学的系统论,人们公认其是美籍奥地利人、理论生物学家 L. V. 贝塔朗菲(L. Von. Bertalanffy)创立的。他在 1932 年提出"开放系统理论",提出了系统论的思想。1937 年提出了一般系统论原理,奠定了这门科学的理论基础。但是他的论文《关于一般系统论》到 1945 年才公开发表,他的理论到 1948 年在美国再次讲授"一般系统论"时,才得到学术界的重视。确立这门科学学术地位的是 1968 年贝塔朗菲出版的专著:《一般系统理论:基础、发展和应用》(*General System Theory*:*Foundations*,*Development*,*Applications*)。该书被公认为是这门学科的代表作。贝塔朗菲临终前发表了《一般系统论的历史与现状》一文,探讨系统研究的未来发展。此外,他还与 A. 拉维奥莱特(A. Laviolette)合写了《人的系统观》一书。

随后,国内外许多科学家都为系统科学的发展作出了巨大贡献,我国的钱学森院士对系统科学发展情有独钟,不仅开拓了系统科学发展的许多新领域,独创性地提出了系统科学的理论体系,而且前瞻性地、具有极强洞察力地设计了系统科学的应用实践方法和工具——综合集成研讨厅。现在重新研究这一发现、发明和创造,依旧可以发现钱学森院士的极度不平凡之处。钱学森院士对系统科学的贡献极大。如今,系统论已发展成为非常庞大的系统科学理论和实践体系。

系统论是作战仿真重要理论基础与建设发展指南。如作战仿真中的作战系统、作战要素、作战体系、作战环境等都要用到系统科学中的基础概念进行描述和分析。

2. 控制论

在军事领域,控制论(cybernetics)并不仅成就了各个层级、各个领域的指挥控制系统,也成就了一个非常重要的学科——自动控制,而且广泛而深入地影响到军队作战、管理等方面,以及社会各领域、各部门、各职业。毫无疑义地,控制论是作战仿真的重要基础支撑理论。

控制论是研究动物(包括人类)和机器内部控制与通信一般规律的学科。1948 年,诺伯特·维纳在其名著《控制论(或关于在动物和机器中控制和通信的科学)》中创立了该学科。诺伯特·维纳把控制论看作一门研究机器、生命社会中控制和通信一般规律的科学,是研究动态系统在变化环境条件下如何保持平衡状态或稳定状态的科学。他刻意创造了"cybernetics"这个英语单词来命名这门学科。

"控制论"一词来源于希腊文"κυβερνητης",原意为"操舵术",即掌舵的方法和技术。在柏拉图(古希腊哲学家)的著作中,经常用它来表示管理的艺术。1834 年,著名的法国物理学家安培写了一篇论述科学哲理的文章。他在进行科学分类时,把管理国家的科学称为"控制论"。他把希腊文译成法文"cybernétique"。基于这种解释,"控制论"一词被编入 19 世纪许多著名词典中。维纳发明"控制论"一词也是受此启发。

在控制论中,"控制"指的是主体(如人、机器、系统等)通过信息的传递、处理和反馈,对客体(被控制对象)的行为、状态或过程进行调节、干预,使其按照预定目标或规则运行的过程。控制的基础是信息,任何控制都依赖信息反馈来实现。信息反馈是控制论中一个极其重要的概念。简要地讲,信息反馈就是指由控制系统把信息输送出去,又把其作用结果返送回来,并对信息的再输出产生影响,起到制约作用,以达到预定目的。

1954 年,我国著名科学家钱学森院士在美国出版了《工程控制论》(麦格劳-希尔集团出版),是控制论从理论走向工程应用的重要标志。钱学森院士为控制科学的工程化作出了杰出贡献。

控制论对作战仿真的价值不仅影响作战指挥控制过程的建模,而且影响所有作战仿真的流程控制及系统的设计与实现。作战仿真建模及系统设计与实现的许多方面需要使用控制论的理论与方法。

3. 信息论

步入信息时代,即将到来和必须要面对的是信息化战争。可见,信息在当今军事斗争准备中的重要地位、作用。

现代意义上的信息描述,源自克劳德·申农(Claude Shannon)。申农被称为“信息论之父”。人们通常将克劳德·申农 1948 年 10 月发表于《贝尔系统技术学报》上的论文 *A Mathematical Theory of Communication*(《通信的数学理论》)作为现代信息论研究的开端。这一论文基于哈里·奈奎斯特和拉尔夫·哈特利先前的成果。在该论文中,克劳德·申农给出了信息熵(以下简称“熵”)的定义:

$$H(X) = -\sum_{i} p_i \log p_i$$

这一定义可以用来推算传递经二进制编码后的原信息所需的信道带宽。熵度量的是消息中所含的信息量,其中去除了由消息的固有结构所决定的部分,如语言结构的冗余性以及语言中字母、词的使用频度等统计特性。

信息论中熵的概念与物理学中的热力学熵有着紧密的联系。玻耳兹曼与吉布斯在统计物理学中对熵做了很多的工作,信息论中的熵也正是受之启发。

E. C. 切略(E. C. Cherry)曾写过一篇早期信息理论史,介绍了从石刻象形文字开始,经过中世纪启蒙语言学,直到 16 世纪 E. N. 吉尔伯特(E. N. Gilbert)等在电报学方面的工作。20 世纪 20 年代,H. 奈奎斯特(H. Nyquist)和 L. V. R. 哈特莱(L. V. R. Hartley)最早研究了通信系统传输信息的能力,并试图度量系统的信道容量。现代信息论开始出现。

1948 年,克劳德·申农发表的论文《通信的数学理论》是世界上首次对通信过程建立数学模型的论文。这篇论文和 1949 年发表的另一篇论文一起奠定了现代信息论的基础。

信息论是运用概率论与数理统计方法研究信息、信息熵、通信系统、数据传输、密码学、数据压缩等问题的应用数学学科。信息系统就是广义的通信系统,泛指某种信息从一处传送到另一处所需的全部设备所构成的系统。

由于现代通信技术的飞速发展以及和其他学科的交叉渗透,信息论的研究已经从克劳德·申农当年仅限于通信系统数学理论的狭义范围扩展开来,成为现在信息科学的庞大体系。信息科学的工程实践主要在于设计、处理并实现以下几大要素及其相互关系。

信源:信息的源头或产生待传送信息的实体,如电话系统中的讲话者,对于电信系统还应包括话筒,它输出的电信号作为含有信息的载体。

信宿:信息的归宿或接收者,在电话系统中就是听者和耳机,后者把接收到的电信号转换成声音,供听者提取所需的信息。

信道:传送信息的通道,如电话通信中包括中继器在内的同轴电缆系统,卫星通信中地球站的收发信机、天线和卫星上的转发器等。

编码器:在信息论中泛指所有变换信号的设备,实际上就是终端机的发送部分。它包括从信源到信道的所有设备,如量化器、压缩编码器、调制器等,使信源输出的信号转换成适于信道传送的信号。

译码器:编码器的逆变换设备,把信道上送来的信号转换成信宿能接收的信号,包括解调器、译码器、数模转换器等。

当给定信源和信宿,信道也选定后,信息系统的性能主要取决于编码器和译码器。设计一个信息系统时,除选择信道和设计其附属设施外,主要工作就是设计编译码器。在一般情况下,信息系统的主要性能指标是它的有效性和可靠性。有效性就是在系统中传送尽可能多的信息;而可靠性是要求信宿收到的信息尽可能地与信源发出的信息一致,或者说失真尽可能小。最佳编译码器就是要使系统最有效和最可靠。但是,可靠性和有效性往往是相互矛盾的。有效常导致不可靠,反之亦然。从定量意义上说,应使系统在规定的失真或基本无失真的条件下,传送最大的信息率;或者在规定信息率的条件下,失真最小。

信息论对作战仿真的影响是全面而深入的。信息论是理解并构建信息化战争、网络化战争作战模型的基础理论,是作战仿真的重要基础理论。

其他系统科学和复杂性科学方面的基础理论,如协同论、突变论、耗散论、混沌论、分形论等,都是当今信息化战争作战仿真的重要基础理论,限于篇幅,本书不再赘述。需要深入了解的读者,可参阅相关专著的有关章节。

1.3.5 人工科学基础理论

人工科学(artificial science)为复杂系统研究开拓出一个全新的研究方向,提供了一种全新的方法手段,也为作战仿真的理论和应用研究开启了一扇全新的“窗口”,使之成为作战仿真基础研究的一个重要分支。人工科学的理论及应用主要由 3 部分组成:人工生命、人工社会与人工战争。本节对此进行一个简要介绍。

1. 人工生命

人工生命(artificial life,AL)是在 20 世纪 80 年代后期兴起的一门新兴学科。人工生命的概念是由美国圣达菲研究所的 C. G. 兰顿(C. G. Langton)教授在 1987 年提出的,并把它定义为“研究具有自然生命系统行为特征的人造系统”。他认为:“人工生命试图在模拟中重新创建生命体特性的不同方面,试图理解生命特性背后的抽象原理,这些原理不仅可能是我们在这个星球上所知道的碳基生命的基础,还可能是宇宙中其他地方可能存在的生命形式的基础——包括潜在的人工创造的生命形式。”[4]但是,迄今为止,关于人工生命尚无统一的定义,不同学科背景的学者对它有着不同的理解。人工生命科学的著名学者博登(Boden)认为“人工生命用信息概念和计算机建模来研究一般的生命和地球上特有的生命”,而汤姆·雷(Ray T)认为“人工生命用非生命的元素去建构生命现象以了解生物学,而不是把自然的生物体分解成各个单元,它是一种综合性方法而不是还原的方法”。

人工生命的思想可以追溯到 20 世纪四五十年代冯·诺依曼的细胞自动机。冯·诺依曼试图撇开生命具体的生物学结构,用数学和逻辑形式的方法来揭示生命最本质的方面,并将自我繁衍的本质特征应用于人造系统,他意识到任何能够自我繁殖的遗传物质,无论是天然的还是人工的,都应具有两个不同的基本功能:一个是在繁衍下一代的过程中能够运行的算法,它相当于计算机的程序;另一个是能够复制和遗传到下一代的描述,它相当于被加工的数据,冯·诺依曼提出了细胞自动机的设想,并且证明了确实有一种能够自我繁殖的细胞自动机存在。这表明如果把自我繁衍看成生命独有的特征,则机器也能够做到。同时,“人工智能之父”图灵在 1952 年发表了一篇蕴意深刻的论形态发生的数学论文,提出了人工生命的一些萌芽思想。

但由于当时计算机的计算能力有限,冯·诺依曼和图灵关于人工生命的研究受到了限制,没有引起足够的重视。1970 年,康韦(John Conway)编写了“生命游戏”程序,它使细胞自动机产生无法预测的延伸、变形和停止等复杂的模式。这一特点吸引了大批学者,其中包括 C. G. 兰顿,他认为不应将目光囿于已知形式的生命,如果人造系统具有繁衍、进化、生存、死亡等生命特征,它也应该是一种生命形式。1987 年,C. G. 兰顿组织召开了首届人工生命学术会议,吸引了众多领域科学家的广泛参与,人工生命也由此作为一门学科正式诞生了。

这个领域需要运用很多计算机程序与计算机模拟,包括进化算法(evolutionary algorithms, EA)、遗传算法(genetic algorithms, GA)、遗传编程(genetic programming, GP)、群体智慧(swarm intelligence, SI)、蚁群优化(ant colony optimization, ACO)、人工化学合成(artificial chemistries, AC)、智能体(agent – based models, AM)和元胞自动机(cellular automata, CA)。这些领域通常被视作人工生命的亚领域。这些领域的论题及其他一些暂时未归于其他领域

的相关技术问题，在它们独立门户之前，也是在人工生命的会议上讨论的。

在很多如语言学、物理学、数学、哲学、计算机科学、生物学、人类学以及社会学等学科中，有争议的非常规的计算性及理论性的尝试也可以在这里讨论。这是一个曾在历史上有争议的领域，约翰·梅纳德·史密斯(John Maynard Smith)在 1995 年曾批判部分人工生命工作为“脱离事实的科学”，此外人工生命也没有广泛地得到生物家的注意。然而，如今人工生命相关论文在被广泛阅读的 *Science* 和 *Nature* 上发表，证明这一领域的技术，至少作为研究进化的一个方法，正在被主流接受。人工生命是被模拟的生命系统特性和能力。

2. 人工社会

人工社会(artificial society, AS)源自 20 世纪 90 年代兴起的仿真社会(simulating societies)，1992 年举行的第一次研讨会，参加者仅 24 人。第一次提出人工社会概念的是布尔德(Builder)和班克斯(Bankes)。他们在 1991 年给兰德公司完成了一份名为《人工社会》的研究报告，报告的题目是 *Artificial Societies: A Concept for Basic Research on the Societal Impacts of Information Technology*。人工社会是一种仿真社会，是社会仿真(societal simulation)的一种类型，但并不等同于社会仿真，需要加以区分。建造“人工社会”的目的是通过研究微观社会行为主体交互涌现所展现出的模式去理解和揭示人类政治、经济、军事/战争等社会现象的运行机制与规律。乔舒亚·M. 爱泼斯坦(Joshua M. Epstein)和罗伯特·阿克斯特尔(Robert Axtell)的“Sugarscape”模型标志着“人工社会”方法实践探索/试验的实际开始。“人工社会”的研究多是自然科学领域专家的创举，对于长期以来习惯定性方法的社会学家而言，尚有一个适应的过程，而且总体而言目前的“人工社会”模型多是较为“粗糙”与“低级”的“原始社会”模型。但随着研究的深入，“人工社会”的模型将会更加多样、完善与“精确”，“人工社会”将会逐渐成为研究各种社会现象(如战争、经济等)的高效、简洁、深刻的科学方法。这些方法将逐渐进入人工战争科学的研究中，成为未来作战仿真研究的重要组成部分。

3. 人工战争

人工战争(artificial war)是指运用人工生命和人工社会的方法建立完成的战争模型系统或战争仿真系统的一种运行形态或形式。

人工战争研究的开拓者是美国海军分析中心的伊拉钦斯基(A. Ilachinski)博士。他领导的开发小组研制完成的 ISAAC 与 EINSTein 两个系统，至今仍被看作用人工生命/人工社会方法研究战争的“开山”之作[5-7]。图 1-4 是 EINSTein

系统运行的扉页,图 1 –5 是其运行的图形用户界面。

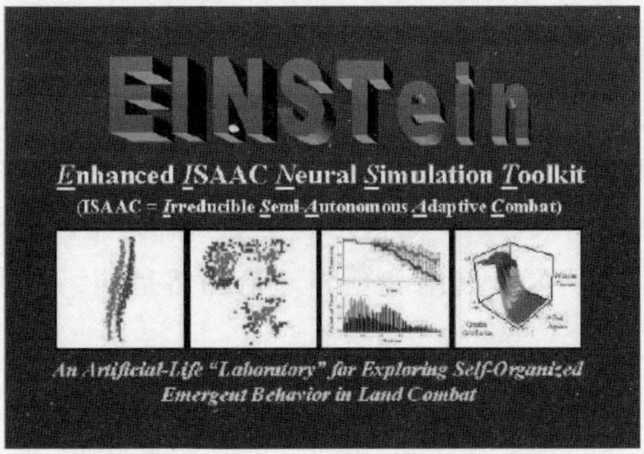

图 1 –4　EINSTein 系统运行的扉页

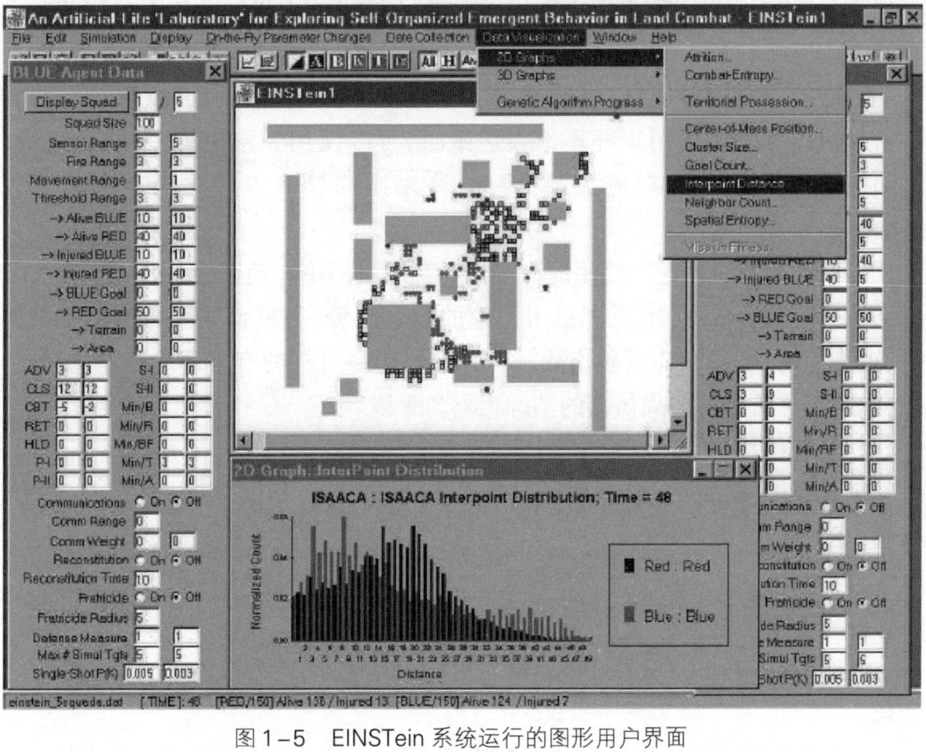

图 1 –5　EINSTein 系统运行的图形用户界面

随着人工战争模型和实验方法的研究逐渐深入,人工战争仿真在作战仿真研究中的地位作用越来越重要。

1.3.6 网络科学基础理论

随着信息化社会、信息化战争、网络化战争时代的到来，网络科学在作战仿真研究的地位作用日益凸显，正在名副其实地成为战争理论、作战仿真理论基础的一部分。20余年来，网络科学虽然是伴随着“小世界网络”“无尺度网络”等一系列与传统图论相比未曾研究与揭示的全新“性质”的“发现”而逐渐“成长”“丰富”起来的，但图论、复杂网络和矩阵理论仍然是网络科学的理论基础。本节对此简要介绍。

1. 图论

图论是组合数学的一个分支，与群论、矩阵论、概率论、拓扑学、数值分析均有密切联系。图论来源于瑞士著名大数学家欧拉，他在解决哥尼斯堡七桥问题时创立了现实问题的图(拓扑)表示，并运用该图论证了哥尼斯堡七桥问题是无解的。

图论的内容十分丰富，包括图的连通性、二分图、树图的染色、欧拉环游和哈密顿回路等。当使用矩阵理论表达图时，可以使用邻接矩阵、关联矩阵等，它们与图可形成一一对应关系，因此，许多图问题可以转化为矩阵问题去解决。

当今复杂网络理论中使用的许多概念都源自图论。超图、超网络的研究，所用到的一些基础概念，本质上也由图论的概念延伸、拓展而来。图论和复杂网络、矩阵理论，是研究体系破击战、体系网络、体系对抗的有力理论工具和利器，很自然地，也是体系作战仿真的基础工具与手段。

2. 复杂网络

复杂网络(complex network)，是指具有自组织、自相似、吸引子、小世界、无标度中部分或全部性质的网络。复杂网络的复杂性主要表现如下。

(1)结构复杂。表现在节点数量巨大，网络结构呈现多种不同特征。

(2)网络进化。表现在节点或连接的产生与消失方面。例如，全球网络(world - wide network)网页或链接随时可能出现或断开，导致网络结构不断发生变化。

(3)连接多样性。节点之间的连接权重存在差异，且有可能存在方向性。

(4)动力学复杂性。节点集可能属于非线性动力学系统，例如，节点状态随时间发生复杂变化。

(5)节点多样性。复杂网络中的节点可以代表任何事物，例如，人际关系构成的复杂网络节点代表个体,万维网组成的复杂网络节点可以表示不同的网页。

(6)网络的相互关联和相互依赖。

目前,复杂网络研究的主要内容包括网络的几何性质、网络的形成机制、网络演化的统计规律、网络上的模型性质、网络的结构稳定性、网络的演化动力学机制等问题。其中,网络特征的基本测度参量包括:度(degree)及其分布函数,度的相关性、聚集度及其分布特征,最短路径距离,介数(betweenness)及其分布特征,联通度等。

复杂网络的分布特征一般具有以下性质。

第一,小世界。就是说,网络的规模尽管很大,但任意两个节点之间的距离很短,如社会网络的六度分离等。

第二,聚集度(clustering coefficient)高。

第三,幂律(power law)度分布。度分布函数为幂律函数。

复杂网络研究的兴起,主要始于以下两篇在许多领域产生了重大影响的论文:一篇是 1998 年 6 月正在康奈尔大学读博士的瓦特(Watts)和他的导师斯特罗加茨(Strogatz)教授在 *Nature* 上发表的《小世界网络的集体动力学》论文;另一篇是 1999 年 10 月鲍劳巴希(Barabasi)教授和他的博士生艾伯特(Albert)在 *Science* 上发表的《随机网络中的标度涌现》论文。前者探索了小世界网络的形成机理,后者创造了无尺度网络的生成算法。之后,很快世界各地许多大学、科研院所"轰轰烈烈"地开展以"小世界""无标度"为主要特征标识的"复杂网络"统计与实验研究。复杂网络研究相关论文则近于"井喷"式地在各种世界知名高引用期刊发表。

紧随其后,对作战复杂网络的研究也相继在国内外各类会议、期刊上发表。随着复杂网络研究的深入,其对作战研究和作战仿真理论的贡献将越来越突出。复杂网络理论必然是作战仿真的重要基础支撑理论。

3. 矩阵理论[8]

矩阵(matrix)的研究历史悠久,拉丁方阵和幻方在史前年代已有人研究。在数学中,矩阵是一个按照长方阵列排列的复数或实数集合,最早来自方程组的系数及常数所构成的方阵。这一概念由 19 世纪英国数学家阿瑟·凯利首先提出(图 1-6)。作为解决线性方程的工具,矩阵也有很长的研究历史。矩阵最早出现在东汉前期的《九章算术》中,用分离系数法表示线性方程组,得到了其增广矩阵。在消元过程中,使用的把某行乘以某一个非零实数、从某行中减去另一行等运算技巧,相当于矩阵的初等变换。但那时并没有现今理解的矩阵概念,虽然它与现有的矩阵形式上相同,但在当时只是作为线性方程组的标准表示与处理方式。

矩阵正式作为数学研究对象的出现,则是在行列式的研究发展起来之后。逻辑上,矩阵的概念先于行列式,但在实际的历史上恰好相反。日本数学家关孝和(1683 年)与微积分的发现者之一戈特弗里德·威廉·莱布尼茨(1693 年)近乎同时地独立建立了行列式论。其后行列式作为解线性方程组的工具逐步发展。1750 年,加布里尔·克拉默发现了克莱姆法则。矩阵的概念在 19 世纪逐渐形成。19 世纪初,高斯和威廉·若当建立了高斯－若当消去法。1844 年,德国数学家费迪南·艾森斯坦(F. Eisenstein)讨论了"变换"(矩阵)及其乘积。1850 年,英国数学家詹姆斯·约瑟夫·西尔维斯特(James Joseph Sylvester)首先使用"矩阵"一词(图 1－7)。

图 1–6　阿瑟·凯利,矩阵论奠基人

图 1–7　詹姆斯·约瑟夫·西尔维斯特
"矩阵"一词的发明人

英国数学家阿瑟·凯利被公认为矩阵论的奠基人。他开始将矩阵作为独立的数学对象研究时,许多与矩阵有关的性质已经在行列式的研究中被发现。这使凯利认为矩阵的引进是十分自然的。他说:"我决然不是通过四元数而获得矩阵概念的;它或是直接从行列式的概念而来的,或是作为一个表达线性方程组的方便方法而来的。"他从 1858 年开始,发表了《矩阵论的研究报告》等一系列关于矩阵的专门论文,研究了矩阵的运算律、矩阵的逆以及转置和特征多项式方程。阿瑟·凯利还提出了凯利－哈密尔顿定理,并验证了 3×3 矩阵的情况,又说进一步的证明是不必要的。哈密尔顿证明了 4×4 矩阵的情况,而一般情况下的证明是德国数学家弗罗贝尼乌斯(F. G. Frohenius)于 1898 年给出的。

1854 年,法国数学家埃尔米特(C. Hermite)使用了“正交矩阵”这一术语,但他的正式定义直到 1878 年才由费罗贝尼乌斯发表。1879 年,费罗贝尼乌斯引入“矩阵秩”的概念。至此,矩阵的体系基本上建立起来。

无限维矩阵的研究始于 1884 年。庞加莱在读两篇不严谨地使用了无限维矩阵和行列式理论的文章后开始对这一方面进行专门研究。1906 年,希尔伯特引入无限二次型(相当于无限维矩阵)对积分方程进行研究,极大地促进了无限维矩阵的研究。在此基础上,施密茨、赫林格和特普利茨发展出算子理论,而无限维矩阵成为研究函数空间算子的有力工具。

矩阵的概念最早出现在 1922 年的中文文章中。1922 年,程廷熙在一篇文章中将矩阵译为“纵横阵”。1925 年,科学名词审查会算学名词审查组在《科学》第十卷第四期刊登的审定名词表中,矩阵被翻译为“矩阵式”,方块矩阵被翻译为“方阵式”,而各类矩阵如“正交矩阵”“伴随矩阵”中的“矩阵”被翻译为“方阵”。1935 年,经中国数学会审查后,“矩阵”作为译名首次出现在《数学名词》中。1938 年,曹惠群在接受科学名词审查会委托就数学名词加以校订的《算学名词汇编》中,认为译名应当是“长方阵”。在中华人民共和国成立后编订的《数学名词》中,则将译名定为“(矩)阵”。1993 年,在中国自然科学名词审定委员会公布的《数学名词》中,“矩阵”被定为正式译名,并沿用至今。

现在矩阵理论已形成一个庞大的体系,内容繁多。矩阵理论是理解和处理作战复杂网络相关问题最重要的理论工具,特征谱、秩等概念已成为复杂网络理论的组成部分,成为分析复杂网络性质的利器。

矩阵理论是复杂网络研究的重要支撑理论,同时,也是作战体系网络特征分析和体系对抗建模分析的有效工具,对作战仿真的研究,必然地,作用将越来越突出、地位将越来越重要,成为作战仿真必需的基础理论。

1.4　作战仿真基本方法

任何仿真,实质上包含两个非常重要的不同阶段:建模与仿真,所以,也经常将“仿真”和“建模与仿真”作为等义词使用。但是,在对仿真研究进行精细区分时,实质上,建模与仿真是两个从程序到内容完全不同的活动阶段。建模阶段是要把所需仿真的实际系统(或构想系统)建造成为第二阶段仿真实验要使用的“模型”;仿真阶段是要使用建模阶段的“成果”——模型去进行实验。在本章的前述各节,概要地论述了作战仿真建模阶段所需要关注和重视的基本问题,在本节,再对作战仿真实验的基本方法进行扼要介绍和分析。

任何实验,要顺利地进行,首先必须设计科学的实验方法,仿真实验也不能除外。基于作战仿真的不同展开形式,将作战仿真实验的基本方法划分为以下四个主要类别,即人在回路仿真、装备在回路仿真、虚拟仿真和实兵演习。作战仿真在实际应用时也可将下述四类仿真综合使用,形成一种综合仿真或集成仿真。

1.4.1 人在回路仿真

由于作战是一项充满不确定性的活动,是一个对抗双方指战员斗智斗勇的过程,因此,尽管作战过程中武器装备起了重要作用,但起决定性作用的仍然是人,是人的正确决策,在不断改变着战争的进程和结局。作战仿真要较为真实、科学地描述和推演这个过程,人的参与是一个必须重点关注的因素。所谓人在回路仿真,就是指将真实作战过程中的各类参战人员,特别是指挥员,预留“无缝”的“接口”,使“人”作为仿真的一部分充分地“融入”,在作战仿真过程中承担“机器”所无法承担和完成的“任务”,是作战仿真“人机一体”的一种仿真类别。

人在回路仿真是一类非常重要的作战仿真方法,具体表现有很多形式。比如,大部分有人参与的作战仿真推演、有人操纵的仿真器、以人作为决策主体的博弈仿真、指挥员完全融入的各类作战指挥仿真等,都是这种类别的仿真。

1.4.2 装备在回路仿真

装备是重要的作战仿真对象。在作战仿真系统设计时,诸如飞机、舰艇、导弹、航天器等装备,都是作战仿真必须以不同粒度进行数据化描述和科学建模的对象,但是有些时候,因为仿真精度等要求,仅仅依赖这些实物的模型,常常很难取得理想的仿真效果。这时,比较习见的做法就是将真实装备“嵌入”仿真(系统、模型)之中,使这些装备的状态参数(如航天器的飞行、检测数据,导弹的飞行轨迹、目标毁伤数据,舰艇的航行轨迹、状态数据等)实时地进入仿真系统中,成为这个系统仿真状态参数的一部分。这种类别的仿真,被称为装备在回路仿真。

装备在回路仿真成功的关键是要保证装备实物和装备仿真模型的数据同步,并按需可随时使实装数据更替仿真模型数据。装备在回路仿真不同于半实物仿真,装备在回路仿真通常需要将实际装备(系统)完整地嵌入仿真中,而半实物仿真一般是在装备研发设计过程中将部分装备实物(部件、分系统、元件)与待研发的虚拟装备互联,从而去测试、验证待研发系统的性能参数。

1.4.3　虚拟仿真

虚拟仿真是一类完全依靠计算机(网络)仿真模型("虚拟"模型)展示所有作战实体、活动、过程等细节的仿真。这里的虚拟仿真与经常使用到的国外三类典型仿真——实物仿真、推演仿真、虚拟仿真(live simulation, constructive simulation, virtual simulation)中的"虚拟仿真"有所不同,这里的虚拟仿真主要是指仿真模型完全是计算机仿真空间("虚拟空间")中的"虚拟模型"、没有外部的"人"与"装备""联入"这种类别的仿真。而上述提到的国外三类典型仿真中的虚拟仿真主要是指各种类别的"仿真器"或"互相联网形成的仿真器网络"。

这里的虚拟仿真,是指完全在虚拟空间(计算机仿真空间)进行的仿真(simulation based on computer digitized model space)。

1.4.4　实兵演习

实兵演习是最古老也是最接近实战的一种作战仿真。实兵演习就是指使用实兵实装,并在最接近实际交战环境中与假想的最接近实际的作战对手按照最可能发生的战争规模、战争样式、作战方式并使用实际交战双方所可能使用的武器装备及作战条令、战法等进行的实兵对抗演练。

在各种类别的作战仿真中,实兵演习的效果最佳,但是,由于种种制约因素,如对手的装备、实际的交战空间、大规模演习场地、大规模交战的毁伤效应、特种武器装备的不可用性(如核、电磁武器、网络武器等)等,实质上,所能进行的实兵演习也存在非常多的局限性。因此,在很多时候,要取得理想的作战分析和训练效果,对上述各种类别的作战仿真方法加以综合运用和集成,才是现在作战仿真应用最主要的形式。

第2章 作战仿真基础技术

作战仿真基础技术,是作战仿真的入门技术,也是作战仿真支撑技术,在作战仿真技术体系中具有举足轻重的重要地位和作用。基于仿真视角,作战是由各实体、实体之间关系、实体行为及实体与实体、实体与环境之间交互共同作用形成的一种人类特殊的组织与活动形态。因而,作战仿真基础技术尽管所包含的内容比较庞杂,但从建模方法的角度,仍可将基础技术区分为实体建模技术、(实体与实体、实体与环境之间关系、交互形成的)网络建模与仿真技术、(实体)行为建模与仿真技术、(实体)智能建模与仿真技术、环境建模技术五类。尽管这种分类只是众多作战仿真技术划分方法的一种,但是,对于作战仿真而言,由于很重要的仿真对象与建模对象就是实体及其行为、关系与交互,因此,以实体及其行为、关系、交互建模为中心,可以把作战仿真最重要也是最核心的技术包容进来。

2.1 实体建模技术

实体,是作战仿真最重要的仿真对象和建模对象,也是决定作战仿真能否取得实践成效的关键。然而,实体却是作战仿真实践应用最难面对和最难处理的对象。首先,不同层次、不同类别的作战仿真,其实体的描述、建模和仿真粒度不同。不同粒度的实体,其建模需要达到不同的细节层次。实体的不同细节层次,呈现出实体不同的行为特性和规律,这需要选用不同的建模理论和方法。其次,即便在同一仿真体系中,也经常会出现不同粒度实体之间需要相互转换与转化,如何保证转换后的实体信息不丢失,不同粒度实体仍然遵循各自的运行机制和规律运行,是作战仿真建模过程中最棘手、最难处理的重大研究课题。最后,实体的网络行为、实体的智能行为都给作战仿真带来巨大挑战。这个挑战,将在本章单独设节进行研究和探讨。

基于实体的建模技术,本质上是面向对象的计算机软件设计技术在仿真领域的一种实践应用及建模方法的具体表现形态。但是,对于作战仿真,它的作用、地位和价值更为突出。首先,作战本身就是作战双方或多方作战实体的交互与生灭过程,只有基于实体的方法才能对这一过程有一个清晰的描述与呈现;其次,基于实体的方法可以贯通作战各层次、各领域,使体系对抗的仿真与建模成为可能;最后,基于实体的方法有许多较为成熟的理论和模型可以应用和借鉴,使作战仿真的可信性与可行性有基本的保证。因此,基于实体的建模,对于以计算机仿真为主导形式的作战仿真领域,具有其他建模技术难以企及和比拟的优势与有利条件。

2.1.1 基于实体的作战建模与仿真框架

要构建基于实体的作战建模与仿真框架,首先必须对实体在作战过程中的表现形态、运行机制和机理有一个基本的分析和理解。对于实体在实际作战过程中的表现、运行机理,可以运用图示的方法进行解析,如图2-1所示。

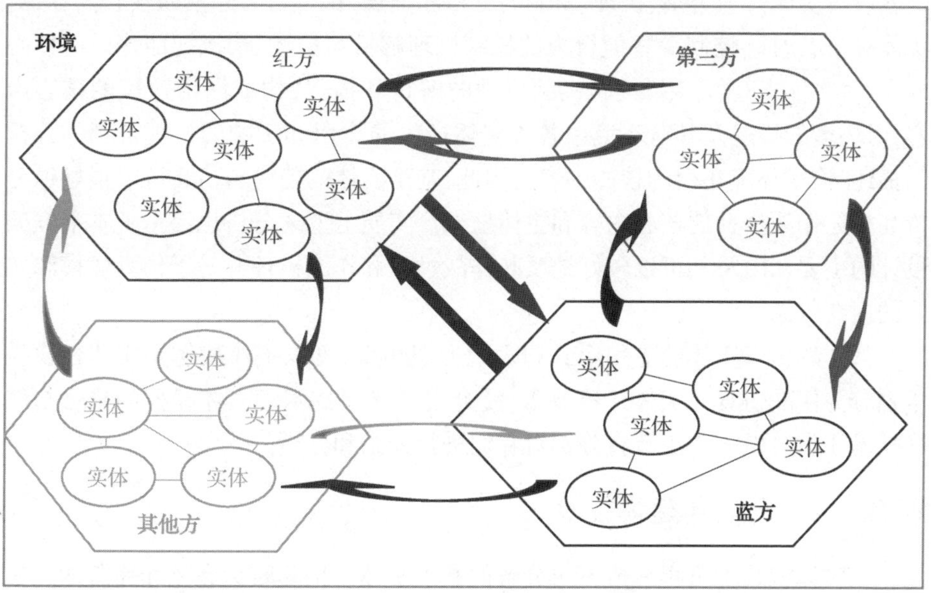

图2-1 多方背景下红蓝方对抗基于实体的作战建模与仿真的基本框架

在图2-1中各方、各实体之间存在、发生的关系的内涵是:各方内部实体之间的连接关系表达的是它们之间存在的指挥与控制、保障、协同等关系;各方之间带指向关系的弧线连接则表达了它们之间发生的对抗(如红方和蓝方)、情报传递/信息共享、合作/支援、舆论支持/谴责等关系;而环境会对所有方、所有实体的行为、活动和交互发生作用和影响(以阴影线表示)。各方内部实体之间及各方内部实体与外部实体之间的交互实时组构为不同层次、不同类别、不同功能的动态的、演化的内部与外部互联互依及相互作用、对抗/交战网络。各方、各实体之间的以上内、外连接包括以下现实世界存在的最基本的三种关系类别:物理连接/物资输送关系、信息交互关系、能量输出输入关系。而驱动这些连接发生作用、交互的是存活于网络中的这些实体的行为或活动。

图2-1清晰地揭示了多方背景下红蓝双方对抗各方实体行为发生和作用的基本流程、运行机理与主要机制,也完整地构成基于实体的作战建模与仿真的基本框架。

上述作战过程和机理的解析实质上也解释了实体在作战过程中的主体地位和核心作用以及作战仿真需要优选基于实体的建模方法的依据和原因。对实体及其行为、活动的描述,构成基于实体建模的核心内容。对实体及其组成和结构、功能机理的分析,构成基于元实体、复合实体及实体聚合与解聚建模的主体内容。对实体行为类别、机理、机制的分析和描述,构成行为建模的核心内容;对实体决策、指挥、控制等智能行为的机制机理解析与描述,构成智能建模的核心内容;对实体交互、作用、关联机制机理的解析和描述,构成网络建模的核心内容;对环境的描述及其对环境中各方实体产生的作用和影响的机理机制的分析和描述,构成环境建模的核心内容。因此,基于实体的建模与仿真可以很好地分析和描述作战仿真的核心内容和主体框架。实质上上述分析也揭示了本书框架设计的主要动因及其可以较好地反映作战过程和作战机理并易于仿真建模和实验的内在依据。

从作战仿真实体的应用形式和表现形态角度,可以把作战仿真实体建模技术划分为作战仿真元实体建模技术、复合实体建模技术和实体建模的聚合与解聚技术3类。以下3小节将分别对它们进行介绍和分析。

2.1.2 元实体建模技术

元实体就是不可再分或不再分解的基本实体。构建较为完整和完备的元实体模型,是实现基于实体的作战建模与仿真的基础。只有建立了比较完备的元实体模型,才能够逐级逐层构建完成更加复杂、更为庞大的复合实体模型序列,才能最终形成完备的包含行为模型、智能模型、网络模型、环境模型在内的更加完整的、具有作战仿真应用价值和能力的、可用于作战仿真实验的作战仿真模型体系。

元实体建模的模型表达形式包括概念模型、逻辑模型、数学模型及程序(软件)模型等不同形态,且各形态之间是一个逐级细化直至抵达软件实现的映射关系。实质上,建模的过程,正是一个建模对象在现实世界物理空间逐渐映射至仿真空间的重构和再现的过程,如图2-2所示。

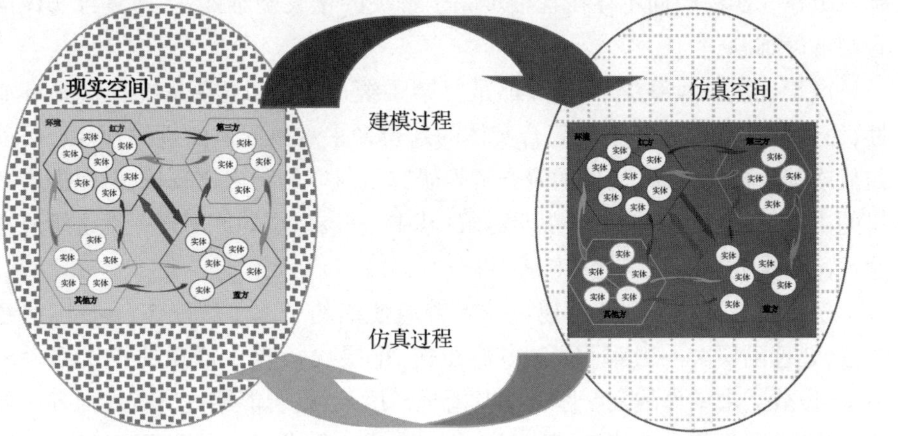

图2-2 建模与仿真是现实空间与仿真空间之间的两个彼此反向的映射与解释过程

由于元实体是建模仿真的最小可分辨实体,因此,对于元实体的建模需要尽可能将种类、属性、指标表述完整,使更高级别的实体或者被组构的实体按需聚集、按需解聚。

(1)元实体建模的种类需要划分完整。例如,作战仿真元实体应该包括指控元实体、情报元实体、通信元实体、保障元实体、作战元实体等。

(2)元实体的属性描述需要完整。例如,元实体的空间属性、形态属性、能力属性、网络属性、行为属性等均需要有完整的描述。

(3)元实体的指标表达需要精准、有效、可用、实用,使元实体各时刻的状态空间描述能够正确测度现实空间实体的行为模式。

基于上述分析,元实体使用的建模技术主要包括物理/机理建模、数学/统计建模、软件/算法建模、图形/可视化建模、虚拟现实建模、(人工)智能建模等。这些具体的建模技术可以在专业的书籍里进行检索、查询和学习。

特别需要指出的是,元实体建模技术是一门非常专业的领域,需要对现实世界作战建模实体对象有比较深入的了解、理解、认知,需要有系统完整的建模方法、建模技能训练,需要大量的建模实践积累才能够达到理想目标要求和取得预期效果,并不是某一种或几种技巧的传授或学习就可以完成的。

2.1.3 复合实体建模技术

复合实体就是由元实体或基于元实体组构或聚合而形成的一种实体。与元实体比较,复合实体的建模形式上似乎简单了一些,但实质上,复合实体建模面临一个在元实体层面不存在且很难完全解决的重大疑难课题,即复合实体的聚合与解聚难题。

由于现实作战系统(体系)都是复杂系统(体系),复杂系统普遍具有涌现性,而这种涌现性必然会对复合实体的建模带来难以回避的挑战,所以,目前在作战或其他建模领域,实体的聚合解聚研究虽研究的历史比较长,但在进展和取得的成果上还远远不能满足现实需求,其中,进展迟缓的原因之一就是所遭遇的这种比较难处理的涌现性。

现在处理这种涌现性的建模技术普遍使用的是基于智能体(agent)的建模方法,处理的层次一般都很低(多数在连、排层次),自主涌现的模式都十分简单,离作战需求或作战实践距离非常遥远。因此,是否能够提出有效的方法处理这种涌现性,是复合实体建模技术能否切合现实需求的一个重要度量标准。

对于这种涌现性的处理,笔者曾在2006年国防大学第二届战争复杂性与信息化战争模拟专题研讨会上撰写的论文《战争组织化复杂适应系统(OCAS)的建模与仿真》[9]中提出组织化战争复杂适应系统的概念及如何对此类系统进行建模与仿真的学术课题,其中,实质上就涉及对于大规模实体形成聚合体的涌现性进行建模处理的问题。

这种复合实体的建模不能回避涌现性,但是,很显然,军事系统特别是作战系统的这种涌现并非人工生命模拟中像鸟群队形那种比较低级的涌现,而是在一种已有组织规约形式下的比较高级的涌现。这种涌现性的处理一定不能规避组织体的规制性和强大的规制力。军事系统中的各级别组织(军、师、旅、团、营)体皆是如此。

如果从数学形式上,对于复合体属性(如能力)的建模,可以使用以下形式进行表达:

$$y_c = f(x_1, x_2, \cdots, x_n, o_i)$$

式中:y_c 为复合实体能力值;x 为各元实体或下一级复合实体能力值;o_i 为下级实体能力值外的其他影响因素指标。

很显然，即使能够通过种种方法找到这种计算复合实体能力值的聚合函数 f，也很难由此基于复合实体能力值反向获得下级各实体的能力值 $x_t(t=1,2,\cdots,n)$，即并不能由此得到 $x_t=f_t^{-1}(y)(t=1,2,\cdots,n)$ 中 f 的反函数 f^{-1}。

例如，可以基于各师的战斗力评估出一个军的战斗力，但是，很难由一个军的战斗力推算其下级各个师的战斗力，特别是对于那种需要各师彼此协同的合成作战部队，将其分解为下级作战单位后，其战斗能力严重情形下很可能就被瓦解了。在这种情况下，传统的计算方法是，军的战斗力等于其下属三个师的战斗力的和或加权和，反之亦然，其下属各师的战斗力使用军战斗力的不同比例进行计算。古代和近代军队作战能力可以基于这种加（权）和线性方法（基于规模）进行评估，但在信息化条件作战系统（体系）都是复杂系统（非线性系统），这种能力聚合解聚方法会失效，不能用于军队战斗力聚合解聚的评估与计算。

对于这种非线性的信息化战争作战系统的复合实体的聚合与解聚的建模难题，需要寻找非线性的、处理复杂系统的方法进行解决。

基于以上分析，复合实体建模技术主要包括实体结构聚合建模技术、实体属性聚合建模技术、实体行为聚合建模技术、实体功能聚合建模技术、系统组构析构建模技术、实体聚合解聚建模技术等。其具体建模技术将在后续结合相关应用进行分析和介绍。

2.1.4　实体建模的聚合与解聚技术

实体建模的聚合与解聚技术实质上包含两部分内容：实体建模的聚合技术与实体建模的解聚技术。这两项技术工作在建模实践上都不太容易处理，目前的一些技术只能说是处在一种勉强应对的状态。比如，能力聚合的统计均值方法、指数方法，能力解聚的均分法或含权分解方法等。这些处理方法都是将实体视为简单系统，这与实践上的作战实体的真实特性并不相符。

使用图 2-3 来展示复合实体与元实体的差异，从中管窥传统聚合解聚建模技术的缺陷。作为由多实体构成的复合实体是有内部结构的，其组分实体之间会发生多种多样的连接与交互，这种互联关系使复合实体作为一个整体发挥其职能与作用。因此，“1+1>2”或“1-1=0”的系统效应在复合实体中会很自然地涌现。而那种基于机械论（规模效应）的模型（表现为“1+1=2”）的“还原论”方法在这种情形之下是必然会失效的。但很遗憾的是，现有很多聚合解聚建模方法恰恰都是基于这种“还原论”思想获得的。

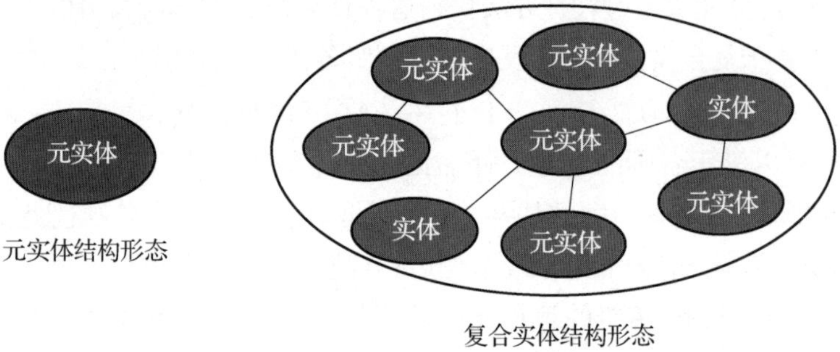

图 2-3　元实体和复合实体结构模型的图形表示

如何凸显聚合过程中复合实体的系统效应的涌现及实体解聚过程中系统效应的消失，是实体建模聚合解聚技术取得实践成效的关键。基于这种认识，将分别基于使命任务、功能聚合与分解、结构组构与析构等几方面对聚合解聚技术方法进行探索、创新。

1. 基于使命任务的实体建模聚合解聚技术

作战实体的聚合与解聚，主要是基于使命任务的需要，因此，基于使命任务的实体聚合与解聚建模，是一种贴近作战实践和实战的一种建模技巧与技术，也是一种实践应用上比较方便和易行的建模技术。

在实践上，为使使命任务得以履行和完成，通常需要进一步将使命任务进行分解，形成树形的任务结构，即使命任务→任务→子任务→…→行动，而行动是由具体的任务部队执行和完成的。这是一条使命任务得以达成的实践链条。而这一链条的每一环节均是由相应实体执行和承担完成的。很显然，这一链条正是作战实体需要进行聚合与解聚的链条，因而，基于使命任务对实体建模进行聚合与解聚，既是实践需要，也是可行和有效的建模技巧与技术。

这种聚合解聚建模技术将主要依托能力结构的分解与聚合完成。能力的分解与聚合是这种建模技术的核心。能力的分解和集成方法有很多种，其中的非线性聚合与分解关系是指对复杂系统建模对象给出的，如"与"模型、"积"模型、"串并行"结构模型、网络集团模型等。具体可见相关专业著作与书籍。

2. 基于功能聚合与分解的实体建模聚合解聚技术

基于功能聚合与分解的实体建模聚合解聚集技术也是一种实践上经常使用且比较有效的实体建模聚合与解聚技术。这种方法主要是基于系统及其组分具有功能上的相对独立性与互补性实现与完成的。如作战体系一般是由侦察情报系统、指挥控制系统、作战打击系统、保障系统等构成的，各自系统分别发挥情报侦察功能、指挥控制功能、作战打击功能、保障功能等。此时，对作战体系实体建模的聚合与分解，从实践上，基于功能的方法既是可行的方法，也是非常有效的方法。这种聚合解聚建模技术，关键是要正确和准确选取聚合体与组分实体的功能、效能、性能指标，然后基于指标的分解与聚合实现实体功能的分解与集成。具体操作方法将基于不同的建模领域和目标分别选取不同的功能分解聚合程序与指标分解集合方法付诸实施。

3. 基于结构组构与析构的实体建模聚合解聚技术

系统科学有句经典名言："系统结构决定系统功能。"因此，基于系统结构组构与析构的实体建模聚合与解聚技术是一种比较有效的建模技巧与技术。除元实体外，作战实体也有非常清晰的内部结构，这种结构可以用于实体建模的聚合与解聚。基于实体结构的聚合解聚建模，对实体内部组分实体及组分实体之间或组分实体与外部实体、环境之间的关联需要有精准的描述，正确地选取评价指标，在实体聚合解聚时，使这些指标可以自由地分解与转换，尽可能实现聚合体与组分实体之间聚合解聚前后信息的无损集成与拆解。

结构分解与集成需要对对象实体的各类属性及其关联有精准的科学认知与正确度量，对其组分体与聚合体行为机制与规律有完整的理解与比较全面的量化分析与描述。

这类建模技巧与方法可以通过对系统科学理论与相关作战领域的专业理论的学习与解析获得。

2.2　网络建模与仿真技术

网络化，是信息时代的一个基本特征。网络化作战，同样是军事领域作战的一种基本形式。因此，毫无疑义地说，网络化建模及网络化仿真是信息时代作战仿真必须面对和不得不解决的、极为重要和极为关键的建模与仿真技术。

实体的互联与实体的交互形成网络。网络建模的难点和重点必然是对网络实体互联与交互模式、特征、机制、规律的发现，以及描述及其演化机理、规律的揭示和呈现。因此，网络建模不仅是基于图论的拓扑结构的描述和演化规律的形式化表达，还必须对网络实体互联、交互承载的各类信息流、物资流、能量流等"流"的演化与活动规律有精准的分析、描述和表达。

除单一网络的建模与仿真外，各类网络之间的互联与交互形成网络体系（网络的网络），因而，对于网络建模与仿真是一种更为重要的网络建模仿真技术,需要有对应的方法与工具去分析和表达。目前,超网络理论是在此领域有重要发展前景的理论工具,如何将超网络理论方法运用于作战仿真领域的网络(网络体系)研究,是一项新的需要攻坚的研究课题。

基于以上分析,本节将从单网络建模与仿真技术、多网络体系建模与仿真技术、网络的组构与析构技术、网络效能分析与特征量计算技术、网络仿真方法与工具方面对作战领域的网络建模与仿真技术做初步的介绍与分析。

2.2.1 单网络建模与仿真技术

目前,使用比较多的单网络建模技术大多基于图论的拓扑建模方法。这种方法的优点是有一定的理论基础,具有模型的通用性,适用于比较广泛的领域,部分结果和结论反映了领域网络的客观规律,受到各领域建模工作者的普遍认可和欢迎。但是其缺点也是比较鲜明的,就是基于图的拓扑方法对网络的建模能力比较局限,节点和连边的描述比较粗略,节点和连边多属性描述的网络建模理论和方法仍然比较匮乏,形成满足实践应用需求的成果和结果还比较少,在理论、方法和模型上仍需大力创新。

单网络的拓扑结构建模方法主要包括无向无权图、有向无权图、有向有权图等,对这些图上的动力学模型的研究主要包括级联失效、同步、控制等。这些模型分析,大多比较简单。许多应用急需的研究还没有取得比较满意的成果,比如有向加权级联失效模型及其在军事领域体系作战上的应用研究等都还十分缺乏。笔者曾在此方向上进行初步探索,但仍急需大力推进。

尽管在现实世界中单网络几乎是不存在的,真实网络大多是相互关联和相互依赖的,但是,在很多时候,在分析互相依赖的网络体系过程中,单网络的建模和分析常常都是基础和必需的步骤。比如,在构建军事领域体系作战网络模型时,常常需要对指控网络、情报网络、交战(火力打击)网络、保障网络、通信网络的网络结构及其各节点之间连接方式方法进行必要的拓扑分析和建模,进而对各网络之间的相互依赖和关联进行进一步的分析和研究,在这种分析的基础上,再构建相互关联和相互依赖的体系网络模型。

单网络的建模技术主要包括:①基于统计数据的建模。这类建模是目前复杂网络方向上使用比较多的建模方法。具体方法是运用统计方法获取所建对象网络模型的特征参量,进一步地说,对已建模型进行统计验证,而后,用验证完成的模型对相关网络演化前景进行预测。这类模型的优点是从统计学上可以发现各领域网络的生成和演化规律,缺点是模型比较粗略,工程实践上价值相对较低。②基于现实网络构建机理和机制的网络建模方法。这类网络建模利用实际网络构建时的各实体物理连接机制和机理完成对网络生成和演化算法的设计，进而，利用算法生成网络并与实际网络特征数据进行比较，对算法进行修正和完善，提升算法的有效性和科学性。对于可用和可行的算法模型，用于实际的工程研究或实践。③利用历史上大范围网络瘫痪或故障的真实数据，对网络发生瘫痪/故障的原因进行全面系统地挖掘和分析，而后，构建网络模型对这类重大灾难事件进行模拟，参照模拟结果与真实数据的对比分析，形成网络构建/重建/完善的意见建议，对网络安全态势进行改进。这类模型主要用于网络安全领域。对军事网络，特别是作战网络的建模具有重要价值。④纯理论建模方法。这类模型主要用于网络科学理论的研究，以及发现网络生成和演化的共性特征和规律，创建网络科学理论，形成“网络的新科学”，具有重要的科学探索意义。

上述各类网络建模方法都可以进行一定的挖潜和改进，用于作战网络的建模和仿真。

2.2.2 多网络体系建模与仿真技术

多网络体系建模与仿真是作战仿真领域与网络科学领域需要共同面对的具有极强挑战性的重大课题。目前取得的成果还十分有限，远远不能满足现实所急需。

多网络体系建模与仿真需要面对的主要难题包括：对各网络之间的相互关联和相互依赖机制、机理认识不足；指导多网络体系建模的理论、方法极度匮乏；现有多网络模型离现实距离比较遥远；各现实网络责任主体难以统一协调，对各网络之间关联和依赖重要信息数据难以完整获取和有效利用，协同建模、成果共享难度大；数据安全、网络安全等都客观上造成多网络建模具有极高的难度和风险等。

从目前多网络体系建模所取得的成果看，目前的多网络模型大多进行了极度简化，与现实网络模型差距巨大，虽然在理论上有一些新的发现，对实践上发生过的某些网络现象（如级联故障等）有所揭示，但这些发现只能对这些网络现象起到事后解释的作用。在工程实践上如何破解这些网络建设和防护上的难题，还需要进一步非常系统地深入研究，取得更加具有创新性的研究成果才可完成。

现实世界的许多网络都是以体系化的形式出现的，军事领域，特别是作战领域都是如此。在近年来的作战领域出现比较多的语词，如体系作战、体系对抗、作战体系等都反映了军事领域的一些必然发展趋势和规律，其理论构建要得以完成和突破，其底层必须有多网络体系的理论的创新和突破。因此，在网络科学和作战仿真领域，都急需付出极度的努力去攻克和破解多网络体系建模仿真这一挑战性课题。

多网络体系建模与仿真常用的方法主要有基于“载荷”“流量”的级联失效建模方法，基于关联度、依赖度及概率函数、生成函数的数学建模方法，基于物理学逾渗理论的建模方法，基于对抗与合作的博弈论的多网络竞争与合作建模方法，基于超网络的多网络体系建模方法等。

多网络体系建模与仿真需要重点研究和攻坚的疑难课题主要有如何解决多网络体系的理论基础薄弱的问题，如何解决多属性、多维空间、异质网络体系的实体空间与网络空间的映射与转换问题，如何解决跨领域跨部门多网络体系建模数据集成与资源共享问题，如何解决目前多网络体系模型过度简化与实际多网络建设需求连接松散的问题，如何解决多网络体系建模需求方与多网络理论研究高校、研究机构技术合作与信息共享的问题，如何研究解决多领域多网络体系建模与系统科学门类下复杂体系理论研究与模型构建之间彼此合作与衔接协调问题等。

目前，这一领域比较有前景、值得进一步挖掘和探索的应当是超网络模型、理论和方法，相较于其他的一些研究成果，更有可能和希望走向工程实践和应用。

2.2.3 网络的组构与析构技术

网络的组构与析构，相较于实体的聚合与解聚似乎简单一些，而实质上，这并不完全正确。这是因为：一方面，网络表达的是实体内部各组分、各子系统或各系统（对于体系实体而言）的连接结构及其交互关系，实体层面存在的约束同样会在网络结构上有所反映；另一方面，网络的组构与析构同样需要考虑实体聚合与解聚的实践需求。

网络的组构是将各节点、连接、子网络、网络社区等各个彼此分离的网络“组分”按需“装配”成一个有特定功能的整体网络（网络体系）的过程，而网络的析构是因为各种原因将网络整体“裂解”为网络“子片”（“子网络”、孤立节点、组分网络）的过程。二者并不具有必然的对称映射或一一映射与反射的关系。网络的组构是按需构网的过程，而网络的析构可以是按需实施的有组织过程，也可以是因为各种“突发事件”（战争、自然灾害、网络攻击）直接裂解（崩溃、瘫痪）

为无功能部件/部分的无序化过程。

网络组构与析构的主要方法与技术有基于任务的网络组构与析构技术,基于功能的网络组构与析构技术,基于物理连接的网络组构与析构技术,基于编制编成的网络组构与析构技术,基于攻击与防御的网络组构与析构技术,基于保障与依赖关系的网络组构与析构技术,基于物流、能量流、信息流各类“流”的输入输出关系的网络组构与析构技术等。

网络组构与析构的关键技术包括:如何高效地运用各类网络各特征参量主导与控制网络的组构与析构过程,比如如何提出/提取在网络组构与析构过程中对网络介数、网络聚集系数、网络度/关联度/依赖度等各类参数的控制方法;如何设计符合作战编制体系、兵力结构、交战过程等现实实体之间存在的关联与交互关系的网络组构与析构算法;如何使网络的组构与析构过程与战争双方或多方对抗兵力组织关系或指控关系相吻合、关联与一致;等等。

在作战仿真过程中,对于网络的组构与析构还需要对以下问题给予特别关注:从网络仿真角度,如何设计高效的网络生成、组构与析构算法,以正确、准确地描述作战网络生成和演化的基本特征与规律;从能力角度,如何描述实体能力的聚合与解聚和网络的组构与析构过程中网络基本特征参量之间的关联与映射关系;从作战角度,如何描述网络攻击与防御和网络组构与析构模型、算法之间的关系;在网络组构与析构过程中,有两种情形需要特别关注并处理,即网络的有序组构与析构和网络的无序组构与析构。前者如在网络层面作战各方力量编成与力量加强、力量归建等都属于有序组构与析构,而后者如交战双方或多方遭遇敌方攻击、遭受损耗及情报系统受损严重时网络的析构与组构便会出现无序等。

由于信息化战争的体系对抗的过程本质就是对抗双方或多方网络体系的组构与析构的演化过程,因此,网络的组构与析构对于作战仿真具有极为重要的意义。

2.2.4 网络效能分析与特征量计算技术

网络效能分析与特征量计算技术对于网络建模与仿真具有特别重要的意义。如何构建和计算网络效能及特征量这些指标,决定了网络建模与仿真对于作战领域应用支持的程度和价值。对于拥有不同拓扑结构、不同“带宽”(“流量”)限制的网络,其网络效能与特征量值会出现特别大的差异。那么,哪些参量会影响网络效能？网络特征量和网络效能之间存在什么样的关联和依赖关系？哪些网络特征量可以用于评价和测度网络效能？不同的网络效能会对作战产生哪些影响？网络效能与作战效能之间具有什么样的依赖关系？怎样评估网络效能？如何选取、测量和计算、评估网络特征量？等等，这些都是网络建模与仿真实践必须研究和予以解决的重要课题。

网络效能分析，在很大程度上，需要对网络特征量进行计算。因此，寻找并得到网络效能分析与特征量计算的技术与方法，是网络建模与仿真能够顺利实施和完成的必备条件和基础。

网络效能分析的主要方法包括基于统计实验的网络效能分析方法、基于仿真实验的网络效能分析方法、基于拓扑模型的网络效能分析方法、基于“流”（物流、信息流、能量流）的动力学模型计算分析方法、基于网络特征量分析实验的网络效能计算方法、基于物理学逾渗理论的网络效能分析方法、基于博弈论的网络效能计算与评估方法等。

网络特征量设计与计算技术、方法主要有基于图论的网络特征量设计与计算技术、方法，如度（分布）、介数、最短路径、聚集系数等；基于矩阵理论的网络特征量计量与计算方法，如邻接矩阵、关联矩阵、邻接矩阵特征值、节点路径距离计算的矩阵幂方法；基于概率与统计理论的网络特征量设计与计算方法，如平均度（分布）、平均最短距离、平均集聚系数等。

上述网络效能与特征量计算分析方法需要结合具体工程实践进行创新性应用研究，提出新的应用计算模型与方法，甚至新的特征量及其评估计算方法。切记不可盲目简单地采用“照抄”与“拿来”的技术路线。

2.2.5 网络仿真方法与工具

目前，支持网络仿真的工具比较多，比如专用网络分析软件 Ucinet、pajek，用于复杂系统仿真的开源用软件 Netlog，乃至用于工程计算的专用软件 MATLAB 等都可基于需要选用。但是，这些软件本质上仍是工具，如何开发出符合应用实践需求的网络分析软件，仍是建模仿真工作者面临的巨大挑战。

2.3 行为建模与仿真技术

作战仿真实体，极少是静态实体。大多数实体，都是具有行为/行动能力的实体。尽管前面对实体建模进行了分析和介绍，但前面的建模主要针对实体的属性描述与建模。对于实体的行为描述与建模，并没有进行分析与介绍。本节将对其进行介绍。对于作战实体的行为建模,基于不同视角和需求,可以进行不同的分类。比如:从功能属性上,可以将作战实体行为划分为侦察行为、保障行为、交战行为等;从组织属性上,又可以将实体行为划分为单体行为、群体行为等。本节为了凸显作战实体行为建模的重点与难点,将作战实体的行为建模划分为单体行为建模与群体行为建模两类。很显然,在每一门类下,又可以进一步基于功能将实体行为模型进行划分,如单体交战行为、群体交战行为等。基于这一考虑,在本节将对单体行为(2.3.1节)与群体行为(2.3.2节)建模与仿真技术进行介绍,并考虑到群体类中涌现行为的特殊性,对涌现行为建模与仿真(2.3.3节)进行介绍。

2.3.1 单体行为建模与仿真技术

单体是以整体形态进行呈现的实体。单体并不一定就是元实体。复合实体以整体模式履行功能、职能都可归于单体。

在作战仿真类别下,具有完整行为能力的单体,其行为的一个完整周期必然包括观察、判断、决策、行动(observation、orientation、decision、action,OODA)环节。对于这四个环节在不同的作战仿真应用环境中进行细化,可以完成各种作战仿真单体的行为建模与仿真。

第一环节:观察阶段

这一环节涉及的单体行为包括侦察、探测、感知、情报共享等。每一类别下又按需对其进行进一步细化,如侦察可分为雷达侦察、可见光侦察、红外侦察、电子侦察等。而每一子类还可根据需要进行进一步分解。比如,按载体平台空间属性,雷达侦察可划分为天基雷达侦察、空基雷达侦察、海基雷达侦察、陆基雷达侦察;按任务层次,又可区分为战略雷达侦察、战役雷达侦察和战术雷达侦察;等等。

因此,这一阶段的单实体行为建模与仿真主要聚焦于实体的探测感知、侦察情报行为,建模的焦点与方法:构建不同侦察实体在不同空间平台使用不同技术手段(雷达、可见光、红外、电子)获取不同类别目标(具有不同被探测感知特征、在不同空间以不同形式运行的各种不同辐射特性的目标)的关键被探测特征并辨识进而发现目标的探测、感知、侦察、发现模型。基于不同仿真应用需求,该类模型的探测实体的颗粒度和被探测实体的分辨粒度可以有很大不同,探测模型的计算结果可以是探测发现概率,也可以是是否发现布尔数值,还可以是模糊量(隶属××目标的隶属度)等。模型形式可以是雷达方程等数学函数,也可以是基于灰度、灰靶、概率、模糊值等各种形式的计算模型。

侦察探测行为的仿真方法可以是可视化的表达(可视化的图形展示),也可以是数值图表形式的表达,还可以是语言文字形式乃至更为格式化的作战文书形式(如侦察报告、情报通报等)的呈现等。

侦察探测行为建模的关键是要区分实体和目标的颗粒度,正确选择被探测目标的物理特性(如雷达反射截面、电磁辐射频率/频谱等),还要尽可能运用符合物理学规律的、被公认的电磁学模型(如雷达方程等)进行表达。

在仿真实践上,要特别注意作战仿真的侦察情报需求,所建模型要与应用需求的层次、级别、颗粒度、分辨力相一致。

这类模型在各种侦察情报专业的教科书中有比较详细的介绍,在实际应用时可以借鉴和参考。

第二环节:判断阶段

这一阶段的行为模型主要包括威胁辨识与判定模型、敌我攻防力量能力分析评估模型、威胁消减力量运用模型、力量编组与编成模型、装备效能分析评估模型等。在这一阶段,基于不同类别的仿真需求,大量的形势分析和威胁评估模型将被要求构建并应用。形势判定、环境分析、能力评估和威胁研判是这一阶段作战建模与仿真需要处理应对并研究解决的核心课题,也是模型构建和仿真推演的主要内容和需要实现的基本目标。

这一阶段的仿真,需要重点研究并提供态势呈现和可视化信息交互的基本方案、方法和工具。界面友好是这一阶段建模仿真需要关注的另一项基本要求。

第三环节:决策阶段

决策阶段需要关注的重心是决心、方案、计划,因此,这一阶段需要构建完成的主要模型有决心生成与评估模型、方案生成与评估模型和计划生成与评估模型。这些模型的构建需要基于历史积累的大量的决心库、案例库、方案库和计划数据库完成。

这一阶段的建模需要基于不同的仿真需求,构建不同置信度的模型。比如,如果是用于训练目的,则决心、方案、计划的数据可以使用基于使命任务需求的虚拟数据;如果是用于目的性很明确的作战演习,则这些数据需要使用真实数据,而方案也需要使用预案。

各类决策(辅助)模型可以使用各种确定性和不确定性建模方法构建完成,如确定性的数学方程、不确定性的概率模型、模糊评判模型、灰色关联分析模型、基于图论的网络模型等。

该阶段仿真推演需要而且必须有决策者的深度介入与融合。评估模型需要经过实战数据或作战演习数据检验与确认。

这一阶段的建模仿真实践效果与想定构设的正确性与合理性关联紧密,因此,无论是决策模型设计,还是决策模型实施,都需要构设具有很高真实度与可信度的作战想定。这是决策建模与仿真的必需条件与要求。

第四环节:行动阶段

作战行动模型,从各类作战仿真应用数据统计分析,基本可以得出结论:行动阶段的模型是作战仿真模型集合的最主要部分。作战仿真使用的大量模型基本都属于该类模型,比如各种实体机动模型、电子对抗模型、网络攻防模型、地地弹道导弹突击模型、空空导弹交战模型、反导导弹拦截模型等。

行动阶段建模的关键在于对于行动过程的科学描述和对于行动效果的准确计算和分析。基于不同的行动主体和不同的使命任务,行动阶段的模型的分辨粒度差异非常大。比如:战役层次的行动模型和装备效能仿真的行动模型之间时间尺度、空间尺度、实体颗粒度存在巨大的差异;像空中作战行动、导弹作战行动、舰艇作战行动、陆军陆上作战行动等,其时间分辨粒度、实体行动编组/编队模式、作战/毁伤效果描述等差异度也是如此。

因此,行动模型建模需要描述的关键要素包括行为主体、行动方法、行动手段、行动对环境的影响及环境对行动的影响,以及各种因素的计量方法、计量标准等特别是需要量化描述各因素、各参量之间的函数关系,建立置信度高的数学模型。

行动模型从军种属性上应该包括陆军、海军、空军、导弹部队及网络与空间力量,从空间属性上应该包括陆上、海上、空中、空间、网络/电磁行动等,从协同属性上应该包括兵种、兵种合成、军种、联合/联盟等。基于不同的属性划分,需要构建不同类别的行动模型。而这些不同类别的行动模型应该具有过程的一致性、效果的一致性、行为主体的一致性、模型颗粒度的一致性。各类模型可以实现自由转换与不同量化指标之间按需合成与分解。

行动模型的可视化是行动仿真的重要方面,是作战仿真人机界面友好的重要表现,是作战实用化和实战化的必然要求,需要特别给予关注与重视。

行动仿真的关键是行动模型的融合、联合与集合,以及行动模型的分解、析构与解聚。

各类行动模型的建模除创新重构外,也可从各军种、各专业领域相关的系统、研究报告、专业著作等资料库中选取与改造。

单体行为阶段模型的建模特点是行为主体多样、行动类别多样、行动层次多样、行动军兵种属性多样、行动空间属性多样、模型粒度多样、行动条件多样、行动效果多样等,因此,行动建模与仿真,必须在精度、粒度、可信度、可用度等各项指标之间保持高度的协调与平衡。

更为深入细致的分析介绍可以参阅相关专业论文、报告和著作。

2.3.2 群体行为建模与仿真技术

群体行为较单体行为要复杂很多。尽管对其建模仿真可以基于单体模型重建,但实质上,由于群体行为增加了各单体之间的协同与规制,其整体行为与单体行为相比,出现了“非和效应”“协同效应”,会形成和出现新的“质”和“量”。因此,群体行为并不仅仅是单体行为的集合,群体行为建模与仿真,更需要关注群体的聚合与增效效应。

群体行为与单体行为最大的不同,是必须考虑很多在单体行为中不存在的因素和事项,包括(但不限于):各单体在群体中的编配、部署、职能、任务和作用;各单体对实现群体目标的任务指派和对其他单体履行任务的影响;各单体之间存在强制的隶属、配属、协同等关系,各单体不能和不得自行其是;群体行为需要精密地计算时间、空间和行为的关系,精准地规划和评估各实体行为对敌方、己方、第三方、环境等带来的改变和影响;群体行为需要精准描述控制体和被控制体、交战行为和保障行为、火力突击和电磁干扰、实体消亡和心理压制等各种关系;作战建模仿真的群体行为是一种有组织、有中心、有目的、有计划的集体行动,需要按照组织体的约束完成各类组织行为的建模与仿真;等等。

群体行为除以复合体整体参照单体行为进行的建模仿真外,还需要特别加强对各单体以不同任务不同角色和不同职能分派等参与实施的这样一类更加复杂的群体组织行为的建模与仿真。这类行为的建模,需要特别关注各单体为实现群体目的和目标所完成的指挥与控制、协同与合作、支援与配合等各类仅在群体行为中才会出现的各类组织行为的建模与仿真。

群体行为的建模与仿真并不是各单体按照指定的时间和空间去独立地完成指定任务的行为的建模与仿真,而是时刻保持时变、各单体行为的发生、中止与取代始终处在控制体的严格指挥与控制之中的一种纯粹的军事化组织行为的建模与仿真。

群体行为的建模需要按照层次、联合/军种/合成/兵种、作战与保障、时间、空间、任务、行为类别、行为模式、行为主体/行为受体、行为发起与终止条件、行为过程/阶段/演化规律等分门别类的构建完成，而后再基于使命任务/目标、指挥控制命令/指令/控制程序有组织地、有序地执行/运行。

群体行为的建模方法主要有任务规划法、计划分配法、目标引导法、组织规约法、时序递进法、事件驱动法、对抗推演法等。

群体行为的仿真呈现可以是基于作战模拟态势图、实体图形图像展示法、事件报告通告、数据图表绘制、语音录像播报等。

群体行为的建模与仿真的关键是要精准反映各单体进入群体状态之中的聚合态、组织态行为规律，并能以形象化的图形展示与记录，应用于始事中分析、指挥调控与事后回放。

群体行为建模与仿真是作战领域行为建模与仿真的一种主要类别，需要高度关注与重视。其具体模型可参见相关专业著作。

2.3.3 涌现行为建模与仿真技术

涌现现象是复杂系统的独有现象，也是复杂系统的特征标识。因而，对于涌现行为的建模与仿真，必须使用复杂系统建模与仿真的理论、方法与工具方可实现。

对于复杂系统涌现现象的研究，从复杂性科学领域角度，可以划分为两大使用不同技术路线与工具、方法、手段的流派：基于生成论的实验流派与基于整体论的理论流派。除此之外，还有像著名学者欧阳莹之的基于组合理论的综合微观分析学派，将生成论与整体论在综合微观分析框架下融为一体。

从建模仿真角度，目前，基于生成论的涌现行为建模与仿真和基于整体论的数学分析仿真在作战领域都有比较广泛的研究与应用，但更为理想的基于综合微观分析框架的建模与仿真研究还非常鲜见。

基于生成论的涌现行为建模与仿真，大多选用基于智能体的建模与仿真方法。从已取得的研究成果统计分析，仿真实体数目都比较小，涌现行为模式也比较简单，在作战仿真领域，多数都位居班、排、连层次，很低。大规模的基于智能体的建模与仿真还很鲜见，难度十分大。目前，这类模型大都是给智能体个体设定较为简单的若干规则，然后，进行仿真运行，获取其具有代表意义的涌现模式。

基于整体论的建模仿真是一种宏观方法，通过设定可以观测、计算的宏观量，构建各参量之间的数学模型，而后，基于模型，对实体群体行为做出预期与预测，如指数方法、统计方法、概率方法等。建立逼真度高的这类函数模型难度极大，使得目前这类方法接近瓶颈状态，没有取得大的新的突破与发现。

微观宏观合一的综合微观分析从方法论角度是一种比较好的方法,但实际应用也存在许多亟待破解的问题与难题。在这一方面,基于智能体与复杂网络、超网络结合可能会开辟新的路线与途径。

总体来看,目前对涌现行为的建模与仿真还处于理论与方法上的探索阶段,亟待突破与创新。

2.4 智能建模与仿真技术

智能技术的长足发展与进步,已使军事领域大量无人化技术装备(空基无人装备、陆基无人装备、海基无人装备等)投入训练、作战值班、作战演习乃至实战中。无人化作战将是未来战场上的一种重要作战样式。对作战进行建模与仿真,必须对像无人化装备这样一大类智能化装备进行建模与仿真。这必然涉及智能建模与仿真技术。

本节从以下几方面对智能建模与仿真技术进行介绍,内容包括智能感知建模与仿真技术、智能控制建模与仿真技术、智能作战建模与仿真技术、智能协同建模与仿真技术、智能博弈建模与仿真技术。

2.4.1 智能感知建模与仿真技术

智能感知的建模与仿真,需要基于不同层次的仿真需求,构建不同粒度的自主感知模型。高层次的智能感知模型可能仅仅只是一个发现概率指标值的计算与感知阈值的比对判定,而最低层次的感知模型可能需要描述到探测目标、探测环境的详细的频谱特性和电磁频段频谱各种环境中的传播特性和规律,以及智能感知观测器材的频谱感知物理机理和机制。因此,对智能感知的建模与仿真,首要地,是必须区分智能实体的类别、应依层次和应用领域及其感知方法、感知机理、感知程序、感知识别机制。

智能感知建模需要实时地对环境、目标的可感知特征信息进行精确抽取、关联分析、可视化重现、当前活动影响分析、目标辨识与判别等感知行为的精准描述,按任务需求完成目标和环境的战场语义的表达与理解,并实时将辨识完成的感知信息输入(传递)指挥控制机构(单元),完成一次感知的表达与输出,形成一个轮次的感知、探测物理流程的仿真模拟与判读识别过程。

高层次大粒度的智能感知建模仅仅是构建目标探测发现概率模型,经由目标各谱段辐射电磁信息强度与智能感知设备的感知能力计算判定是否发现目标及对目标进行精确定位。模型形式主要是数学模型，结果是发现概率，判定是否发现目标可以使用蒙特卡罗方法。

中层次中等粒度的智能感知建模包含较为完整的环境信息，并将目标辐射频谱信息分谱段输入各频段目标探测模型中，计算目标被感知的完整频谱，并对目标的几何属性、物理属性、军事属性做出判断与区分，提供较为丰富的目标探测感知信息。模型形式包括频谱属性感知模型、几何属性计算模型、物理属性判定模型、军事/作战属性判定模型。结果是多样化的数据可视化信息呈现。

低层次细粒度的智能感知建模包含比较完整的环境信息和目标详细的被探测感知信息（含频谱范围、频谱强度、背景噪声、干扰信源、目标伪装欺骗等）、细粒度的各类被感知信息计算分析评估模型、丰富的感知信息目标呈现形式（物理影像、合成影像、态势图、数据统计分析图表等）。结果是细粒度的、多形态的目标信息呈现和表达。

智能感知仿真是基于不同粒度的仿真模型按应用需求推进和执行的。

2.4.2　智能控制建模与仿真技术

智能控制建模与仿真分为全自主控制建模与仿真和半自主控制建模与仿真。全自主控制是指无人系统启动后完全依靠自主感知（含接收）系统获取信息，并进行自主判断决策，采取价值度最高的行动付诸实施的一种控制方式。半自主控制则是指无人系统启动后，并不完全依靠自主感知系统获取的信息进行自主判断决策，而是经常处在外部控制系统的干预和引导下（比如有人系统对无人系统的干预与控制）完成，并采取价值度最高的行动付诸实施的一种控制方式。

这两类控制方式的建模仿真需要构建不同的模型。全自助控制建模需要构建完整的“条件→行动”（if－then）库。这一行动库应该包括无人系统任务空间全部可能的触发条件及其响应策略。这要求提供任务空间遇到的所有可能“事变”及其应对、平息的办法与策略。高级阶段还需要提供基于“学习系统”获得的处置和应对“预置响应系统”没有的创新的高级应对手段与处置策略。这一类行为的建模仿真并不一定需要构建一套完整的“学习系统”实现，也可以通过提供预置一定的“突变”概率及相应的应急响应行动“虚拟”实现。半自主控制建模与仿真除需要构建完整的条件行动库外，还需要提供、预留人工或机器干预的“接口”，保证在正常的自主控制外还能够接收外部干预控制并响应干预指令,确保外部控制行为得以实施和实现。

智能控制的建模与仿真关键是要预设各种图景库、场景库、想定库、条件-行为库,保证控制行为可以有效和“真实”地重现和仿真。

2.4.3 智能作战建模与仿真技术

智能作战建模包括传统平台搭载智能化作战平台使用或发射智能化作战武器作战与智能化武器作战两类作战行动。前者包括航空母舰搭载的重型无人作战机(如 X-47B 隐身无人轰炸机)作战,后者包括可直接执行作战任务的轻型无人机(如 MQ-9 无人机)作战。

这两类智能化作战行动的建模与仿真需要构建的模型有一定差异。第一类需要构建传统平台行动模型、智能化平台起降/启停机动/飞行行动模型、智能化武器系统作战行动模型,第二类需要构建智能化武器系统起降/启停机动/飞行行动模型、智能化武器作战行动模型。

除传统平台行动模型外,其他两类行动模型都是智能化作战建模与仿真必须重点构建的模型。其中,智能化平台起降/启停机动/飞行行动模型可在传统平台模型基础上特别赋予“自主控制”的智能模型重构完成,智能化武器作战模型则要基于武器的不同类别分别构建完成。“自主控制”是这两类模型与传统模型的“质”的差异。“自主控制”模块按照智能化控制建模与仿真方法完成,机动和作战行动模块可参考、移植传统作战行动建模与仿真方法完成。

智能化行动仿真需要基于不同智能化作战行动、智能化作战任务按照事件递进或时序推进的方法融合于其他各类作战行动模型的执行中,操作控制智能化作战模型而完成。

特别需要强调的是,智能化作战行动的建模与仿真必须融合到更高层次、更大规模的作战行动的建模与仿真活动中,才能获得与战争实践有较高叠合度的、有价值的研究结果和结论。

2.4.4 智能协同建模与仿真技术

伴随大量无人系统被编入建制部队,可以预期:未来战争大量无人系统充斥于各类战场环境和各类作战行动之中将是一个不容置疑和改变的事实。当大量无人系统出现于各类战场和作战行动中时,这些无人系统与无人系统之间、无人系统与有人系统之间的协同、支援与合作将是一种必然的要求和习见现象。因此,智能协同建模与仿真将是作战建模与仿真难以回避的课题。

智能协同建模与仿真包括智能（无人）系统与智能（无人）系统之间协同的建模与仿真和智能（无人）系统与有人系统之间协同的建模与仿真两部分。

智能（无人）系统之间协同的建模与仿真可以采用以下四种方式实现：基于任务的协同建模与仿真，基于目标的协同建模与仿真，基于行动的协同建模与仿真，基于时序的协同建模与仿真。具体实现技术可通过构建完备的应答机制系统和完整的基于事件推进与基于时序递进的响应行动库完成。仿真的科学性与合理性取决于应答机制与响应行动库设计的完备性、精确性、可行性，与实战的一致性与贴近度。

智能（无人）系统与有人系统之间协同的建模与仿真包括智能无人系统与“真实的人”的交互和智能无人系统与仿真的“有人系统”的交互两类交互机制的构建，以及两类交互模型的设计与执行。

智能无人系统与“真实的人”的交互需要通过给仿真的无人系统设计可实时接收有人干预指令并按指令要求行动的模型与算法完成。智能无人系统与仿真“有人系统”的交互，需要同时构建两类系统信息交互的“收发机制”与对接收信息的响应执行策略与规则。

这两类建模与仿真都需要通过任务表、状态表、实体属性表等基础数据的实时读取更新来支持。其中，协同规则的科学性、合理性与实战需求的一致度决定了协同仿真的仿真度与有效度。

2.4.5 智能博弈建模与仿真技术

智能技术的快速发展和广泛应用，使其除在无人装备等系统的研发过程中占据重要的一席之地外，也在博弈、决策分析等领域大放异彩。比较典型的代表有民用领域的“深蓝”（Deep Blue）、“阿尔法狗”（AlphaGo）以及军事领域的“深绿”（Deep Green）。近年来，作战仿真领域“智能蓝军”的倡议与建设，使智能博弈技术吸引了大批领域专家的关注与重视。

军事领域的智能博弈建模与仿真，特别是智能蓝军的构建，极具挑战性。这是因为军事领域，特别是作战的博弈环境、博弈策略具有极高的不确定性。这种不确定与目前领域比较成功的弈棋系统（“深蓝”“阿尔法狗”）完全不在一个层级。如果说“阿尔法狗”相比“深蓝”，因为深度学习技术的成功引入，使智能博弈技术有了一个巨大突破，那么，在作战领域要实现构建类似于“阿尔法狗”“深蓝”这样的博弈系统，其难度几乎可以说能够挑战目前智能技术的极限。尽管“阿尔法狗”相比“深蓝”从实现技术上走了完全不同的路线（非遍历模式），使智能博弈技术有了质的突破,但与作战环境和作战策略所形成的不确定性相比,弈棋所面对的几乎是“确定性系统”,博弈规则、博弈空间都是确定的(无论是象棋还是围棋均如此)。作战很难抽象出与棋盘类似的博弈环境(战场环境),作战也很难抽象出可穷尽的博弈规则(作战规则),更难剔除“不按常理出牌”的作战对手,这使在作战领域所做出的类似“深蓝”系统的博弈系统“深绿”的尝试,除了留下比较稀有的两篇文献介绍外,再也没有更加深入的具体的内容披露(当然不能排除“保密”等限制公开发布因素)。

作战智能博弈建模与仿真的挑战性技术(瓶颈技术)主要有如何穷尽对手(也包括已方)可能拥有的作战手段(“棋子”)? 信息如何完备地确定未来作战发生的战场(“棋盘”)? 如何完整地构建作战双方所可能拥有和使用的作战策略(弈棋规则)?

实质上,上述三者都具有极高的不确定性,在这种极高不确定性的基础上要开发出具有“制胜”(更不要说完胜、全胜)能力的博弈系统,从理论和实践上,都很难给出一个科学的答案。

但是,毫无疑义,作为作战智能博弈技术的一种探索或作为训练指战员的一种辅助手段,作战博弈建模与仿真技术的研究,无疑仍然是具有极高价值和意义的。

2.5 环境建模技术

环境泛指分析对象外部所有能够对其产生影响的各种外部关系、条件、因素等的总和。基于不同的研究目的和研究需求,环境的概念内涵和分类方法会有层次和粒度等诸多差异,也因此形成多种不同领域和学科门类下的不同的界定方法和定义。

环境是作战仿真必须描述和建模的对象。基于仿真的视角,将环境建模技术划分为自然地理环境建模技术、军事设施建模技术、社会人文环境建模技术与电磁环境建模技术。

2.5.1 自然地理环境建模技术

因为自然地理环境对作战活动的影响非常大,所以,作战建模与仿真必须对自然地理环境进行精确的描述和呈现。自然地理环境的建模虽然重要而且必须,是作战建模的焦点和重点之一,但并不是建模的难点,原因在于目前自然地理环境信息系统建设得非常好、非常强大,有着用于各种目的的、不同粒度的、非常庞大的、精准的地理环境数据(库)。这些地理环境数据(库)可以通过购买、合作或协议、指令的方式得到。

虽然如此,但这决非指作战仿真自然地理环境不再需要开展建模与仿真的分析研究。事实上,这一块的工作量仍然十分庞大,而且很多数据需要二次校核与转换才能满足作战仿真的各类需求。需要重新开发用于作战仿真目的的专业的自然地理环境信息人-机、机-机访问友好接口与可视化表达呈现系统软件,保证作战仿真对地理信息数据的无缝访问和按需转换与变换(如被炮火摧毁的桥梁、道路等原有地理信息数据的改变)。

作战仿真中自然地理环境的建模,特别需要注意的是,一定要建立自然地理环境数据库原始数据的镜像系统,并保证镜像系统的数据库可以调整部分自然地理环境的实时状态数据,如增加建立指挥所等军事设施、炸毁特殊的地形地物、布设地雷水雷路障等。这是保证自然地理信息数据可用于作战仿真的基础和前提。

2.5.2 军事设施建模技术

军事设施是作战的重要基础设施,对作战行动有重要影响,是作战仿真战场环境建模的主要内容。军事设施的建模需要基于作战仿真的层次、类别和领域使用不同的呈现方式、模型架构和分辨粒度完成。

高层次的军事设施建模可能需要使用符号化的表达(如军标),而较低层次的军事设施建模可能需要描述到建筑设施的内部结构甚至门、窗、管道、楼层等。不同层次的军事设施建模需要使用不同的建模方法和工具完成。

军事设施建模数据项必须与自然地理环境数据深入融合,因为大部分军事设施的设置、建立都会直接或间接地改变自然地理环境的地形地貌结构(桥梁、道路、指挥所、雷场等均是如此)。作战仿真使用的地形地物地貌数据是军事设施建模融入后的地理环境信息数据。这些数据需要按照作战仿真的时间或事件推进机制而变化和调整。

军事设施建模技术主要包括军事设施数据化描述技术、自然地理环境数据化描述信息军事设施改造和融入技术、军事设施呈现技术、军事设施被毁和重建技术、军事设施按作战需求自如配置和移除技术、军事设施隐蔽伪装技术、军事设施防护强度/等级/能力等属性数据化分析技术、军事设施与作战仿真态势数据融合技术、军事设施数据与作战仿真编成/部署/状态数据一体化技术等。

军事设施建模的逼真度能够在很大程度上影响作战仿真的逼真度和可信度,是作战仿真必须高度关注与重视的内容。

2.5.3 社会人文环境建模技术

社会人文环境对作战有重要影响。在战役以下层次的作战行动中,其最直接的影响就是对打击目标的选取与判定。在战略层次,社会人文因素更是直接成为战略决策仿真决策博弈人员的基本决策考量变量。

在一定条件下,社会人文因素既是国家战争实力的支配因素,也是一个国家战争潜力的决定性影响因素。国家的政治体制模式、经济状况、人口规模、各种装备/设备制造的工艺水平、劳动力受教育水平甚至人口种族构成、宗教信仰、高校科研机构数质量等这些社会人文因素几乎都是一个国家综合国力和潜力的考量、测度指标。

社会人文环境建模需要基于不同类别作战仿真的需求采用不同的方法和表达形式完成。对于高层仿真,社会人文因素需要细化到各人文变量(如政治、经济、科学技术、人口规模、国土面积、战争动员能力、宗教信仰等),并将各人文变量量化,构建战争实力、潜力、意图量化评估计算模型,作为战略决策仿真决策参与者或沉浸者的决策变量,用于决策方案的选取与优化。

对于战役及以下层次的仿真,需要重点考虑人文因素对作战目标选取的影响。在选取打击目标时,需要特别注意被打击目标受损后可能对民众及国际社会产生的影响。有时需要回避某些民生目标,以避免反战情绪和舆论压力;而有时可能需要刻意选取某些敏感目标,以动摇敌国领导人和敌国作战人员的作战意志。

社会人文环境建模技术主要包括(不限于)社会人文因素指标对比法、影响图建模方法、社会动力学建模方法、社会统计建模方法、社会网络建模方法、社会物理学建模方法、战略运筹学建模方法、社会仿真建模方法、社会人文指数建模方法等。

社会人文环境是作战仿真的重要影响因素,需要高度关注其对作战行动和作战过程的影响,科学抽取并量化社会人文因素指标,构建具有影响力和说服力的社会人文环境计算分析评估模型,并在仿真过程中以正确的方式影响、改变作战仿真的进程和结局,有可视化的社会人文环境态势呈现表达。

2.5.4 电磁环境建模技术

进入网络时代,人类生存的空间正在被一个异常密集的电磁环境环绕着、包裹着。复杂电磁环境已经显著地影响、改变了人类社会的方方面面,包括政治、经济、文化、战争等。

复杂电磁环境是指电磁信号密集、占用频谱密集、信息传输/干扰/对抗信号能量强度大、对武器装备或作战行动控制的灵敏度/可靠度/有效度受到极大影响、对电磁信号的处理和利用稍有不慎会导致作战失利的一种电磁信息空间。

如何利用、评估和重现复杂电磁环境已经成为作战仿真能否正确地描述作战行动、作战过程、作战结果的决定性影响因素之一。

基于不同的需求,对电磁环境测度、描述指标的选取会出现较大差异。对于低层次仿真(如装备仿真),电磁环境的描述需要分辨到频谱、传输/干扰信号强度、信号传输/干扰介质、信号传输/干扰调制方式、信号传输/干扰源位置/载体/活动(机动)轨迹/路线等。

对于中高层次的作战/战略仿真,对电磁环境的描述可能只需选取电磁效应/效果指标(如干扰概率、信号/信息成功收/发概率等;对战略仿真,可能还涉及舆情/谣言的时间效应/空间效应等)。

复杂电磁环境的建模与仿真需要与电磁作战、保障、支援行动(如可见光、电子、雷达、红外侦察及电子对抗等)的建模与仿真相互衔接,保证电磁行动与电磁环境的改变协调、统一、高度一致。电磁作战、保障、支援行动每一刻都在不断地改变战场的电磁环境,同时,不断变化的战场电磁环境又会对电磁作战、保障、支援行动产生极大的影响与作用。与战场电磁行动密切关联和协调一致是战场电磁环境建模与仿真的显著特征。

复杂电磁环境的建模可以采用基于电磁物理实体编配、部署、活动方式、电磁设备物理性能/效能参数,按照电磁装备/设备的发射/接收/传播/干扰的物理机理/机制构建物理/功能/逻辑/数学模型,并保证模型运行的状态数据与真实物理设备的运行状态信息高度一致。数学方程是复杂电磁环境描述的重要模型表达形式,需要有效、高效地加以利用(如雷达方程等)。

复杂电磁环境的建模技术主要包括物理建模法、态势呈现法、数学建模法、网络建模法、系统状态方程法、影响系数法、效应分析法、行动建模法、任务建模法、编成配置法、系统/体系建模法等。

复杂电磁环境的建模正面临以下挑战:电磁环境与电磁行动的紧密耦合;

电磁空间与网络空间的交织与相互作用;指挥控制电磁态势的呈现与可高效支持/辅助决策的电磁信息的可视化表达;电磁态势与战场态势的融合与可视化;侦察/通信/干扰等电磁信息的战场呈现与复杂电磁环境态势可视化的实时表达;电磁战场正日益成为影响、支配战场主动权和战争胜负的最大不确定量;等等。

复杂战场电磁环境建模与仿真的可信性与逼真度正在直接影响和决定网络时代、电磁时代的作战建模与仿真的有效性和可行性,需要引起作战建模仿真科研工作者的高度重视与关注。

第3章 作战仿真应用技术

作战仿真应用技术，是直接贯通作战仿真实践的技术形式，是实现作战仿真价值呈现的最后一个阶段和环节，是决定作战仿真能否转化为作战能力的核心技术，也是学习、研究、应用作战仿真的广大科研工作者必须熟知、了解和掌握的重要技术。

作战仿真应用技术包含的内容比较多。从作战仿真系统研发和应用实践的角度，将作战仿真应用技术划分为作战想定设计技术、作战数据建模技术、作战要素建模与仿真技术、作战系统建模与仿真技术、作战体系建模与仿真技术、体系对抗建模与仿真技术、作战仿真实验技术、作战仿真评估技术八部分。本章后续各节将逐一介绍。

3.1 作战想定设计技术

作战想定设计，是作战仿真应用的基础。一个好的作战想定设计，不仅可以检验和评估作战仿真系统研发的设计缺陷和系统的能力水平，而且可以为系统研发提供方向和指南。

作战想定设计是一项极具创造性的科研活动。作战想定构设是一幅幅面向未来的战争画卷，由于未来战争本身的诸多不确定性，这样的战争画卷并不能做到与未来发生的实际战争情景完全相同，所以，作战想定预测的科学性、精准性直接决定了想定的价值和指导建设、训练实践的效益和效用。

由于作战想定的拟定都是基于战略构想、国家安全战略、军事战略等国家和军队的战略指南完成的，因而，作战想定设计的失误和失败将是战略性的，给军队建设和国家安全带来的危害也将是久远的和难以弥补的。

保证作战想定的科学性是对作战想定设计的基本要求,也是最高要求。目前,国内外并无一个可以进行精确临摹的蓝本,各国国情、军情、安全环境、军事环境均具有较大的不同和差异,因而,各国构设的作战想定不仅内容差异巨大,而且形式差异较大。

作战想定的设计虽无共同蓝本,但有一些需要共同严格遵循的基本标准和规范。用于作战仿真的作战想定的设计需要遵循的共性标准主要有:上位与国家战略目标、国家安全战略、军事战略、军队建设发展战略、武器装备建设发展战略等战略指南相对接,中位与国际战略环境、国家周边安全环境、国内建设发展环境相契合,下位与主要战略对手的作战能力、军队已拥有的及在想定设定时间节点将拥有的作战能力、构想作战区域战场环境、国家军事实力和潜力、装备研发和大规模制造生产能力、综合国力与潜力等相贯通。此外,还需要将想定的构设与作战仿真系统的设计、研发和使用融为一体等。

目前,国外对于想定的开发的多项研究主要聚焦于格式化描述,而实质上,作战想定设计的核心不在于形式,而在于内容。作战想定设计的关键科学问题是需要清晰陈述与谁(who)作战、在什么时间(when)作战、在何处(where)作战、怎样(使用什么武器装备、动用多大兵力规模、采用什么作战形式、实施何种作战行动等,how)作战等基本的作战问题,即3W1H问题。用于仿真的作战想定重点需要构设的3W1H问题主要包括(红蓝等各方的)兵力编成(人员、装备、作战编组方式方法等)、兵力部署、作战任务序列、主要的作战行动,以及行动的方式方法、仿真博弈终止的时间和方式等。

用于作战仿真的想定设计技术主要包括:基于格式化规范的作战仿真想定开发技术;基于数据化管理的作战仿真想定开发技术;基于想定数据库的作战仿真想定编辑、开发技术;基于对抗研讨环境的作战仿真想定开发技术;基于专家意见综合集成的作战仿真想定开发技术;基于战略指南、战略环境、军事能力的作战仿真想定开发技术;基于大数据和云计算环境的作战仿真想定开发技术等。

作战仿真的想定设计是一项创造性、创新性很强的科研活动,需要给予高度重视与关注。想定设计的具体方法和案例可通过精研相关专著完成,不在这里加以详述和赘述。

3.2 作战数据建模技术

作战数据建模技术主要包括基于历史实战数据作战规律揭示的数据建模技术与基于仿真数据、用于仿真目的及构建仿真模型、对交战各方作战行动的结果和效果进行分析评估的数据建模技术。由于这两类数据建模目的差异较大,因而,这两类建模技术采用的建模方式、建模规则、建模框架、指导理论和对建模精准度的要求也有很大的差异。

基于实战数据的作战数据建模技术可以划分为两大类:一类是可借鉴各类比较成熟的数据挖掘技术,将其应用于作战数据的挖掘及作战规律的探索、揭示,但是,迄今为止,这方面的进展很有限,获得有价值的成果还十分有限。这类建模技术仍需要开展更加深入的创新性研究,取得高价值的研究成果。另一类是基于各类作战数据对一个国家的作战能力、军队建设发展、武器装备建设发展等军事实力、装备能力的分析评估建模技术。对于这一类建模,各国军方及相关研究机构开展的项目都比较多,取得的成绩和进展也比较突出,是作战数据建模值得继续关注的研究方向。

作战数据建模技术主要包括数据统计建模技术、作战能力指数数据评估与建模技术、兵力损耗数据微分建模技术、大数据建模技术、数据挖掘建模技术、数据云计算分析与建模技术等。

与其他领域数据挖掘技术十分火热相比,作战领域的数据挖掘技术研究和应用关注的力度和重视的程度还十分不足。基于对国内外数据建模相关技术研究进展的综合分析,大数据的研究曾经一度被国内外军方高度关注和重视,但是,与民口大数据基础技术与应用技术研究高速推进、热情不减相比,军方的数据建模技术研究明显比较滞后。这是非常令人遗憾的。从某种意义上,数据科学理论与应用的迅猛发展,在今后若干年内仍将是网络化时代的一个典型特征,军事领域不能也不应该滞后。也可以说,未来的信息化战争,比拼的就是信息获取、处理和利用的能力差异,实质上,比拼的就是数据的获取、处理、分析、挖掘、析取、发现能力的差异。因此,在一定程度上,网络化时代、信息化时代、数据化时代本质上具有相同的内涵。

在可预见的未来,两类作战数据建模技术的发展将会出现高度融合、相互推进的趋向。作战数据的规律发现和仿真数据的统计建模将必然与作战领域的大数据、数据智能挖掘等技术深度交融,融为一体。

需要特别强调的是:未来作战数据建模技术的发展需要将传统的作战数据统计建模、指数建模、微分建模等融入当今时代爆红的大数据、云计算和数据智能挖掘建模技术中,使古老的作战数据建模技术重新焕发出勃勃生机。

基于仿真的数据建模技术的发展重点是仿真模型校验、仿真置信度评估、仿真态势呈现、仿真演练结果综合评判、仿真交互与数据融合、人机接口等。

当仿真模型的可信度极高时,未来作战实战数据建模与作战仿真数据建模将逐渐融为一体,互相促进与提高。

3.3 作战要素建模与仿真技术

对于作战要素的概念内涵,2011 年版《中国人民解放军军语》(以下简称《军语》)的释义:"构成作战单元或某一作战系统的必要因素。通常包括指挥控制、侦察情报、火力打击,以及机动、防护和保障等要素。"[10]

作战要素建模是作战仿真建模的最基础、最核心的内容。从某种意义上,作战要素建模是对作战要素状态、活动的正确、精确描述,作战要素模型的精准度、可信度直接决定着和决定了最终要完成的作战仿真模型的精准度和置信度。

作战要素建模需要以作战要素实体及其行为、活动为主要建模对象。对作战要素实体构成及其行为特性、规律的定性或定量的数据化表达,构成作战要素建模的主要内容。

作战要素建模需要以深厚、翔实的专业领域知识为基础。这些专业知识提供了作战要素行为特性与规律的通识基础。作战要素模型需要数据化地、精准地浓缩、萃取、抽象、提炼出这些领域知识所提供的作战要素的特性、内在机理、机制和规律的客观分析与科学表达。

作战要素建模需要基于作战仿真的需求构建完整的作战要素模型序列。比如,火力打击要素的建模基于仿真需求可能需要构建以下模型序列:按发射平台及目标位置,可以将火力打击模型进一步划分为地－地火力突击(包括导弹、炮弹等,下同)模型、地－空火力打击模型、地(岸)－舰(船)火力打击模型、地(岸)－潜(艇)火力打击模型、地－天火力打击模型、舰(船)－地(岸)火力打击模型、舰(船)－舰(船)火力打击模型、舰(船)－空火力打击模型、舰(船)－天火力打击模型、潜(艇)－地(岸)火力打击模型、潜(艇)－舰(船)火力打击模型、天－地火力打击模型、天－天火力打击模型、天－空火力打击模型、天－舰(船)火力打击模型、空－空火力打击模型、空－地火力打击模型、空－天火力打击模型、空－舰(船)火力打击模型、空－潜(艇)火力打击模型等,按武器属性,可将火力打击模型划分为导弹火力打击模型、炮(弹)火力打击模型、装甲火力打击模型、鱼雷火力打击模型等,按军种及联合火力打击力量属性,可将火力打击模型划分为陆军火力打击模型、海军火力打击模型、空军火力打击模型、导弹部队火力打击模型、空间力量火力打击模型、联合火力打击模型等。这些模型的建模需要按照仿真实体粒度分别和需求毁伤描述等级建模。

类似地,像侦察情报要素建模也必须按仿真需求构建完整的侦察情报要素模型序列,如陆基侦察情报模型、海基侦察情报模型、空基侦察情报模型、天基侦察情报模型,每一类别下还需根据侦察器材等属性进一步划分为可见光侦察情报模型、雷达侦察情报模型、红外侦察情报模型、电子侦察情报模型乃至网络情报侦察模型和人力侦察情报模型等。

其他作战要素建模,如指控、机动、防护、保障等都需进一步按照仿真需求进行比较详尽的细化分类和建模,一一构建并形成完整的作战要素模型序列。

作战要素建模是作战应用建模中最艰难的环节,其成败直接影响和决定了全部作战仿真建模的成败。作战要素建模需要坚实的专业理论和实践知识基础。比如:各类侦察情报要素模型,像红外侦察情报模型、雷达侦察情报模型、电子侦察情报模型等都需要物理学电磁学的深厚专业背景;像导弹火力打击模型、鱼雷火力打击模型、炮弹火力打击模型等也都需要对各类投射平台、爆破装置载体、爆破部的毁伤效应有非常深入的研究和扎实的原理、机理专业知识。

作战要素建模需要构建完整的作战要素分类标准和分类层级结构框架,而后依框架分类逐层逐级完成各类作战要素模型的构建,形成完整的作战仿真作战要素模型序列。

作战要素建模需要描述作战要素的基本能力、行为空间、与环境因素的交互和关联、状态的保持与转换、要素载体、载体的生存与灭失等。

作战要素的建模方法需要基于要素的载体及要素的物理机理、效应选用不同的模型架构完成。例如,机动模型的建模虽本质上是推进距离、推进速度和推进时间之间的关系函数,但考虑到地理环境、气象条件、平台属性、机动实体等各种战场因素,模型的应用形式会有很大差异。作战要素建模通常用到以下方法:物理机理建模方法、状态空间建模方法、概率统计建模方法、数学物理方程建模方法、图/网络建模方法、超图/超网络建模方法、模糊/灰色/物元可拓建模方法、指数建模方法等。

作战仿真建模需要有完整的作战要素模型序列,以及高精度的作战要素模型支持。作战要素建模是作战建模的基础，需要高度重视并高质量完成。

更为详尽的作战要素建模理论、方法及实践相关内容，需要深入研究分析相关专业著作和研究报告，限于专著主题及课题目标，这里不再详述。

3.4 作战系统建模与仿真技术

从作战仿真的角度，对于作战系统的构成与构建，始终存在两条路径：一条是基于功能的系统构建方法，如3.3节引用的《军语》对作战要素的概念内涵的表述，本质上就是基于作战系统的功能要素展开的，像侦察情报要素、火力打击要素、机动要素、防护要素、保障要素等都是如此。另一条是基于实体的系统构建方法，这也是一种比较常见的方法。因此，对于作战系统的建模与仿真，毫无疑义地也存在两条技术路线：基于功能的作战系统建模与仿真和基于实体的作战系统建模与仿真。虽然这两种建模方法本质上并不冲突与矛盾，有时还相互交叠与共存共用，但是，二者有一定的边界，需要注意区分彼此的异同点，特别是差异。

实质上，二者在一定情境下必须融合。实现融合的重点和关键是实体，因为任何作战(保障)实体都要具有一定功能，因此，从建模角度，实体建模位居作战建模层次的上位，属性建模位居作战建模的下位，要素建模必须支持和融合于实体建模。

需要强调和指出的是：作战系统的建模，需要采用基于实体与基于属性两种建模方法共同构建完成。这是因为作战系统是由作战实体构成的，基于实体建模是作战系统建模的必备基础。然而，从作战角度，系统都是有功能的，在基于实体的系统建模过程中必须融合属性建模，才能最终完成作战系统的目标功能(作战功能)的建模。

作战系统构成的基本实体必须包括侦察情报实体、指控实体、作战实体(火力打击实体、电子对抗实体、网络攻防实体等)、保障实体等，而各实体的基本功能就是其类别功能属性，如侦察实体的基本功能是侦察、指控实体的基本功能是指挥与控制、保障实体的基本功能是保障等。但是，实体的类别属性与功能属性不是一一对应的。一个实体可以有多种功能属性，同样，一种功能属性也可以对应多种实体。需要注意的是在实体确定后，其功能属性需要确定。

因此，实质上，作战系统的建模与仿真，在实践中需要采用基于实体的、融合功能属性的一种建模形式或方法完成，即作战系统建模以实体建模作为建模的第一层次、以属性建模作为建模的第二层次,经过双重建模最终完成作战系统的建模与仿真。这种建模方法,可以很好地保证基于实体/面向对象的建模方法在作战仿真系统设计、研发中的高效和有效利用,同时,也是作战仿真实践上需要特别关注与重视的一种建模方法与形式。

作战系统建模与仿真的基本程序:第一,基于仿真目的和应用领域,确立作战系统的基本构成,区分系统构成实体类别;第二,基本实体类别,构建不同类别实体的属性(包含功能属性和其他属性)集合,建立各属性基本信息和行为信息的完整描述;第三,对于实体的功能属性部分(如侦察情报、指控、作战、保障等),按仿真需求构建翔实的功能属性描述和行为模型,满足系统行为建模的需求;第四,建立实体行为与交互的基本规则、程序与方法,形成完整的作战系统行为模型集合或序列;第五,构建作战系统仿真的基本程序与方法,确立系统运行的启停条件,基于作战想定,将各实体模型、属性模型融入想定执行程序,完成作战系统的仿真演练,获得仿真结果数据,在满足仿真终止条件时,终止仿真执行;第六,分析仿真结果数据,检查是否实现仿真目的。如果仿真目的未实现,检查、修正数据,重启上述仿真流程;如果仿真目的达成,终止仿真,完成本次/本轮仿真任务。

无论何种形式的作战系统,其基本职能都是能够遂行作战任务。因而,基于任务属性确立作战系统的职能属性、功能属性,进而确立作战系统建模与仿真的功能属性和行为属性,建立作战系统构成实体描述的粒度、层次和范围,确立实体的任务属性、功能属性和行为属性,构建实体及其行为模型、功能属性模型,实现任务主导下实体基本属性、任务属性、行为属性、功能属性模型数据的互联互通互融及模型层次的互操作,是这里所倡导的作战系统建模与仿真的基本方法。

基于任务区分作战系统,以及基于实体响应任务需求,进而实现实体支撑的作战要素建模与作战系统建模的有机融合与统一,实现作战系统的建模与仿真,并为继续向作战体系、体系对抗建模与仿真深入推进,形成作战建模与仿真的一个完整链条,是信息化、网络化条件下作战建模与仿真的必由之路,也是在本书中对于作战建模与仿真的一种新的探索与尝试。

3.5 作战体系建模与仿真技术

对于“体系”一词,已基本公认的是系统的系统(system of systems,SOS)。显而易见,体系虽仍为系统,但又高于普通的系统,相较于在系统科学与系统工程领域研究的对象系统却又有显著的不同,如可进化、演化、存在互相冲突与矛盾的目标、其构成成分系统并不是为了某一个特定体系所设计和存在等。

作战体系,顾名思义,就是“作战系统的系统”,其构成成分是作战系统,很显然,与构成的作战系统相比较,应该又高出一个层级。也就是说,作战体系的构成单元必须是与作战有关、相关的“系统”,而且,该“系统”还并非某一种特定的作战体系所预设和仅为、仅因其而存在。

这里,需要强调和指出的是:对于作战系统、作战体系两个语词中“作战”概念内涵的理解,在本书中的指称是基于作战任务进行界定的,凡具有独立履行某一项或某几项作战任务的系统或体系,均称为作战系统或作战体系,而并非仅仅指称狭义上完成火力打击等作战行动的系统。这样,就能够将作战要素的建模与实体、系统、体系的建模进行融合,如侦察情报要素的建模实质上需要与侦察情报实体、侦察情报系统、侦察情报体系进行关联,进而将作战要素建模与仿真、作战系统建模与仿真、作战体系建模与仿真统一于基于实体的建模与仿真框架中(实体组构为系统、系统组构为体系,实体、系统、体系具有某一种或几种作战职能,如侦察情报职能、指挥控制职能、火力打击职能等),使得作战仿真应用建模技术可以与基础建模技术相互贯通,使基础建模技术经由作战仿真应用技术这个链条成功地应用于作战仿真实践中,使本书作战仿真技术有机地融为一体。

与作战系统不同,作战体系的组成成分是可变的、动态的、演化的。因此,对于作战体系的建模与仿真需要在构成成分可聚合、可组构、可析构、可解聚的条件约束下完成,作战体系的建模与仿真需要在可组构与析构的建模与仿真框架下完成并实现。

作战体系的构成虽是动态的,但其组构与析构的目的无疑是更高效、更有效、更可靠地完成和履行使命任务。因而,使命任务是驱动作战体系组构与析构的强制条件。不同的使命任务要求组构不同的体系去履行完成使命任务之责。

基于实体的作战体系建模与仿真框架见图 3 - 1。

作战体系建模与仿真的核心是要正确地构设体系想定,明确体系的使命任务目标,建立完整体系使命任务列表(库)。基于体系使命任务,驱动体系的组构与析构,并由此抉择系统、实体、要素模型的状态与执行,由仿真引擎驱动仿真,进行仿真推演,得到仿真推演结果,分析数据,得出结论,实现体系仿真目标。

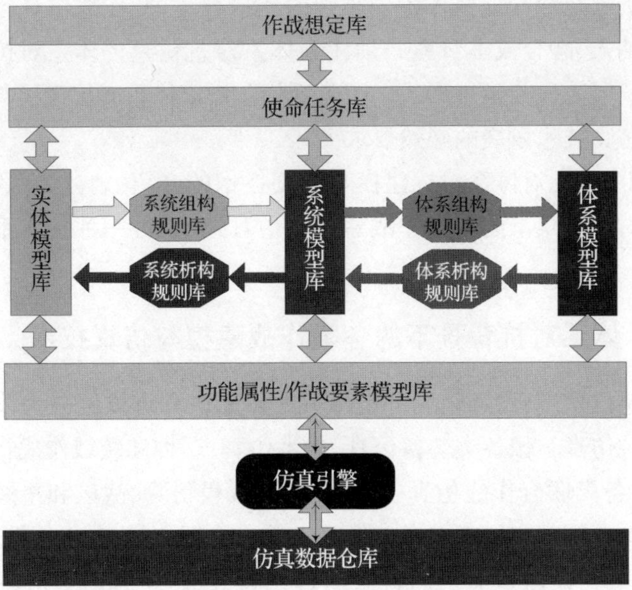

图3－1　基于实体的作战体系建模与仿真框架

一般这种体系仿真仅用于体系效能分析、体系组构与编配验证、新武器体系适配性与贡献率评估、体系能力分析与验证等。更加完整系统的体系论证、评估、体系作战/对抗能力分析与验证需要使用体系对抗建模与仿真技术，构设体系对抗作战仿真系统并仿真实验才能达成和实现。这正是3.6节要介绍的内容。

3.6　体系对抗建模与仿真技术

当今时代，信息化条件下的作战，本质上就是体系对抗，即使是一个小的威慑行动，背后也有着强大的作战体系支撑。只有从体系对抗的角度切入，作战仿真得到的结果才可能具有一定的可信性。不从体系对抗角度切入或缺乏体系对抗背景的作战仿真，结果基本上是很难有可靠的、有较高的置信度的。

这种体系对抗实质上需要贯通作战仿真的各个层次与领域，从装备效能分析、作战战术运用到中等规模及大规模的联合战役行动，从侦察情报、后勤保障、装备保障等无不如此。同时，这种大的时代背景要求作战仿真设计、研发与应用要么本身就是体系对抗仿真，要么就是在体系对抗大背景下构建完成的单一层次、单一类别、单一应用需求的其他形式的作战仿真。

体系对抗已经深深地植入各个类别的作战行动中,作战仿真已经被当今时代强制要求纳入、融合或本身就必须成为体系对抗仿真。体系对抗仿真是作战仿真的最新发展阶段与运用形式。因此,研究、探索体系对抗建模与仿真技术是时代对作战仿真技术发展的必然要求。

基于以上分析,对体系对抗建模与仿真技术的介绍,划分为两种不同情形:一种是体系对抗背景下的各类作战建模与仿真技术,另一种是体系对抗建模与仿真技术。

3.6.1 体系对抗背景下的各类作战建模与仿真技术

从体系对抗角度,信息化战争条件下的作战仿真可以区分为体系对抗仿真和非体系对抗仿真。像各类装备仿真、战术仿真、军种和领域作战行动仿真等都属于后者,而各类联合作战仿真、大规模联合战役仿真、战区和重要作战方向局部战争行动仿真等都应属于前者。但基于前述分析,在信息化条件下,即使是后者,也必须明确构设体系对抗的背景内置或将其嵌入作战仿真模型或过程中。若非如此,所得结果或结论很难是切合战争实践的,也很难是可信的,或者说,基本是不可信的。因此,对于这类仿真,如何构设并嵌入体系对抗环境条件,是作战仿真设计和运行获得有价值结果的前提条件。

在非体系对抗类仿真模型构建和模型执行过程中,嵌入体系对抗的环境条件是对这类作战仿真设计的基本要求。从建模与仿真实践角度,使这一要求获得满足的基本方法或形式主要有以下六种。

第一种:模型嵌入法。

模型嵌入法是将非仿真对象外的体系对抗影响因素以各种辅助支持模型的形式嵌入仿真过程和实验中,使作战仿真的体系对抗条件得到体现、影响作用被注入,解决单一领域、单一层次仿真因聚焦于狭窄的研究目标而将体系对抗的真实环境置之度外,导致仿真的可信度变差的仿真实践中很容易产生且比较难以克服的突出疑难课题。

模型嵌入法虽然不失为一种较为理想地填补单层次和领域作战仿真很容易产生的缺陷和脱离作战实际的不足进而提高仿真有效度和可信度的仿真形式,但在实践操作上仍需要注意嵌入模型的规模、时机、条件、粒度等各种可能使仿真复杂度极度增加,并导致可信性下降进而影响仿真实验效果,仿真应用阶段可能出现的疑难实践课题。

模型嵌入法的关键是嵌入模型类别、粒度、应用形式和方法、与作为仿真对象和目标的仿真模型之间的信息交互关系与同步、数据信息的共享与融合等各项技术难题的破解与处理。这些技术难题的破解方法和处理方案直接影响仿真结果的有效性和置信度。

第二种:模型外联法。

模型外联法是指将非体系对抗作战仿真通过外联接口载入所需要的体系对抗环境模型、数据,以外联形式构建支撑目标仿真对象的体系对抗环境,支持目标对象仿真应用,使目标对象仿真融入体系对抗的大环境中,获取目标仿真模型所缺少的考虑体系对抗影响作用后仿真实验结果。模型外联法的有效性主要取决于外联体系对抗模型的完备性、可信性与数据互访共享环境建设的成熟度与可应用度。

模型外联法的关键是外联模型体系化建设、外联数据法规协议建设与外联仿真应用环境的制度建设和数据共享规范建设,以及与此相关的平台、资源整合等管理保障条件建设。

模型外联法是一种重要的体系对抗条件设置和嵌入方法。

第三种:环境虚拟法。

环境虚拟法是一种更为直接的体系对抗条件设置方法。该方法将作战仿真应用所需而作战仿真模型又没有或不能表现的各种真实战场上出现、发生的体系对抗效应、因素、作用全部以环境虚拟的形式表征和呈现出来。作战仿真模型与这种环境发生实时交互、相互作用和相互影响,使作战仿真实验进程数据、结果数据、仿真数据发生改变,从而得到更加接近实战条件的结果,提高仿真结果的有效性和置信率。

从理论上讲,这种方法比较可靠和有效,但实践上的困难还是客观存在的。这种困难主要包括:以何种形式虚拟这种体系对抗环境?如何构设和生成这种体系对抗环境?如何保证这种虚拟的体系对抗环境的真实度和可信度?这种虚拟的体系对抗环境如何实时与目标仿真模型交互?这种虚拟环境构建的时间成本、经济成本、环境成本有多大?这种虚拟环境能否在需求的时间代价、经济代价和研发技术难度等各种约束条件下完成?等等。

环境虚拟法的关键是虚拟环境的逼真度、有效度和可信度。这也是测度这一方法成败的主要标准和条件。

第四种:比例因子法。

比例因子法是一种比较简化的环境影响条件设置方法。其基本思路是将体系对抗环境的各种影响因素以对目标仿真对象的各项行为变量等指标嵌入比例因子的形式加以度量和评估,并实时地对相关指标数据发生影响,进而改变仿真模型的运行结果,达到影响效果嵌入的目的。

比例因子法使用简单,但得到的结果的可信度与有效度主要取决于比例因子的指标设计及比例因子数值的可用性与合理度。比例因子的设计及数值的确立都会受到构模人员知识水平和经验的影响,具有比较大的主观成分,且这种主观性不太容易消除。

尽管比例因子法具有上述缺陷,但在仿真模型开发时间比较紧迫的情形下仍不失为一种实践上可以操作的方案。该方法具体应用于实时需要注意对专家的遴选与对因子值评估的科学方法的选用。

第五种:博弈推演法。

博弈推演法是通过设置体系对抗小组使用部分模型计算、部分由指定专家博弈推演的形式完成非体系对抗作战仿真体系对抗影响因素注入的一种方法。该方法的优势是可以实现模型计算与专家经验共融与互补,增强体系对抗战场环境注入的科学性、有效性与合理性,提升单领域、单层次作战仿真的可信性与可用性。

该方法的不足是体系对抗小组的设置方案、方法、推演主题及内容、模型计算的内容与形式等都需要极高的作战专业知识与经验,以及实现人机(专家推演与模型计算)的融合需要非常好的研讨环境设计、构建作保证和保障。

该方法在博弈推演环境构设满足要求的条件下可以获得理想的作战仿真结果,值得推广应用。

第六种:人工干预法。

与博弈推演法不同的是,人工干预法单一地遴选和利用专家的经验和知识,对体系对抗战场环境的各种影响因素和影响效果进行主观评估和人工评估,然后对作战仿真各阶段/过程的结果数据进行部分或完全修正,得到的或最终给出的结果以仿真结果经由专家修正后完成。

人工干预法在上述六类方法中属于最简单的一种方法,同时也是实践上经常被使用的一种方法。这种方法的科学性和可信性一般很难保证,不建议大范围推广使用。

3.6.2 体系对抗建模与仿真技术

体系对抗是信息化战争作战的主要形式。体系对抗是交战双方(或多方、或双方为主多方协助支援/支持)依托于信息系统的一体化联合作战。对于这种体系对抗行为的建模与仿真,需要基于可组构的建模与仿真框架完成。一个由红方、蓝方对抗,四方(红方、蓝方、绿方、橙方,绿方、橙方支援、协助或支持)参与的可组构的体系对抗建模与仿真结构框架如图 3-2 所示。该图所示的各方作战体系均由指挥控制、侦察情报、火力打击、装备保障、后勤保障、电子对抗六类系统构成(真实的体系可以多于或少于这六类系统,也可以由其他类别系统构成。这些构成系统不影响对体系对抗仿真方法、规律的分析与揭示)。各体系/系统的建模与仿真将基于图 3-1 所示的结构框架完成。图 3-2 中心的黑色圆盘为体系对抗仿真驱动引擎。

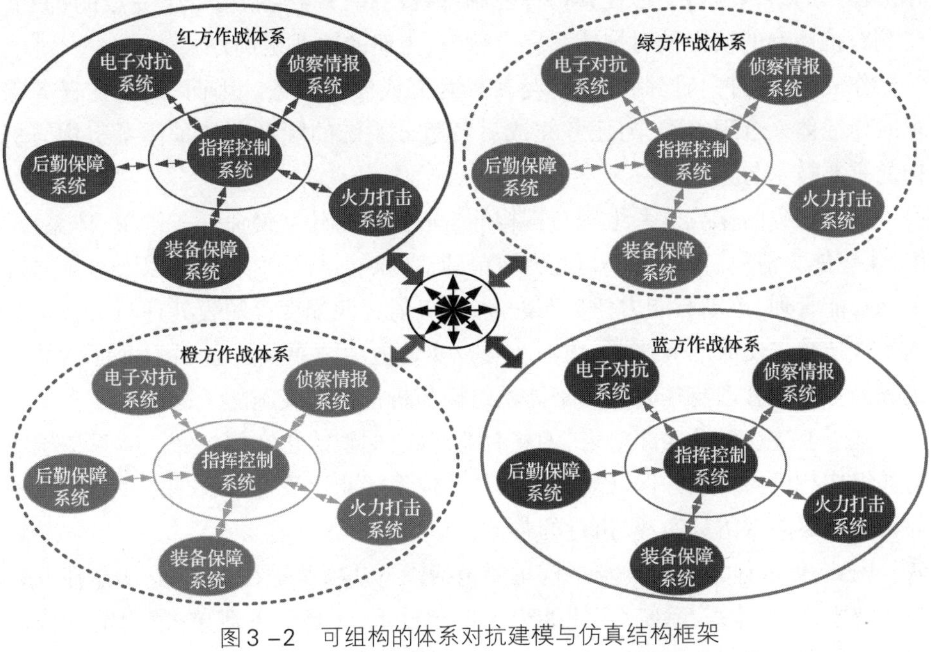

图 3-2　可组构的体系对抗建模与仿真结构框架

体系对抗建模与仿真的核心在于可组构作战体系框架的设计及体系对抗驱动引擎的设计与开发。如何保证作战体系的可组构性及体系对抗引擎的实用性、可用性和易用性是体系对抗建模与仿真技术开发的重点与难点。

体系的组构是基于系统的,系统之间的协同与合作是基于使命任务、经由体系作战指挥控制系统的指令完成的。体系在有任务需求时可以实现协同与合作,在任务达成后则可以顺利归建。

体系对抗建模与仿真的分辨粒度是实体,组构与析构主要发生在实体、系统、体系三个层次的作战对象之间。如何实现各作战体系作战对象之间高效、有效的组构与析构,是体系对抗建模与仿真的最关键环节。

体系对抗建模与仿真技术主要包括:作战体系的组构与析构技术,作战体系的效能分析与建模技术,体系对抗驱动引擎设计、实现技术,体系对抗模式与方法设计技术,体系对抗模型开发技术,体系对抗效能、性能指标的设计、量化、评估技术,体系对抗仿真平台设计与实现技术等。下面逐一介绍与分析。

1. 作战体系的组构与析构技术

作战体系的组构和析构与其他体系相比有许多不同。作战体系仍然是有中心控制的系统,各体系的指挥控制系统仍然是其所在体系的指挥与控制中心。作战体系的组构与析构是在其指挥控制系统的指挥与控制指令下完成的(只有受到对抗体系的攻击被对抗体系完全瘫痪、击溃的体系是例外)。

作战体系指挥与控制的目的与目标是完成使命任务。因而,确保在任务需求时作战体系合理编配,与任务完成后各组分系统的顺利归建是体系组构与析构的重要技术与方法。

基于任务的作战体系组构与析构的核心技术是建立使命任务清单、体系/系统/实体能力清单、任务清单与能力清单的双向映射与反射表及对以上清单与表单的智能管理、控制与能力任务匹配度/任务能力匹配度等图表处理与可视化表达呈现技术。使命任务清单、体系/系统/实体能力清单及二者匹配度评估技术量表的智能化管理与控制技术是体系组构与析构顺利实施的关键。

基于上述清单及匹配量表,构建有效、高效的智能化实体、系统、体系三层级自如组构与析构规则并保证规则进入作战体系智能化管理系统是作战体系组构与析构最终能否仿真实现、执行的关键。

因此,作战体系的组构与析构主要包括以下几项关键技术:一是使命任务表单化技术;二是体系/系统/实体能力表单化技术;三是任务清单、能力清单双向映射与反射表单化技术;四是体系/系统/实体能力、任务匹配度评估与计算技术及表单化量化表达技术;五是基于任务清单、能力清单、任务能力匹配量表的体系组构与析构规则智能化管理与控制技术;六是作战体系智能化管理与控制技术;七是作战体系智能化管理技术嵌入一体化体系对抗仿真驱动引擎的智能控制融合技术等。

考虑本书的写作目的与目标,具体的体系组组构与析构实现技术这里不再详述。有兴趣的读者可参见相关文献著作深入研究、探析。

2. 作战体系的效能分析与建模技术

体系效能是评测体系能否完成使命任务的重要指标,是决定体系组构与析构需求的重要指标,也是体系对抗建模与仿真系统构建的基础。如何评估体系效能,涉及体系效能分析与建模技术。

体系效能分析与建模涉及较多比较困难的技术课题:选取何种方法对体系效能进行评估?如何确立体系效能的评估指标?如何构建体系效能评估指标体系?如何实现不同层级效能指标之间的聚合与解聚?作战体系都是复杂体系,如何评估和测度体系的涌现行为,它对体系效能的聚合与解聚会产生什么样的影响?体系效能的评估有没有"纯粹的"科学方法?体系效能评估能够建模吗?等等。这些问题的破解都不是一件非常简单和容易做的事情。

体系效能分析与建模的关键是体系效能指标体系结构表的设计、体系效能指标体系各类各层级指标的量化标准与量化方法的建立、各层级各类体系效能指标评估模型建模方法的选取,以及评估模型的建模、体系各层级上下两层效能指标之间的聚合解聚方法的建立及模型建立。

特别需要强调指出的是:体系效能分析与建模的依据及评价标准是体系任务清单。因而,建立一个正确的、科学的、合理的、有效的体系任务清单及其量化标准、规范是体系效能分析与建模的基础。

体系效能分析与建模的常用技术包括指数方法、统计方法、概率方法、复杂网络/超网络方法、系统动力学方法、专家评定法等。

3. 体系对抗驱动引擎设计、实现技术

体系对抗驱动引擎设计技术主要包括基于离散事件的仿真引擎设计技术、基于时间推进的仿真引擎设计技术与基于连续时间和离散事件混合驱动的仿真引擎设计技术三种类别。

基于离散事件的仿真引擎设计的核心是确保对各类按指令发生、随机发生、依关联依赖关系发生、基于事件列表发生等离散事件的有效、高效管理、检测和控制。基于时间推进的仿真引擎设计的核心是确保按天文时间或作战时间墙钟对各类带时戳事件的有效、高效管理、检测和控制。而混合驱动的仿真引擎设计的核心是将事件管理技术与时间管理技术有机地融为一体,使事件的触发机制统一于天文或作战时间框架的管理与控制机制之中。

仿真引擎设计的主要标准:对仿真模型实施有效管理,仿真实验有很高的效率;仿真控制实时、精准,仿真人机接口灵敏、便捷,仿真系统与系统之间、模型与模型之间可以完成按需交互,体系对抗仿真引擎的设计强制要求基于体系/系统的分布式控制与管理,确保体系的构成系统、组件可以按需组构与析构,确保体系对抗仿真实体在时间与空间的完全同步与一致,可以对体系对抗仿真实施有效、高效的大数据与云计算管理等。

体系对抗仿真引擎的实现需要尽可能使用基于平台无关的技术开发完成。具有跨平台互操作能力是一个理想的体系对抗仿真引擎设计与开发的基本要求,也是保证体系对抗仿真可投入作战应用的基本条件。

体系对抗仿真引擎的设计与实现直接影响和约束体系对抗仿真应用的软硬环境要求,需要高度关注与重视。应尽可能借鉴和应用目前在民用领域比较成熟和成功的公司(如腾讯等)的大数据管理技术与方案完成,这也是对新的环境和任务条件下作战仿真发展的必然要求。

4. 体系对抗模式与方法设计技术

体系对抗模式与方法设计的正确性和科学性,直接影响和决定着体系对抗仿真应用的效果、效率及结果、结论的正确性和科学性,是体系对抗仿真系统设计和模型开发需要高度关注与重视的研究课题。

选用何种体系对抗模式及体系对抗方法,影响、制约、决定体系对抗仿真模型的设计与开发。不同的体系对抗模式、体系对抗方法需要构设不同的体系对抗模型。体系对抗模式、体系对抗方法与体系对抗模型三者相互影响和制约。构建一个可用、好用、能用的体系对抗仿真系统,需要在顶层设计中对三者的作用与关系进行系统分析与同步筹划。在体系对抗模式与体系对抗方法的设计中,必须使用组合方法,即在界面接口处提供多种选择项目供用户自由选取,由用户按需最终确立体系对抗模式与方法。系统最终呈现的体系对抗模式与方法是由多个选择项并由用户抉择最终确立的。系统设计需要提供的体系对抗模式与方法是由序列组合条件的选择完成的。这样的选择项目通常包括对抗方(单方、双方、多方)、对抗层次(国家战略决策层次、联合战役层次、联合作战层次、单领域/军种单一类别作战层次等)、应用形式(战略决策、作战分析、训练、装备研制)、颗粒度要求(单装、作战单元、作战系统、作战体系)、模型精度要求(装备性能指标、系统能力指标、体系效能指标)、模型类别(定性分析、定量计算、综合集成)、期望达成的目标(评估体系对抗指挥/作战能力、查找装备体系对抗能力缝隙、提升体系对抗训练水平与指挥/作战能力)等。这样的组合模式设计得越科学、越贴合作战应用,体系对抗仿真系统的实践价值越高并且满足用户需求的能力越强大。

体系对抗模式与方法设计是体系对抗仿真系统研制的重要基础课题,应当得到高度重视。

5. 体系对抗模型开发技术

与实践应用较广泛的非体系对抗类作战仿真模型的开发难度相比，体系对抗模型的研制更为复杂。这种复杂性主要表现在以下几个方面：一是体系对抗模型的完整度要求高。体系对抗行动属于高度一体化的联合行动，参与行动的作战单元、作战系统、作战体系都只是整体行动的组分，需要服从和服务于体系对抗的整体行动目的、目标。对于这种作战行动的仿真模型开发，需要对各作战单元、作战系统、作战体系的行动及其交互基于任务展开体系化分析与建模，使各模型之间可以按层级便捷地完成组构与析构。便于组构与析构是体系对抗模型开发的显著特色与内在要求，同时，模型的体系化与完备性也是体系对抗模型开发的另一个基本特色。二者共同保证体系对抗模型的完整度、有效度和可用度。二是体系对抗模型跨越的领域和层次比较多，需要寻找有效方法处理各领域、各层次模型描述实体粒度不同而导致的时空尺度上的一致性、统一性、同步性方面产生的差异问题。这些往往会导致高层次实体测度指标、中间层次实体量化指标与底层实体性能指标度量衡上的巨大差异，如何保证这些指标的一致性涉及复杂系统理论和实践中许多目前尚未很好解决的研究课题。这会使体系对抗仿真模型的开发极度敏感而又极其艰难，需要从理论和实践两方面投入巨大的人力物力资源攻克。三是体系对抗模型需要各领域、各部门紧密合作，单一机构不能独立完成。这需要国家、军队高层机关加强协调与合作，从环境建设、模型开发、数据共享等方面相互支持和配合，等等。

体系对抗模型开发的主要技术包括：①基于作战需求的体系对抗模型开发技术。这类模型开发的主要依据是战略环境分析(含威胁分析和己方优势劣势分析)、主要战略对手和战略方向判定、战略构想设计、战略需求分析、使命任务分析、作战需求清单等。这类方法的优点是模型构设目标、方向明确，体系完整，但需要注意模型的适应性和灵活性。战略环境分析、战略对手和战略方向判定和战略构想设计虽有一定的稳定性，但国际战略环境是一个复杂的巨系统，小的事件可能引发系统的巨变，带来环境不确定的增加，给战略环境的预测和战略设计带来巨大的冲击，乃至在某种情形下使战略预测和战略设计失效。克服的办法是保持战略环境预测和战略设计在一定稳定性(从而保证作战需求具有相对的稳定性)的条件下，不如或考虑环境可能失稳的条件及失稳的应对策略，将其步入需求分析与模型构设清单中。②基于作战想定的体系对抗模型开发技术。这类模型开发技术目标明确，实用性强，但主要不足是需要高度关注作战想定设计的科学性、正确性与置信度。作战想定出现偏差，可能带来模型设计的失败。

克服的举措是最大限度地完善和丰富作战想定，确保作战想定的科学性与可用性，同时，拓展想定的边界条件，预置一定的想定余量及变化的应对策略与方案，提高模型设计的科学性。③基于使命任务的体系对抗模型开发技术。使命任务规制了武装力量建设发展的目标和方向。履行并胜任使命任务要求是武装力量存在的根基和缘由。因而，基于使命任务的体系对抗模型开发有厚实的实践基础。此类模型开发技术需要构建完整的使命任务清单并指标化，而后基于指标化的使命任务清单体系建立完整的履行使命任务的力量结构、编制编成、兵力编配和部署、行动聚合与逻辑关系，构建完备的体系对抗模型序列。这种方法的优点是建模有实践基础，缺点是对使命任务的设计及使命任务清单量化指标体系的构设要求很高，如若不能很好地和高度精准地构建使命任务量化清单，则会影响到模型设计的科学性和有效性。④基于体系对抗规律和体系演化机理的体系对抗模型开发技术。这类模型开发方法，主要遵循体系构建的机理与体系对抗的基本规律，分析体系对抗的模式和行为，构建体系对抗模型。这类方法的优点是模型的体系特征突出，行为演化符合体系基本规律，但建模过程中需要注意体系的使命和目标、模型描述与军事/作战行动的贴合度以及模型对作战任务的适应性和完备性，等等。

体系对抗模型开发特别需要注意模型的完备性（完整度）问题。体系对抗模型的完整性要求：一是模型覆盖的军兵种、领域要完整。模型类别需要覆盖陆、海、空等各军兵种与作战、后勤、装备等各领域。二是模型描述的行动要完整。模型行动描述需要涵盖的范围包括火力打击、电磁对抗、网络攻防、心理较量、工程防护、舆论引导、指挥控制等。三是模型表达的层次要完整。保证用户可以基于需求分析各层次的体系对抗行为，并且保证各层实体行为描述之间的同一性和统一性。实体的聚合与解聚、网络的组构与析构须满足军事规则（作战规则）、系统（体系）科学与工程原理与机理的要求。四是体系模型的应用具有较高的取舍灵活性与取舍后模型的闭合性，保证模型可满足和适应不同体系对抗仿真用户的应用需求。五是模型描述实体的分辨粒度要完整，保证不同粒度实体的行为可运行不同粒度的模型进行仿真，并且不同粒度实体及不同粒度模型之间可基于体系仿真需求实现无缝对接与转换，等等。

6. 体系对抗效能、性能指标的设计、量化、评估技术

体系对抗效能、性能指标的设计与量化是体系对抗建模与仿真的基础课题与关键技术，其正确性、完备性、可用性、有效性直接关联体系对抗建模与仿真的应用效率、效能与效果，决定体系对抗建模与仿真的实用性与价值。因而，如何正确地构设体系对抗效能、性能指标并提出科学、有效、可行的量化评估标准，是体系对抗建模仿真技术需要攻克的重点课题。

完成和履行使命任务之所需是体系存在和演化发展的根本原因，因而，体系对抗效能、性能指标的设计的基本原则是只能“自顶向下”的指标分解，辅以“自底向上”的指标集成。体系效能、性能的顶层指标只能是体系能力对作战需求的满足程度。顶层以下的体系效能、性能指标主要依据体系组构、析构的基本原则、机理、程序和方法逐层级进行分解与集成。

体系效能、性能指标的设计、量化、评估技术开发最终需要形成三大重要成果：一是反映、描述体系各层级效能、性能指标逻辑关系与结构的体系效能、性能指标体系表。二是各层级指标的量化标准与量化方法。该项内容可以提供各层级指标数据化与数值化的规范化方法与程序。三是各层级指标之间聚合、解聚方案与模型。这项内容可以保证各指标之间按照体系工程/系统科学、物理学、作战条令条例的基本原则实现集成与分解。

体系对抗效能、性能指标的设计、量化、评估技术的科学性、正确性直接影响、规制、决定体系对抗模型和体系对抗仿真系统开发的可用度、可信性和价值。

体系对抗效能、性能指标的设计、量化、评估技术是体系对抗建模与仿真的一项非常重要的应用技术，需要引起高度关注与重视。

7. 体系对抗仿真平台设计与实现技术

体系对抗仿真平台是体系对抗实践应用的核心装备，是体系对抗仿真模型运行的载体，也是体系对抗仿真实验得以开展的主要基础设施。体系对抗仿真平台运行的效能、效率直接影响、决定体系对抗仿真的质量、水平和效益。如何设计、开发一个高效能、高可靠性、高效率的体系对抗仿真平台，是影响和制约体系对抗仿真最终能否成功进入作战实践并发挥作用、效益的关键因素之一。

要设计并成功开发完成一个高质量、高效能的体系对抗仿真平台，需要攻克并破解许多技术难题，而下列问题的解决，将是成功设计并构建完成体系对抗仿真平台的关键。这些关键问题包括：①平台须具有强大的模型组构与析构、系统组构与析构能力，保证体系对抗仿真在不同的应用场景下可以按需“装配”；②平台须具有强大跨硬件、跨网络融合能力，保证各种不同类别的体系对抗仿真系统可以按需互联，实现无缝对接和高效协同；③平台须具有强大的大数据/云计算管理和控制能力，保证体系对抗仿真系统能够适应和适用于海量数据和巨量网络交织的运行环境中；④体系对抗平台应具有和提供二次模型和应用开发的接口，保证体系对抗仿真系统的构建可以适应不断变化的环境需求；⑤平台具有网络环境下的自我升级与替代能力,并保证平台的升级与系统的升级的同一性和一致性;⑥平台的安全等级应当是最高等级,但对于开发的技术标准应该是兼容的和适应的,不带来标准的自我独享与隔离,即平台有足够强大的能力抵御网络安全威胁同时又能合理地吸纳和兼容通用技术规范;⑦平台具有必需的智能,可以基于需要完成系统、模型、体系的组构与析构,可以实时按需响应体系仿真的用户需求,并具有完全抵御安全风险和威胁的能力。

体系对抗仿真平台设计、开发的关键技术:一是兼具安全性与兼容性的标准规范技术;二是符合国家军用标准的体系架构技术;三是共用、通用平台开发技术;四是安全、可信、可靠的数据、模型、系统集成技术;五是满足组构与析构要求的平台架构技术;六是通用平台的智能进化、演化技术;七是实时、同步的大数据管理与云计算技术;八是瘦客户端与云端数据、模型共享技术;九是多应用场景与多用户需求环境适应性管理技术;十是模型、数据进化演化技术;十一是大规模、多层次、多领域环境中多系统、多体系互联与组构技术;等等。

体系对抗仿真平台的开发不要试图一劳永逸。体系对抗仿真平台的开发是一项永远在路上的挑战性课题,需要持续不断地创新与发展。

3.7 作战仿真实验技术

作战仿真实验是作战仿真进入实践并产生应用价值的最后阶段,也是检验和验证作战仿真模型可信性、可用性、有效性、效率和效益的关键环节。能否保证作战仿真实验的科学性、有效性、精准性、典型性,是检验和评估作战仿真实验技术最终是否有用和实用的核心测度指标和主要标准。作战仿真实验技术涉及的内容较多,本节从实验数据准备、实验设计、实验方法、实验可视化技术 4 个方面对作战仿真实验技术的主要内容进行简要介绍。

3.7.1 作战仿真实验数据准备

数据准备是作战仿真贯穿始终的一项最基础的核心工作任务。数据准备的质量和结果对作战仿真想定构设、作战仿真模型设计、作战仿真系统构建、作战仿真实验运行等都有直接的影响,也影响到最终仿真模型和仿真系统的价值和可用性。

作战仿真实验数据准备主要包括以下几个方面内容:①基础数据准备。作战仿真实验包含很多基础数据,这些数据都需要在仿真实验开始前准备好。这些基础数据包括地理环境数据、武器装备性能数据、作战编制编成数据、主要国家兵力编成部署和重要目标等情报数据、国家经济/科技等战争实力/潜力数据等。②作战数据准备。作战数据包含的项目比较多,比如作战想定数据、作战构想数据、兵力部署数据、作战任务数据、作战条令条例数据、作战原则/战法数据、作战案例数据等。这些也都需要在仿真实验开始前准备好。③作战仿真实验环境条件保障数据准备。这些数据包括仿真装备设施数据、实验场地数据、保障人员数据、电磁/网络环境数据、电力设施数据等。

作战仿真需要准备的基础数据非常多,这些数据均需要在仿真实验前进行完全的、充分的准备。

3.7.2 作战仿真实验设计

作战仿真实验设计是作战仿真实验的核心任务和关键内容。实验设计的质量水平,直接影响实验结果的可用性、可靠性、可信性和应用价值。一个好的仿真实验设计必须包含以下(但不限于)内容:一是实验目的;二是实验内容;三是实验程序;四是实验结果;五是实验灵敏度分析;六是实验结果的应用条件与范围;七是实验需要解释和补充说明的问题。以下对作战仿真实验设计的这七个方面的内容分别进行简要分析。

1. 作战仿真实验目的

作战仿真实验目的是作战仿真实验设计首先必须明确的项目。实验目的规制了实验任务、实验内容、实验程序与方法。实验目的确立的依据是作战仿真需求、作战仿真研究的目标和任务。作战仿真实验目的与作战仿真的应用层次、应用领域、应用环境密切相关。基于不同的作战仿真需求和目标任务,作战仿真实验的目的大抵有以下(但不仅仅只有)5类:一是作战方案论证、评估及作战方案可行性、可用性和价值度分析;二是作战训练,提高各层级指挥员和参战人员的指挥能力和作战技能;三是武器装备体系、武器装备系统、武器装备效能/性能指标论证与评估;四是装备虚拟制造与虚拟样机;五是装备实验与鉴定。

对于每次具体的作战仿真实验设计,基于以上5类目的的不同要求,需要进一步对作战仿真实验目的提出更为明确的实验需要达到的具体目标任务指标。

2. 作战仿真实验内容

一般而论,作战仿真的实验目的,强制性地规约作战仿真的实验内容。不同的实验目的,需要由不同的实验内容来支持和保证。比如,对于作战分析类仿真的实验内容,通常需要明确实验的待论证/待评估/待抉择的作战方案、作战方案的论证/评估/抉择指标与模型、作战方案的论证/评估/抉择方法、所选用的作战方案的论证/评估仿真平台/系统、仿真实验的标准与方法、仿真数据的统计与评估、仿真结果的可信性与可用性分析、报告仿真实验结果。对于其他类别的仿真实验,均需要严格按照仿真实验目的,制定精准、有效、可信的实验内容,满足仿真实验的实践需求。

3. 作战仿真实验程序

科学的仿真实验程序,是仿真实验得到实践所需结果的保证。作战仿真实验程序通常包括9个步骤:一是构建测试(或检测、验证、评估)数据集。该数据集合需要结合作战/装备实战/演习/训练历史数据构设,将各种极端情形/因素(如最恶劣战场环境、装备极端使用条件等)纳入,检测部队/装备效能/性能的容忍极限和适应能力。二是构建、完善实验方案。三是准备实验场地、人员和实验系统。四是构建实验结果/效果评价、评估方法与标准。五是录入全部仿真数据并展开仿真系统的所有准备工作(实验人员、保障人员、管理人员全部进入岗位待命)。六是启动仿真系统进行仿真实验。七是检测实验是否满足中止/终止条件。如满足,实验中止/终止。八是输出全部结果及中间数据,进行数据统计分析。九是研究实验结果是否达到实验目的,如达到,完成本次实验;如没有,检测、查找问题,修正实验数据或实验方案,重复一到八的步骤,再次实验。

上述是作战方案分析类仿真的一个简要实验程序,其他类别仿真可参照此程序制定出适用于本类别的实验程序,或参照以上程序进行修正、调整执行。

4. 作战仿真实验结果

作战仿真实验结果是作战仿真最终获得的实践应用成果与产品,具有重要的科学价值与实践价值。作战仿真实验结果包括作战实验结论(特别要凸显是否达到了实验目的)、使用的实验系统、实验模型的置信度与可信度、实验使用与实验获得的数据、实验结果的置信度与可信度、实验的局限与约束条件分析等。其中,最重要的实验结论、实验数据、实验结果可信度必须准确地记录在实验总结报告中。

5. 作战仿真实验灵敏度分析

作战仿真实验灵敏度分析是作战仿真实验完成后必须开展并完成的任务。作战仿真实验灵敏度分析,简单地讲,就是对作战实验的部分关键效能、性能、环境等指标的数值在某一常态值点上在该点正反两个方向上不断进行增减变化,借此观察实验结果的稳定性与可靠性。一般来说,作战仿真实验结果的可信度与作战实验结果的灵敏度成反比。作战仿真实验的灵敏度越高,其结果和结论的总结、归纳就愈加小心。这时,往往需要另辟蹊径,从数据、模型与方法方面进行更加精准的设计,直至在某种特定条件下出现一个相对稳定的结果,方可勉强进入结果和结论归纳、提交阶段。作战仿真实验灵敏度分析通常需要借助模型和工具完成,必要时可能需要引入第三方实验评估机构进入。作战仿真实验灵敏度分析是作战仿真实验终结前必须完成的一项工作任务。

6. 作战仿真实验结果的应用条件与范围

作战仿真实验结果的应用条件与范围是作战仿真实验最终报告必须要注明、给出的。在通常情形下,这些都是仿真实验的约束、局限与容忍界限。当实验对象应用环境超出这个范围时,实验所得到的结果和结论将得不到保证。

任何作战仿真实验的总结报告必须给出此限制条件与约束。

7. 作战仿真实验需要解释和补充说明的问题

如果在作战仿真实验过程中出现了一些异常及其纠偏等情形,则必须在实验报告的最后进行补注和说明。这是撰写作战仿真实验报告需要最后完成的一个任务。

3.7.3 作战仿真实验方法

选择何种实验方法,实质上,主要取决于实验目的、应用需求和仿真模型类别。比如,对于实物仿真、半实物仿真、虚拟仿真类别,其仿真实验只能选用基于实物、基于实物与仿真模型、基于虚拟现实设施设备的方法实施。

此外,对仿真的不同类别划分,也影响到对仿真方法的选用与冠名。比如,兵棋推演方法主要是针对兵棋推演类别仿真组织实施的,仿真分析方法是针对作战方案论证与评估类仿真实施的。

简言之,作战仿真实验方法的选取,最基本也是最核心的原则是满足用户的应用需求。实质上,用户需求不仅确立了待构建的仿真系统的类别,也决定和确立了应该选择和使用何种作战仿真实验方法。

科学选取作战仿真实验方法是作战仿真能够获得实践价值的另一项重要因素。

3.7.4 作战仿真实验可视化技术

作战仿真实验可视化技术包含的内容比较多。最典型的可视化技术就是作战/战场态势呈现技术,也包括武器装备毁伤效应可视化呈现、武器装备作战效能/性能数据可视化呈现,还包括其他形式的可视化技术,如态势报告、事件报告、任务列表等。

可视化呈现的最基础技术,就是将可见或不可见的数据通过各种可视化转换和映射呈现为直观、醒目的文、图(图像/图形)、表,使仿真用户对信息的获取和理解非常清晰,便于分析和控制。

可视化技术的核心是选用满足用户需求的可视化手段、工具与形式。对于虚拟仿真,可视化形式可能包括头盔显示器等可视化装备。而对于推演仿真,最重要的可视化手段就是分布式、网络化的(大屏幕投影)态势呈现系统。其他类别的仿真,均需要结合用户需求,开发相应的可视化呈现系统。

可视化技术也是一项软件和硬件结合比较紧密的一类仿真技术。要获得满足用户需求的高质量的可视化系统,需要从软件、硬件及二者的结合上同步施力才能获得理想结果。

作战仿真实验可视化技术是一类非常重要的应用技术,对作战仿真实验观察、干预、调控、决策等影响巨大,需要引起各类作战仿真研发人员的高度关注与重视。

3.8 作战仿真评估技术

作战仿真评估技术是一项非常重要的作战仿真应用技术。它包含两类不同的评估技术。一类是对作战仿真自身的可信性、可用性、正确性、精确性(包括系统、模型和数据)的评估技术。这类技术相当于领域内国内外同行专家们普遍使用的校核、验证与确认(VV&A)技术。这类技术有过很多著作、论文进行系统介绍,这里不再赘述。另一类是对作战仿真对象任务兵力履行使命任务的作战能力/作战效能、作战武器装备/系统/体系的性能/效能、战场建设满足需求的程度、作战构想与未来作战场景的贴近度等的评估技术。这类技术涉及内容比较繁杂,使用的技术门类也比较多。对于这类评估技术,在这里进行扼要分析和介绍。

对于这类评估技术,其中最核心的技术涉及两大类:一类是作战效能/能力/性能评估指标构设技术;另一类是基于评估需求和评估目的、目标的评估模型构建技术。这两类技术紧密关联、相互依赖,需要统筹分析和设计。

对于评估指标的设计,需要结合作战仿真的评估需求和评估目标,构建完成体系化的完整评估指标体系结构表及各层级指标的量化标准、量化方法。对于评估模型的建立,则需要使用多类别、多形式、多粒度、多量纲等不同建模需求与建模工具方法(包括无量纲化等)进行综合集成完成。模型的表现形式也将是多样化的,可能是函数形式、图表形式、数据形式、软件形式,乃至会议综合研讨、专家意见集成等。

不同的评估指标和评估模型设计,形成不同的评估方案、评估程序和评估方法。无论哪种评估形式,最终形成的评估结果/结论都需要经过其他不同评估形式或第三方验证、测检后方可最后形成完整的评价意见交付用户使用。

作战仿真评估非常重要,不仅需要重视,还需要理论上的分析论证与逻辑上的推理支持,而且所建指标、模型需要获得作战实践(实兵演习或实战、测试靶场)的验证与评估。只有经过理论与实践两方面检测与验证的指标、模型,才能最终用于仿真实验评估,得出高价值、可信的评估结果与结论。

第4章 作战仿真前沿技术

作战仿真前沿技术并不是一个边界明晰、已形成公认共识的技术群,而是一个动态的、不稳定的、模糊的、位居当前作战仿真最前列的一类技术族。目前,可以划归为作战仿真前沿门类的技术比较多,但依重要度排序,大抵有五类技术。一是多类别形式作战仿真的综合集成技术,包括(但不限于)实兵演习、实装靶场测试、实况仿真、虚拟仿真、推演仿真的综合一体化无缝集成、融合技术。这里将这一类技术统称作战仿真的综合集成与一体化融合技术。二是作战复杂网络(作战体系网络、作战网络集群、作战超网络等)建模与仿真技术。三是作战无人(机、船/艇、车)系统建模与仿真技术。四是作战大数据建模与仿真技术。五是作战云仿真技术等。

以下各节将分别对以上技术进行扼要介绍。

4.1 作战仿真的综合集成与一体化融合技术

作战仿真的综合集成与一体化融合技术,将是未来发展极为迅猛、极具挑战性、非常重要、前沿的作战仿真应用技术。该项技术将会融入在线仿真、平行仿真、并行仿真、数字孪生、智能仿真等各项前沿仿真技术,形成一个虚实一体、人机一体、物物互联、决策控制行动一体、可前瞻预测、可回放溯源、可超时快推、可实时同步、可欠实时慢进、融合线上与线下的多机制、多模式、多维度的作战仿真演练、计算、分析、评估综合演练空间。这样的多用途作战仿真空间的构建将是多部门、多领域作战仿真一体化发展的一个里程碑标识。而这个目标的达成,不仅需要技术的开拓、创新、发展,更需要体制、机制、法规制度的跟进与完善。

以下将从虚实结合的一体化仿真技术、人机一体与物物互联的一体化仿真技术、线上线下一体的作战仿真技术、多维一体与综合集成的作战仿真空间构建技术四个方面简略分析与介绍一体化综合集成仿真技术的现状与发展。

4.1.1　虚实结合的一体化仿真技术

本节所述的虚实结合一体化仿真，并非指半实物仿真或训练领域（L－live，V－virtual，C－constructive，LVC）一体化仿真的LV，而是指将作战仿真模型融入实战（实训）系统或将实战（实训）系统融入作战仿真系统这样一大类"实""虚"结合或"虚""实"结合的一体化仿真。这样一类仿真，无论是对部队实战（作敌我态势预测/预判/预评前瞻推演），还是对部队指战员指挥/作战能力/技能训练，抑或是对新研发的武器装备体系的作战效能分析与评估，甚至是对一个国家在某一特定作战方向、战场或特定条件下的一场局部战争的体系作战能力检验性分析与评估都具有极为重要的意义、价值。这样的虚实结合的一体化作战仿真技术将是未来作战仿真技术发展的一个重要前沿方向。

实现虚实结合的关键是"实"平台与"虚"平台的数据互通、映射、转换、安全体制机制的构建与创设。缺乏一个完整的虚实结合的体制机制的建立与完善，实现虚实结合的一体化仿真是不可能的。

从技术层面，虚实结合一体化技术创新的重点在于虚实结合一体化仿真体系架构的设计、数据/模型/仿真实验标准规范的建立、数据共享/融合/访问/安全协议的研究与设计、虚实一体化仿真平台的开发与应用等。

实现虚实一体化仿真的基础在于技术创新，核心在于体制机制支撑，关键在于观念、理念、方法突破。它是一项非常重要的综合集成与融合技术，需要重视与关注。

4.1.2　人机一体与物物互联的一体化仿真技术

人类社会正在进入一个万物互联时代。实现万物互联的关键是"人""物"均被数据化、"虚拟"化、"智能"化。现实社会正在逐渐被一个"镜像"的数据空间所标识、所投射、所控制，在这一空间中，人、物均被映射为数据空间的"实体"，成为数据空间被管控的"成员"，对其状态、行为进行精准的规制与操控。

很显然，这种人－人互联、人－物互联、物－物互联技术的深入发展，终将使智慧家庭、智慧社区、智慧城市、智慧国家、智慧地球成为现实，从而，也必将完全地、彻底地改变人与人、人与物、物与物之间的连接方式与模式，促进一个新的时代——万物互通与互融的智能时代的诞生。

毫无疑问,这一项技术形态的诞生与成形,对于军事领域所带来的改变也必将是前所未有的——从装备到编制体制到作战编组编成再到作战样式与方法都将会发生巨大的变化。这些变化,不在此进行详细的分析、介绍。这里只就人机一体与物 - 物互联的一体化仿真技术的部分内容进行一些前瞻性分析。

这一新的技术形态,对作战仿真技术发展的影响将是全面的、彻底的、颠覆性的,进而也必将完全改变作战仿真的技术形态,使作战仿真新的技术形态——基于网络、基于云、基于大数据的智慧仿真技术必须基于人机一体与物 - 物互联的一体化作战仿真技术构建。

智慧仿真,即人机一体与物物互联的一体化作战仿真的关键技术主要包括:作战智慧云仿真技术,作战智慧网络仿真技术,人 - 物 - 网综合集成与仿真技术,人智 - 机智 - 物智综合集成与仿真技术,作战智慧平台体系架构技术,基于作战智慧平台的综合集成一体化仿真技术,作战智慧模型构建技术,作战智慧数据管理技术,作战空间、仿真空间、智慧空间一体化综合集成技术,等等。

人机一体与物物互联的一体化作战仿真技术实现的重点和难点是,作战智慧云、作战智慧网、作战智慧空间一体化设计与构建,人智、机智、物智的融合与集成,智慧装备、智慧作战、智慧仿真想定的构设与实现,智慧仿真空间与作战空间的融合与一体化,等等。

以人机一体与物物互联的一体化作战仿真为表现形态的作战智慧仿真技术是一类颠覆性作战仿真技术,代表作战仿真技术发展的最前沿,值得高度重视与关注,并投入大量的人力、物力、财力进行探索、研究。

4.1.3 线上线下一体的作战仿真技术

在某种程度上,线上线下一体的作战仿真技术并不能完全看作一个单独类别的一体化作战仿真技术,但鉴于从作战仿真技术发展演化的技术形态表现,作为未来智慧作战仿真技术发展的一种中间过渡技术形态,很有必要从应用实践与技术机理角度对线上线下一体的作战仿真技术加以扼要分析与介绍。

简单地讲,线上线下一体的作战仿真技术就是线上的虚拟推演、仿真模型、仿真态势呈现、仿真管理控制与线下的实兵、实装、实战战场/演训场/靶场、各种实战指挥控制活动、作战行动等互联互通互操作互控制的一种作战仿真形式。这种形式与目前互联网业态下的商业等各种社会交易形态有相似的表现,但又有本质的不同。这种不同就是作战仿真的线上行为并不仅仅是物流的控制流,也并不仅仅是信息流,它的许多线上行为本身就是纯粹的、实在的仿真行为与仿真模型的推演与呈现。

线上线下一体的作战仿真技术形式与并行仿真、在线仿真、平行仿真不同。线上线下一体作战仿真融合了实战、实训、实演、实研，并与实战、实训、实演、实研互为一体。它已经部分拥有智慧仿真的一些基本特征。

在相当长时间内，线上线下一体作战仿真仍然是当今仿真走向智慧仿真的过渡发展形态，也是当今作战仿真一体化发展的必由之路。这种更具实践基础的一体化作战仿真发展形态与形式，值得仿真研究人员与用户予以特别关注与重视。

4.1.4　多维一体与综合集成的作战仿真空间构建技术

多维一体与综合集成的作战仿真空间是体系作战仿真发展的目标与聚焦的焦点，代表了联合作战仿真发展的主流。实质上，它也是未来新一代作战仿真发展的里程碑产品。能否构建完成这种作战仿真空间，标志着是否在未来作战仿真高地上占据一席之地。

多维一体与综合集成的作战仿真空间的构建完成，本质上，需要集成现有与亟待开发的各类前沿作战仿真（虚实结合的一体化仿真、人机结合与物物互联的智慧仿真、线上线下一体的作战仿真）技术，是一种人－机－网与虚拟、实在物理空间高度融合的未来集智时代的前沿作战仿真技术。这种仿真技术将在仿真领域再现钱学森院士曾倡导的“综合集成研讨厅”的精神精髓，成长为未来大成智慧时代的大成智慧仿真技术，真正实现和完成社会和战争这样的复杂巨系统的仿真。

这种大成智慧仿真空间的构建的核心技术基础逐渐产生、形成、发展、完善并最终走向成熟以及逐渐在社会各部门、各机构形成普遍的、广泛的、深入的大规模应用。这一核心技术基础正是现在如火如荼发展的“互联网＋”、大数据、云计算、第五代移动通信技术（5G）网络、形形色色的智能技术，像家用、产业领域机器人技术，无人汽车/飞机/舰船，社会等各领域的智能（如人脸、指纹、语音）识别、监测、控制技术等。这些技术的快速发展，正在为急速地构建、形成一个具有大成智慧特征的社会，同时，也为构建具有大成智慧特征的一体化的综合集成作战仿真空间完成了技术储备与准备。

多维一体与综合集成的作战仿真空间，即具有大成智慧工程特征的一体化作战仿真空间构建的关键技术主要包括：综合集成智能化的体系架构技术；物－物、人－人、人－机、机－机一体的智能化综合集成技术；实物空间与网络空间精确映射与互操作技术；人智、机智、物智、网智互通互融一体化集成技术；作战兵力、作战装备、作战系统、作战体系、作战战场、作战网络互融互通与一体化技术；作战空间、模型空间、网络空间互融互通与一体化技术；实兵作战/演习/训练与作战仿真互融互通与一体化技术；智慧空间、实物空间、仿真空间互融互通与一体化技术；作战高维模型空间描述与作战实体、系统/体系、网络属性空间双射、孪生、共融技术；作战行为空间高维建模、仿真与演化、进化技术；等等。

多维一体与综合集成的作战仿真空间是未来作战仿真的前沿技术发展方向，必须引起特别关注与高度重视。

4.2 作战复杂网络建模与仿真技术

体系对抗、体系作战，本质上是基于体系网络的一体化联合作战。对于这种作战样式，仅仅依赖传统的作战建模与仿真，常常不易奏效。近年来，作战复杂网络建模与仿真技术发展迅速，各种层级的学术研究及应用实验，逐渐见诸各开放媒体，取得的理论与实验成果也日渐丰硕。这些成果渐渐夯实作战复杂网络建模与仿真的技术体系与方法体系，成为作战建模与仿真领域一个极具特色与研究前景的技术门类，值得高度关注与重视。本节对此做扼要介绍，内容包括基于图论的作战复杂网络建模与仿真技术、基于超图的作战复杂网络建模与仿真技术和基于超网络流的作战复杂网络建模与仿真技术，基本涵盖了目前作战复杂网络建模与仿真技术发展的主要领域。

4.2.1 基于图论的作战复杂网络建模与仿真技术

具有理论支持的网络描述始于图论。因而，图论也是近20年来成为国内外科学研究热点的复杂网络的基础工具。大量的基于图论的复杂网络研究成果如雨后春笋般地在各领域涌出，一度成为科学技术界的焦点与热点。这些成果部分揭示了不同领域网络化系统的共性特征与规律，提供了研究网络化系统的独特视角与工具，至今仍具有重要的理论参考价值与方法学上的实践借鉴意义。

基于图论的作战复杂网络建模与仿真技术主要包括以下四方面内容：一是基于图论的作战复杂网络指标设计；二是基于图论的作战复杂网络统计分布函数检测、设计与发现；三是基于统计规律的作战复杂网络算法设计与实验；四是基于作战复杂网络的作战规律揭示与发现。

1. 基于图论的作战复杂网络指标设计

科学设计复杂网络统计指标,是研究、发现网络结构和演化规律的基础。正确地设计贴合作战网络实际的网络指标,同样是作战复杂网络研究贴近作战研究实践需求的基础。如何构建反映作战实践需求的网络指标,是破解作战复杂网络研究密码和使作战复杂网络研究走向实践应用与得到作战部门认可的重大课题。

作战复杂网络指标设计除需要准确阐释复杂网络基础指标(如聚集系数、中心度、接近度、度分布、最短路径、派系、核等)的作战内涵、意义与价值,更重要的是要科学选择与创新设计贴合作战需求与作战实际的网络指标。

作战复杂网络指标设计需要把握以下几条基本原则:一是牢牢把握作战能力与作战网络指标之间的连接关系、一切网络指标的设计有利于测度和评估作战体系(系统)的作战能力的原则;二是牢牢把握作战网络指标的可测性、可度量、可量化获取的原则,使网络指标不仅科学量测作战网络的物理、系统性能/效能,同时也易于实时获取与统计计算;三是牢牢把握易于建模的原则,使作战网络指标成为作战网络模型构建的桥梁和基石,服从和服务于作战网络研究的作战目的和作战应用;四是牢牢把握作战网络指标的作战特色,使作战网络指标能够科学度量网络化作战、体系化作战等一体化联合作战行动网络的关键属性;五是牢牢把握作战网络指标的演化属性、动态属性、临界属性、生灭属性、聚散属性,科学构建作战复杂网络的演化模型,使网络指标能够精准预测与科学度量作战网络的演化规律等。

作战复杂网络指标的设计方法主要包括:一是结构功能对接法。系统的结构与系统的环境决定着系统的功能,是系统科学的基本观点。这可以确定任何网络的功能皆由其网络结构与网络环境共同决定。因而,解析作战复杂网络结构、作战复杂网络环境与作战复杂网络功能之间的关联关系,是设计和选择作战复杂网络设计的重要方法和基本方法。二是使命任务分解法。经由使命任务分解得到作战网络的构建需求,而后,基于作战需求设计和构建作战网络指标体系,进而提出作战网络构建机理与方法,形成满足作战需求的作战网络,是作战复杂网络指标设计的重要方法。三是基于网络效率、效能的指标设计方法,重点选择和创新设计能够反映作战网络特点、度量作战网络效能和效率的指标设计方法,如指挥周期、指控链路、网络响应时间、网络健壮度、网络抗毁度等。

作战复杂网络指标设计是一项创新性很强的科研工作,需要进行艰苦深入的研究才能提炼和获得有价值的网络指标。

2. 基于图论的作战复杂网络统计分布函数检测、设计与发现

发现作战复杂网络的分布特征和规律,是大规模作战、复杂网络作战应用研究十分重大的理论和实践研究课题。作战复杂网络统计分布函数的获取需要经过大量的作战网络实验、实证数据的检测、统计分析、校核、验证与证实才可完成。基于不同作战应用目的,作战网络统计分布函数会包含很多种类,如度分布、介数分布、流分布等。这些不同类别的分布函数均需要经过对应的实际作战/实验/演练/演习等数据的统计分析与验证才可列入备选/备用分布函数清单。

作战复杂网络统计分布函数检测、设计与发现的常用方法主要有:一是基于经典网络分布函数的系数化、指数化获取。这种经过“修正”“集成”“改造”后的分布函数需要经过大量作战网络实验/实战等数据的校核和验证方可进入备选应用分布函数清单。二是“拟合”法。基于作战网络统计数据,运用经典统计数学理论与方法,选择满意的统计模型进行拟合,得到需要的分布函数。三是图形观测法。选择不同的坐标系/坐标函数,将作战网络统计数据按需制作统计图、统计表,使统计图呈现出显著的分布规律,而后,基于理论分析、统计实践和建模,得到初步的统计分布函数,最后,经实验/实战/演训等数据校核、检验、修正,形成可用的统计分布函数。四是理论建模法。基于对作战体系作战机理与机制的分析与实验数据统计,获得作战网络的分布特征、规律,再参考已构建完成的各类作战复杂网络模型,经理论推导和数据验证,得出作战复杂网络的统计分布函数。五是仿真分析法。构建作战实体行动、交互仿真模型,对体系作战行动进行仿真实验,基于仿真实验数据的统计分析,获取作战复杂网络的统计分布函数,等等。

获取作战复杂网络的统计分布函数,是作战复杂网络深化研究并获得作战指导与作战行动规律的重要环节与关键步骤,是进行作战复杂网络作战应用研究的主要课题之一,需要高度关注与重视。

3. 基于统计规律的作战复杂网络算法设计与实验

正如20余年来复杂网络研究领域的两项重要统计规律——幂律分布和小世界现象的发现一样,如何设计有效的算法模拟和再现统计规律,是复杂网络研究领域的十分重大的研究课题。良好的算法不仅可以有效再现复杂网络各领域研究获得的统计规律,同时可以更加清晰地展示出复杂网络产生、形成的演化机理,是复杂网络研究走向理论化、科学化、体系化的利器和桥梁。

作战复杂网络的算法设计需要对各层级、各类别的作战实体的行为和活动

规律有深入、透彻、完整的了解与理解，需要对各类实体之间的连接关系及其交互有科学、清晰、精准的把握与认识，需要对作战指导和作战行动的原理、机理、机制和规律有通透的认知与分析。也可以说，能否建立完成有效、高效、正确、准确的作战复杂网络算法，是衡量和测度作战复杂网络研究是否真正成熟和取得有价值的成果的重要标志之一。

作战复杂网络算法设计的主要方法有以下几类。第一类，作战机理解析法。通过对组织与实施作战的各实体的静态属性、动态属性、行为模式、交互关系等深入翔实的分析，获取作战复杂网络产生、形成的基本原理、规则、规律的算法表达，得到作战复杂网络的正确算法。第二类，作战试验分析法。对于需要进行作战复杂网络算法设计的作战对象，选择科学、高效、有效的作战试验方法，对其行为、交互进行翔实完备的作战试验，基于作战试验过程及结果数据的建模与统计分析，形成作战复杂网络的可用算法，而后，在进行相关理论和演习检验，获取实用的算法。第三类，理论建模及实践验证法。基于各层级作战理论及复杂网络典型理论模型，抽象、萃取作战复杂网络的生成与演化机制，创新、构建作战复杂网络的生成、演化算法，而后对该算法生成的作战网络特征数据与实战、演习、演练产生的各作战网络特征数据及相关统计图、表、曲线加以比对、校核，产生最终可用的作战复杂网络算法，等等。

为了评估、度量作战复杂网络算法的应用效果，可以首先基于该算法构建完成作战复杂网络算法评测、校验仿真系统，对该算法产生的复杂网络进行大量的评估、测量实验，而后基于实验数据与相关部门作战试验、演习数据进行比较，再对各仿真模型、数据加以复核、校整，最终获得满意的作战复杂网络算法、仿真模型及仿真系统。

4. 基于作战复杂网络的作战规律揭示与发现

有了可信、可用、可评估的作战复杂网络算法、模型和系统，就可以对作战复杂网络及相关的作战活动、行为、理论、原则、规则加以实验。通过大量的仿真实验，可以获取各层级作战呈现出的部分共性规则、规律和原则，以及相关的网络化作战行为机制与机理。对这些共性的原则、规律进行反复凝练与实验，可以或可能对体系化作战的一些作战特点和规律形成、产生部分新的认识、认知与发现，从而对体系作战理论、体系作战方法、体系作战复杂网络的运行机制和规律获得一些重大的理论或实践创新型成果，用于指导部队的作战理论研究与作战实践，成为信息化时代作战理论创新的新的增长点。

4.2.2 基于超图的作战复杂网络建模与仿真技术

体系化作战是多系统、多要素的一体化联合作战。对于体系化作战,由于其网络描述非单一网络形式,而表现为“网络的网络”。由于普通图只能描述图任意两节点之间是否存在连接,因而,对于这种“网络的网络”,或者称为“网络体系”,基于传统的普通图的单一化网络建模是很难胜任的。这种“网络的网络”,即“超网络”,需要使用基于超图理论的超网络模型与方法加以描述与分析。

超图理论对传统图论进行了大力度地拓展,使传统图由仅限于描述两个节点之间是否存在连接这种普通形式拓展到可以通过“超连接”,即“超链”的形式描述两个以上节点之间是否存在连接,这种超图形式其网络表达形式即超网络。

基于超图的网络描述形式可以描述由多个系统构成的作战体系,可以描述指控链、火力链、保障链等各种作战信息/能力/物质“流”的传输结构,可以完成对体系作战、体系对抗的网络表达,从网络层面对体系化作战加以研究和分析。基于超图理论的作战复杂网络建模与仿真研究是一种体系对抗、体系化作战建模与仿真研究的有效方法,也是一个体系化作战复杂网络建模与仿真研究的重点和比较有前景的研究方向。

基于超图的作战复杂网络建模与仿真技术主要包括:①基于超图的作战体系物理网络建模与仿真技术,如通信超网络的建模与仿真等;②基于超图的作战体系功能网络建模与仿真技术,如指控超网络、保障超网络、火力打击与电磁攻击超网络、侦察情报超网络等的建模与仿真技术;③基于超图的作战体系物理网络与作战体系功能网络多层次超网络功能集成与优化建模和仿真技术;④基于超图的单一层次、单一领域、单一要素作战超网络建模与仿真技术;⑤基于超图的作战体系“网络的网络”全要素、全系统一体化联合作战攻击与防御超网络建模与仿真技术等。

基于超图的作战复杂网络建模与仿真技术的关键是要深刻理解作战体系网络化的系统/体系转化/映射为网络、图的实体与连接的拓扑抽象粒度与层次等级关系。只有完整地理解了作战系统/体系的物理行为机制与机理、功能/要素的作用机制与原理,才能科学准确地将其映射为作战体系超图(抑或称为作战体系超网络),并运用超图、超网络相关理论及模型分析作战体系的行为规律与机理。

掌握作战体系的超图描述非常重要,有助我们更好地构建符合体系作战真实场景的体系作战仿真系统,更好地研究、理解和分析体系作战的机制、机理、本质和规律。

4.2.3 基于超网络流的作战复杂网络建模与仿真技术

基于超网络流的平衡与优化原理与方法，可以说是超网络理论对优化理论的一项最了不起的贡献。它把传统的最优化理论与方法无缝地融合到网络流的优化与平衡解的计算中，把一种比较抽象、不易于理解的复杂算法计算过程转化为一种比较直观、形象、可视化的过程，并且使建模与求解过程变得清晰、易于把握和应用。

作战体系超网络流可以区分为物流、信息流和能量流。基于这三类不同流构建的作战体系超网络模型，得到的每类模型的流输送与接收必须满足能量守恒、物质不灭和信息流传播规律。建立基于超网络流的作战体系超网络平衡与优化模型，必须精准设计能够科学表达各类流及节点实体属性的度量衡及相应的指标体系，并基于变分不等式基本原理，建立满足各类流平衡条件的变分不等式，而后基于正交投影系统理论模型，形成该变分不等式方程的求解优化算法，获取作战体系优化的战役战术技术指标，完成作战体系的优化设计与应用。

基于超网络流的作战复杂网络的建模与仿真的关键技术主要包括：基于物质流、能量流、信息流的作战体系超网络设计与构建技术；基于超网络流的作战体系实体属性度量衡与指标体系构建、选择与评估技术；基于超网络流的作战体系平衡优化的变分不等式条件获取技术；基于正交投影系统理论、原理、方法的变分不等式求解算法设计与实用择优求解算法获取技术；基于超网络流模型的作战体系优化指标体系作战试验与验证技术；基于优化指标体系的作战体系超网络模型二次设计与优化仿真推演实验技术；基于超网络流模型的体系作战仿真系统设计与实现技术；基于超网络流的作战体系对抗仿真实验技术；等等。

4.3 作战无人（机、船/艇、车）系统建模与仿真技术

无人系统，是未来战场上的一支重要力量。作战建模与仿真必须对这支作战力量有精准刻画与表现。无人作战力量的建模与仿真需要重点关注以下几个方面：一是无人作战环境的建模与描述；二是无人作战实体（系统、作战单元等）的智能化决策的建模与仿真；三是无人作战实体对各种环境的响应行为与应对策略的建模与描述；四是无人作战系统与有人作战系统及指挥控制、情报、保障系统的交互、命令执行、协同等高级组织行为的建模与描述；五是无人系统融入

作战体系的作战行为的建模与仿真等。由于无人作战系统包括陆基无人系统、海基无人系统、空基无人系统和天基无人系统,因而,本节对无人作战系统建模与仿真主要内容的介绍包括作战无人机系统、作战无人舰船(艇)系统、作战无人车辆系统、天基作战无人系统的建模与仿真几个部分。

4.3.1 作战无人机系统建模与仿真技术

作战无人机系统的建模与仿真重点要反映无人机系统的起降、飞行、控制、对复杂地面和空中威胁等外部环境的响应、交战、油料弹药等消耗和补给、维修、毁伤等各种作战和保障行为的响应规则和控制机制,具体内容可以划分为无人机系统的功能性能等特征参数属性描述部分、决策活动和行为模型的建模与执行机制的启停和控制、外部干部和内部智能规则条件的描述和响应机制、多台(套、件)无人系统之间及无人系统与有人系统之间的协同与控制等。

无人机系统的建模与仿真重点在于决策模型、行为模型和交互关系的高精度、高水平建模与分析。无人机系统的决策模型、行为模型、交互模型越完备、越可信,无人系统的仿真结果与效果也越真实、越有效,价值也越高。

无人机系统模型可以划分为决策模型、地面行为模型、空中行为模型和交互模型四个部分。每一部分模型的建模应与对应无人机系统的功能性能特征高度一致,也应与其作战战术和技术效能性能参数与要求高度一致。

无人机系统的部分模型建模可以参照有人机系统相应模型的建模,但应特别注意其各类行为响应的智能化决策与自动控制部分与有人机系统的巨大差异,明确区分并重点完成这一部分活动、行为模型的建模是构建完成一个完整可用的无人机系统模型序列的关键。

智能操控系统的建模是所有无人系统的亮点,也是重点和难点。无人机系统智能操控系统的建模也不能除外。对于这一部分模型,需要重点聚焦于各类别的智能行为规则和智能交互规则的构设、响应条件的灵活度和灵敏度设计及执行机制和执行规则的建立。

无人机系统的空中机动(飞行)模型复杂度相对于地面无人系统和海面(下)无人系统的响应模型略为简化,一般需要严格对接无人机作战的任务路径规划系统和应急处突系统,与二者执行机制紧耦合。

无人机系统的作战模型建模需要基于无人机系统的功能目标、型号类别和任务要求构建完成,如小型侦察无人机、小型察打无人机、重型航空母舰起降无人机等,其功能、作战应用条件差异巨大,需要分别基于各自的能力条件和任务环境构设。

起降模型、机动(飞行)模型和任务响应(如火力打击、电磁干扰等)、信息交互与控制是所有无人机系统模型构建必须完成的基本模型,是与无人机系统型号、功能性能、作战应用关联紧密的必备模型,同时也是无人机系统实际作战仿真过程中易于出现丢失仿真度和可信度的模型。这些模型的建模需要引起建模人员及仿真实验人员的高度关注与重视。

无人机系统的环境模型主要包括大气(气象)环境、起降环境(平台)、电磁环境以及交战环境等模型。这些模型的真实性和可用度同样影响到无人机系统建模仿真的可用度与置信度。

无人机系统的建模仿真是作战建模仿真的重要内容,需要引起关注与重视。

4.3.2　作战无人舰船(艇)系统建模与仿真技术

无人舰船(艇)的建模与仿真与空中无人机系统的建模与仿真有较大差异,主要是因为水面(水下)环境与空中大气环境有显著不同,这会对水面(水下)无人舰船(艇)系统的决策活动和作战行动产生较大影响,使水面(水下)无人舰船(艇)系统的决策、控制和作战需要考虑更多、更复杂的影响因素,比如水面(水下)无人舰艇的机动、水面(水下)鱼雷及导弹的发射、水面(水下)无人舰艇系统的抗打击防护、水面(水下)无人舰艇系统的保障等都必须考虑水面(水下)海洋环境的作用与影响。这对水面(水下)无人舰艇系统作战与保障行动的建模及智能化的指挥与控制规则、机制的构建均增添更加多样化的不确定性因素,极大地影响模型体系的复杂度与建模难度,也深度地影响最终所获得模型产品的实用性与价值度。

无人舰船(艇)智能化指挥控制与作战行为的建模,首要必须完整地对水面(水下)环境的各类影响因素进行精确的、定量化的、区分层次和粒度的系统化的、体系化的指标化分析与描述,提供无人舰船(艇)系统水面(水下)作战环境各类影响因素指标化描述的量化表及评估计算方法或标准、模型,使水面(水下)无人舰船(艇)系统的智能化决策和作战行为可以进行高可信度的分析与建模,并得到有效和可用的模型。

水面(水下)无人系统的传感器模型是水面(水下)无人系统作战仿真感知系统的最为重要的模型,必须具有高度的保真度与可信性。无人舰艇系统的水上(水下)传感器一般需要结合传感器网络(如水下声呐传感器探测网络)完成水下目标的探测与跟踪,水面目标的探测还需要结合舰基、空基、天基侦察/观测/探测系统完成。因此,水面(水下)无人系统的感知模型需要包括系统自身传感器感知模型和网络传感情报系统侦察探测模型两部分,并且对同一目标的探测感知需要两部分探测感知情报信息的融合。

水面(水下)无人舰船(艇)系统的作战模型需要基于无人舰船(艇)的功能、任务、目标分舰艇型号按类别分别构建完成。不同的应用层次和应用领域需求,需要构建不同粒度的水面(水下)无人舰船(艇)系统作战模型。这些不同粒度的模型可依据作战需要彼此平滑地实现聚合与解聚。

水面(水下)无人舰船(艇)系统作战模型的体系化构建和体系化应用是水面(水下)无人舰船(艇)系统作战建模的重要要求和主要表现。在体系化的环境下,水面(水下)无人舰船(艇)系统的作战建模必须依据和遵循体系作战的运行机制和运行规律构建完成,必须将互联互通互操作为建模的基本原则。

作战模型细节的丰满度主要基于模型的分辨粒度。用于战役以上层次的作战模型多数只表现到运动轨迹、毁伤度、发现概率、毁伤概率、生存概率、防护概率等指标,而战役以下、战术、装备等低层次模型的分辨粒度伴随层次的下降精度要求会逐步提高,而细节逐渐丰满,至装备层次则可能需要描述装甲的厚度、材料性质和抗毁伤能力、电磁频谱谱段和信号发射/接收强度等。

水面(水下)无人舰船(艇)系统作战的建模与仿真需要科学把握和处理环境、层次、等级、精度、粒度、任务性质和完成度等指标之间的关系,确保水面(水下)无人舰船(艇)系统作战仿真的体系化和网络化运行环境的协调、融合和一致。

水面(水下)无人舰船(艇)系统作战建模与仿真的复杂度较高,需要引起建模与仿真实验人员的高度重视。

4.3.3 作战无人车辆系统建模与仿真技术

伴随智能技术和网络技术的深入发展和应用,在可预见的未来,地面无人车辆将逐渐构成人类运输体系中一支非常强大的力量。届时,无人智能车也将逐渐进入普通寻常百姓家。这里将重点介绍的是军用无人车系统的建模与仿真。可以说,军用无人车的发展早于民用无人车辆系统的规划与发展。目前,发达国家的军用无人车已经成为部队作战力量的重要一员。作战无人车辆是军用无人车辆庞大家族的主要成员。作战无人车辆的行进与驻止受地表地形环境和气象环境的影响十分巨大,甚至可以决定其是否可用和是否有战斗能力。因而,作战无人车辆系统的建模与仿真需要深度考虑并纳入地面地形环境和气象环境因素。地形和雨雪等气象因素对作战无人车辆系统的影响可以通过速度的变化和是否可以履行作战职能任务来刻画和测度,并将以修正系数的形式直接改变地面机动模型的行进速度和相关作战职能任务的履行度。地面作战环境因素的影响可以使用同样的方法处理完成,如桥梁被毁、行经雷场、遭遇路障等。这部分模型可以参考和借鉴有人车辆相关模型改造完成。但需要特别注意的是,无人车辆相关模型智能感知和自动控制等独有部分处理模块的算法描述和程序控制,需要结合具体无人车辆的型号及任务独立建模并结合作战规则进行正确、精确的处置完成。网络化控制和智能感知是无人车辆各行动模型都必须加入和科学安排并高效处理的重要因素,是建模人员需要重点考虑的模型构建的主要因素,需要高度重视、科学量化并正确接入模型控制流程。作战无人车辆的大部分模型都可以借鉴有人车辆模型构建完成,但需要注意二者的区别:无人车辆较有人车辆,大多体型较小,活动敏捷,对路面路况要求低于有人车辆,而且对部分恶劣环境有一定防御和免疫能力(如核、生、化和烟雾等环境)。但是,无人车辆系统对车辆感知系统和智能控制系统的要求较高,对通信和信息处理的时效性要求比较苛求,这在构建相关模型时需要有相关机制处理和执行。

信息化、网络化战场所有地面(包括空中、海面/海下等)无人系统都是一个较大的作战体系的一部分,无人系统与无人系统之间以及无人系统与有人系统之间必须进行高效的协同,成为完成体系作战任务的一个环节、一个节点或一个终端,所有模型的运行与控制必须成为更大的体系化模型管理与控制的有机构成单元,所有模型均不可脱离体系成为孤立的游离分子。

陆基、海基、空基无人系统集群作战是未来一种新的重要的作战样式,需要给予高度关注与重视。这种作战样式需要构建专门的陆基、海基、空基或一体化联合作战无人系统集群模型并予以支持。对于这一部分模型的建模,需要参考和借鉴前述群体行为的建模方法与技巧完成,不可以不重视和予以疏忽。

在应用实践上,作战无人车辆系统的建模需要考虑无人作战的仿真需求,按照领域、层次、等级、类别、粒度分别构建相关模型,形成一个与作战仿真应用环境相一致的实用化模型序列。

环境感知和自主决策与控制是陆基无人系统最重要、最关键的两个基本特征,所有作战无人车辆系统的建模与仿真必须对此相关的行为和活动描述有足够的精度与丰满的细节与程序支持。

作战无人车辆系统的建模与仿真是联合作战建模与仿真大环境的重要一环,需要给予应有的重视与关注。

4.3.4 天基作战无人系统建模与仿真技术

从目前技术发展及世界某些国家的政治军事需求分析,天基作战无人系统的出现及形成作战能力,应该只是一个不难预期的事件。相较于陆基、海基和空基无人系统的建模与仿真,天基无人系统的建模与仿真复杂度要相对低一些。由于天基系统的中、高、低各轨道相对确定的运行(飞行)规律,天基飞行器的攻击手段和防御策略相对有限。因此,天基系统的运行(飞行)轨迹模型及可能的作战行动模型的建立物理机理相对比较明确,所构建的模型的科学性、有效性和置信度相对比较有保证。

天基无人系统的作战行动可能包括天基对天基、天基对地基、地基对天基、天基对空基以及空基对天基等不同的行动类别。这些不同类别的行动模型可能需要结合各不同类别的目标系统、武器系统基于不同的交战规则及物理机理、力学原则构建。所建立的模型在投入仿真运行前,应该结合实验和演习数据对模型进行严格的科学验证与校核。

相比较而言,天基无人系统模型相对较为简单,这里不作更多更加具体的分析与介绍,但天基无人系统模型是无人作战系统模型家族的重要一员,不应也不能被忽视。具体模型细节内容可参见航天系统原理分析相关专著的相关章节介绍,本书在这里不再作进一步的详细介绍与深入分析。

4.4 作战大数据建模与仿真技术

数据与模型是作战仿真的关键要素。如何运用大数据的原理和方法,完成作战大数据的建模与仿真,是大数据时代作战建模与仿真的重要研究课题。作战大数据建模与仿真主要包括作战兵力(指战员)大数据建模与仿真、作战装备(系统、体系)大数据建模与仿真与作战环境大数据的建模与仿真三部分内容。本节将对每一部分内容分别进行介绍。

4.4.1 作战兵力(指战员)大数据建模与仿真技术

运用大数据的关联分析等方法,对作战兵力进行建模与仿真具有非常重要的意义与价值。该方法的应用有两种基本形式:一种形式是通过真实的兵力大数据关联分析，对作战兵力的政治面貌、现职岗位任职时间和胜任度、过去不同岗位的历练/教育/培训、接受专业教育的领域与时间、独特习惯和爱好、性格/气质/品质等与岗位能力、作战能力、指挥能力等密切关联的信息/数据有精准把握与全面分析，使作战仿真的兵力能力分析与指标量化有较为系统、客观的评估，提高作战仿真的有效性与可信度；另一种形式是通过仿真的方法，提供兵力大数据，而后，基于仿真兵力大数据对作战兵力的能力指数等相关兵力能力指标做出完整评估，提高仿真的可信度。

无论哪种形式的关联分析方法，都需要基于大数据的理论、规则、原理与方法对作战兵力大数据进行系统完整的关联分析与挖掘，抽取/凝练/提炼出与作战相关的有价值的数据关联规律，而后将这些数据关联规律应用于作战兵力的能力指数与作战活动/行动/行为的相关模型的建模之中，提高、丰富、发展作战模型的精准度和可信度。

通过大数据分析和挖掘，基于古今中外经典案例数据，可以提供作战兵力组织行为、兵力聚合与解聚的模式与方法，用于作战仿真兵力编组/编配/编成及聚合与解聚合理性、有效性评估/评价的依据与遵循。

通过密级、非密级、开源兵力大数据，可以分析、评估、计算不同类别、不同层级、不同等级、不同结构/规模的作战兵力的能力指数，并借此建立能力指数评估标准与方法，对作战仿真不同阶段、不同类别、不同结构、不同编配的作战兵力能力指数进行评估，得到可信性高的能力指数指标及指数值。

作战兵力大数据建模与仿真关键技术包括：建立清晰的兵力数据类别结构；明确兵力数据关联分析需求；选择、产生作战兵力大数据分析池（数据云边界）；基于经验的既有与需求作战兵力数据关联模式分析；不同国家、不同地区、不同类别、不同时间区间、不同战场环境、不同作战对手作战兵力作战特征量不同评价体系、不同度量衡测度指标演化态势图构建与分析；基于大数据的作战兵力关联模式科学性、可用性、可信性验证与分析；基于大数据的作战条令、作战条例、作战规范等的有效度、可用度、实用度分析与验证；基于大数据的作战兵力能力指标体系建构、评估与分析；基于大数据的体系对抗作战兵力损耗、消长、演化规律、模式分析等。

基于大数据的作战兵力建模与仿真非常重要，该方法可有效弥补和加强传统作战仿真兵力建模仿真的缺陷与不足，大大提高和改善作战兵力建模与仿真的有效性与可信性，建模仿真专业人员需要对此予以特别关注与重视。

4.4.2 作战装备(系统、体系)大数据建模与仿真技术

作战装备大数据的建模与仿真包括两类技术:一是非装备研发制造领域的各类网络、数据库作战装备大数据与装备研发制造领域的作战装备的设计、制造、试验、应用全生命周期、全类别、全流程各类大数据的作战关联分析与模式萃取、规律发现技术;二是作战装备仿真大数据的关联分析与作战原则、作战规律探索、创新、发现技术。

由于传统作战仿真的装备数据大多只是装备的性能、效能数据,一般在装备作战仿真应用前都已完成准备,并在作战仿真开始前输入作战、作战分析、作战演习/训练、作战试验数据库,作用价值常常限于其作战应用的性能参数描述,局限性很明显。所以,如何在大数据时代充分利用作战装备大数据这一智库源,从深层挖掘和萃取作战装备多类数据的关联模式及装备作战特征量的探索与实践。毫无疑义,会大大促进和推动作战仿真装备作战效能分析的有效性、可用性、实用性和指导性,也大大提升和增强作战装备数据对作战应用的价值和作用,同时,对作战的建模与仿真具有开拓性的贡献及非常重要的科学意义与价值。

传统装备数据库缺乏大量提高作战仿真可信度的装备(系统、体系)信息,比如部队作战使用装备的装备时间、已训练使用时间、不同作战环境装备适应度、系统/体系环境中装备的作战能力和系统/体系贡献度、人员作战操作/指挥技能水平对装备性能/效能提升/下降产生的影响、国内外同类型装备的作战/训练/演习/试验性能/效能指标空间时变曲线/轨道/轨迹、装备配套率对装备作战能力的影响、电子/电磁类装备相互之间的自扰/互扰/干扰强度及其对装备作战效能/性能的影响与改变、装备对目标及环境信息的需求度/依赖度以及作战环境对装备需求信息的满足度等。这些信息对于装备的能力描述与评估具有极其重要的价值与作用,进而,也将直接影响作战仿真的可信度与有效度。而通过装备大数据的分析,许多数据相关的需求矛盾将迎刃而解。

作战装备大数据建模与仿真关键技术包括:作战装备数据类别划分、标识、特征量分析、描述与量化技术;作战装备作战应用数据化需求信息分类、描述与量化技术;作战装备系统/体系数据分类、描述与量化技术;作战装备(系统、体系)能力指标体系描述与量化标准、方法构建技术;作战仿真作战装备大数据需求分析与指标设计、描述、量化技术;作战装备数据关联统计分析与关联模式、关联规律萃取技术;装备大数据中心构建与管理技术;作战装备大数据与作战仿真

大数据互联与融合技术；作战装备大数据标准与作战仿真大数据标准融合技术；作战装备大数据与作战仿真模型数据融合、转化与映射技术；作战装备大数据与作战仿真大数据安全管理体系构建技术；作战装备大数据信息实时获取、处理与管理技术；作战装备大数据云管理、云发现、云迁移技术。

作战装备大数据的建模与仿真可以极大地加强和提升作战仿真作战装备数据的有效度和可信度，从而，极大地加强和提升作战仿真应用结果的有效度和可信度，需要引起作战建模与仿真专业工作者的高度关注与重视。

4.4.3　作战环境大数据建模与仿真技术

作战环境是影响部队指挥员决策和战斗人员作战行动的重要因素，历来受到一线指挥员与战斗人员的高度关注与重视。如何正确描述与科学量化作战环境因素，是作战建模与仿真专业人员必须面对并加以解决的重大的、艰巨的、挑战性极强的课题。伴随自然地理信息系统建设取得巨大的进展，作战建模与仿真的自然环境因素的描述与量化日益逐步完善并取得显著成绩，但对于社会环境因素、军事环境因素、电磁环境因素的描述与量化仍然存在诸多短板，亟待加强并需要逐渐加以解决。产生这些环境因素短板的重要原因是这些环境数据描述的不足与欠缺，而作战环境大数据可以在这方面提供强有力的辅助与支持。

作战环境大数据的建模与仿真主要包括以下四方面内容：一是自然环境大数据建模与仿真；二是军事环境大数据建模与仿真；三是社会人文环境大数据建模与仿真；四是电磁环境大数据建模与仿真。从目前的大数据本身与管理技术的发展速度与进展看，以上四个方面内容都可以给予大力推进并取得成绩。

自然环境大数据建模与仿真可以结合当今地理环境信息系统的建设发展共同推进，但仅依赖地理环境信息系统的建设发展成就来推进作战自然环境的建模与仿真将远远不够，许多作战自然环境的建模与仿真数据完全仰赖自然地理信息系统并不能够完全获得。例如，交通管理部门拥有的陆、海、空交通管理信息系统中的空中、海上、陆上（公路、铁路）巨量的航空/航海/公路（铁路）历史的与正在发生的流量数据，这些数据对于作战自然环境的建模与仿真十分重要，但并不能完全仰赖自然地理信息系统提供并由之获取。气象环境数据信息也是如此，这类信息的历史数据与当前数据均存储于国家各气象台站的气象信息数据库，并由各台站根据当前观测获得的气象数据实时更新、发布。很显然，这些信息对作战气象环境的分析与建模，具有非常重要的、难以替代的价值与作用。海洋环境数据信息同样如此。因此，经由多个大数据源的综合与集成，通过对自然地理环境大数据的建模与分析,可以很好地使作战自然地理环境的描述与量化趋于完善、完整、正确、合理与有效。

军事环境大数据建模与仿真更加需要倚重和借助大数据的方法。实质上,在作战建模与仿真的系统建设阶段与仿真实施阶段,敌、我、友及其他军事环境数据的获取本身就具有极高的难度,而作战仿真开发保障人员与作战仿真用户获取这些数据的过程仅仅依赖“假设”“构想”“设计”,并由此进行作战仿真推演继而使作战仿真的结果获得较高的可信度与可用度,显然并不太切合实际。借助大数据的方法,可以获取绝大部分作战仿真需要使用到的敌、我、友等各方军事环境信息,使之能够更好地完成军事环境的建模与仿真任务。军事环境大数据的建模与仿真可以使作战仿真军事环境的描述与量化不再仅仅局限与仰赖于不便和不易获取的专业情报部门,也不再仅仅将其完全地绑定于可信度低,甚至虚构的、虚假的各类“设计”“编配”与“部署”,而是直接经由开放的和各种内部的非常巨量的、庞大的分类政情/经情/军情等海量数据的挖掘与关联分析,析取、建模获得接近实时的、动态的各国各地区军事环境数据,用于作战军事环境的建模与仿真。作战军事环境大数据建模与仿真的重点与难点技术是军事环境数据的分层分类分级及符号化描述、数据源的探寻与集成、高价值信息的去伪存真与萃取方法,以及有效、可用的军事环境大数据管理系统的构设与部署,同时,还需要强化各数据管理部门之间协调与合作以及相关法规制度的建设与实施。

社会人文环境大数据建模与仿真,相比较而言,数据获取难度相对较低,但技术含量与建设难度较高。由于网络技术的飞速发展,人际交往形式以及人们的生活方式,正在发生翻天覆地的变化,每个个体、每个机构、每个部门、每个组织都正在成为一个信息发布的载体、一个信息接收的终端、一个数据生产/储存/处理/交互的中心,社会人文环境信息数据已富集为庞大的数据海洋。因此,如何使用大数据管理的架构、理论与方法,建立起高效、有效的作战社会人文环境大数据管理中心,源源不断地为作战建模与仿真提供最新、实时、可信、高价值的作战社会人文环境数据,是作战社会人文环境大数据建模与仿真的核心课题。而这一课题的完成,将会极大地依赖当今社会各类成功运行的一些著名的国有或民营公司的大数据源的共享、协助、支持与配合,需要国家相关管理部门建立强有力的规章制度与机制去驱动和促成。社会人文环境大数据的建模与仿真的关键技术与难点是:有效、高效的数据萃取方法;低价值、低纯度、海量庞杂无序、互相冲突和矛盾的开源数据的浓缩、集聚、转化、转换、噪声消减与滤除、特征关联与分析、钝化处理与模式分析、规律揭示(发现)与预警等;作战社会人文环境数据需求分类、符号化描述与量化;作战社会人文环境开源与非开源数据的集成与融合。

电磁环境大数据建模与仿真,就是对作战电磁环境频谱、强度、干扰/互扰/自扰等大数据信息进行精准的科学处理、关联分析、量化描述、可视化表达与对作战行动、指挥活动等影响的正确评估与数据/数值分析等。由于电磁环境信息易于监测与评估,与其他环境数据的建模与仿真相比,其数据获取的难度与影响评估的难度都更为简易。所以,该类大数据的建模与仿真,更多的是要全面分析并透彻敌性电磁信息的承载/辐射工具的能力、活动范围、规律,区分并完全掌握社会电磁环境信息及军用电磁环境信息彼此的活动范围,以及叠加/覆盖、影响、管制与控制等相关电磁数据管控的制度、机制、程序与方法。

上述四类环境大数据的建模与仿真,是作战环境建模与仿真的重点研究课题,需要作战建模与仿真专业工作者给予高度的关注、重视并从实践层面完全解决。

4.4.4　作战行动大数据建模与仿真技术

作战行动是非常重要的作战仿真对象。传统作战仿真对作战行动描述的数据载体一般是以行动对象、行动作用对象、行动环境的状态表等形式表达。由于这种表达形式承载信息和表达能力有限,只能记载很不完整的作战行动状态数据,所以,很少或基本没有作战行动决策的相关数据描述,很难或基本不能为作战仿真用户各行动阶段与行动过程的行动决策提供需要的辅助与支持。而通过作战行动大数据的建模与仿真,可以很好地改善这一局面,为作战仿真用户实施的作战行动仿真提供系统的、完整的、可信的数据支持与决策辅助。

作战行动大数据的建模与仿真主要包括以下内容。一是通过对比分析纵、横两个维度(纵向:各历史时期、历史阶段数据;横向:中外各国。或者简言之:古今中外)的经典案例数据和当今时代作战案例大数据,特别是相同、相近、相似作战行动案例大数据,发现、揭示、获取案例各方行动决策的利弊得失、各个不同行动策略/战术对作战进程和结果/结局的影响、胜利方的主要制胜因素及失败者的主要教训、战场内外的环境条件等特征数据或关联数据,用于作战行动仿真用户进行行动决策时的辅助支持。二是通过对与作战行动相关或受到作战行动影响的政治、经济、社会、军事等大数据的关联分析,挖掘、获取作战行动的社会影响或关联模式,用于作战行动决策的后果判定的参考或佐证支持。三是通过作战行动影响因素、决策因素与行动过程、行动结果大数据的关联分析,寻找、发现作战行动的基本规律与模式,用于作战行动过程与作战行动决策建模参考或借鉴。四是通过作战行动大数据,寻找、发现作战行动的基本规律,给作战仿真用户提供作战理论指导与作战方法支持等。

作战行动大数据建模与仿真的关键技术主要有:作战行动类别划分与符号化、数据化描述技术;作战行动仿真数据层次、类别划分、标识、描述与量化技术;作战行动建模与仿真数据需求分类、描述与量化技术;作战行动能力指标体系描述与量化标准、方法构建技术;作战行动仿真大数据需求分析与指标设计、描述、量化技术;作战行动数据关联统计分析与关联模式、关联规律萃取技术;作战行动大数据中心构建与管理技术;作战行动大数据与作战仿真大数据互联与融合技术;作战行动大数据标准与作战仿真大数据标准融合技术;作战行动大数据与作战行动仿真模型数据融合、转化与映射技术;作战行动大数据与作战仿真大数据安全管理体系构建技术;作战行动大数据信息实时获取、处理与管理技术;作战行动大数据云管理、云发现、云迁移技术等。

作战行动大数据的建模与仿真可以很好地改善作战仿真作战行动模型及数据的有效度和可信度,进而提高作战仿真结果的可信度和可用度,也需要引起作战建模与仿真科研和管理人员的高度关注与重视。

4.4.5 作战决策大数据建模与仿真技术

作战决策的正确与错误,对作战行动的过程及结果乃至作战的成败、胜负影响巨大。因此,如何保证指挥员获得准确、可靠、全面的情报信息及运用正确、科学的决策方法对所采取的各类作战、保障行动作出正确的决策,是作战指挥理论与实践必须面对的具有极强挑战性的现实课题。同时,它也是联合作战仿真、体系对抗仿真必须面对与正确处理并加以解决的重大课题。

传统的作战仿真对作战决策的支持通常是通过构建决策支持系统等辅助决策工具完成的。但由于作战决策所面临的不确定因素非常多,许多不确定因素的处理难度十分大,其中很大一部分因素都不易于量化及建模。所以,传统作战仿真以各类别决策支持系统为代表的辅助决策系统,在仿真实践上常常不易引起关注或重视。这是十分令人遗憾的结果。而在大数据时代的大数据环境下,这种情况有极大的可能被改变。这是因为作战决策大数据将有可能使以前不易处理、不易量化和不易建模的作战决策的各种不确定因素转变为易于处理、易于量化、易于建模的确定性因素。对作战决策大数据的建模与仿真,将会大大提高作战仿真作战决策的效率和作战方案的有效度,进而大大改变和提高作战仿真过程与结果的有效度和可信度。

作战决策大数据可以极大地降低作战决策的不确定性,提高作战决策的正确性、科学性、效率和效益。作战决策大数据包括作战决策方法、作战决策模型、作战决策的常规案例、作战决策的反常案例、作战决策的盖然性案例、作战决策者决策风格对决策成败的影响,以及作战决策的经验与教训、作战决策的风险与效益、作战决策的成与败及得与失等。

作战决策大数据建模与仿真关键技术包括:作战决策数据的分类、标识及表达形式;作战决策需求数据的分类、标识、量化及需求满足度条件与标准;作战决策数据关联结构、关联模式及关联需求分析;作战决策大数据池的选取、构建、获取与应用形式和方法;作战决策大数据的获取途径、形式、类别与方法;作战仿真作战决策大数据的需求类别、形式、获取途径与方法;作战决策大数据建模与仿真的类别、形式、方式、途径与方法;作战决策大数据与联合作战、体系作战建模与仿真的融合形式、途径与方法;作战决策大数据中心的建设模式、途径、程序与方法;作战决策大数据获取与应用的体制机制建设与保障形式、途径与方法;作战决策大数据建模与仿真的需求体系、架构体系、制度体系、运行机制的保障形式、保障模式、保障途径和应用方式与方法等。

作战决策大数据建模与仿真的主要方法包括案例解剖法、关联分析法、模型解析法、推演权衡法、趋势分析法、特征变量法、概率博弈法等。

作战决策大数据建模与仿真的基本形式主要有独立自主式,外部关联式,合作共享式,共、分协作式。

作战决策大数据的建模与仿真能够为联合作战、体系作战仿真决策提供强有力的支持,作战仿真专业工作者需要充分认识到其作用与价值,并在实践上找寻出可行的实施路径与方法,进而,提高联合作战仿真作者决策的科学性、有效性和效率。

4.5　作战云仿真技术

作战云仿真技术包含两层含义:一是基于云架构、云理念、云方法的作战仿真技术;二是对于云作战的仿真技术。但是,从目前的信息技术发展趋向看,从仿真的角度,这两类技术最终将会归于一体。得出这一结论的原因:一是从网络技术发展角度,云作战终将是时代发展的必然结果,也将会成为一种基本的作战形式;二是从仿真技术的角度,云仿真将是网络时代仿真的一种必然选择和重要的技术模式。此外,由于云作战本质上也是基于云架构、云平台、云方法的作战形式,因此,本节对于作战云仿真技术的介绍将不特别强调二者的差异,即重点介绍基于云架构、云理念、云方法的作战仿真技术。

鉴于以上理由,本节将从以下五个方面介绍作战云仿真技术:一是基于云的作战建模与仿真应用体系结构框架;二是作战云环境建模与仿真技术;三是作战云装备/人员建模与仿真技术;四是作战云平台建模与仿真技术;五是云作战建模与仿真技术。

4.5.1 基于云的作战建模与仿真应用体系结构框架

从技术层面,云仿真体系架构及作战云仿真体系架构已有部分专家在公开出版物进行研讨与探索。在这些公开出版的文献中,他们提出的许多构想具有很强的理论与应用价值。为了更快地推进作战云建模与仿真应用平台及系统早日构建完成并产生效益,本节将不再对作战云仿真的技术架构进行进一步的分析与研讨,只就作战云建模与仿真应用的体系架构进行简要分析、探讨。

从应用层面,必须较深入地分析作战云建模与仿真的需求,需要清晰描述如何使作战仿真资源云化、如何构建作战仿真云及如何使用云的方法完成各层次、各种类、各领域的作战建模与仿真。这需要对作战云建模与仿真应用有一个整体的架构设计。

经过初步的分析与研讨,为了使应用不囿于某一应用层次和范围的仿真个例,将仿真应用框架粒度粗化,提出了具有一定通用指导意义与价值作战云建模与仿真应用体系架构框架,如图4-1所示为基于云的作战建模与仿真应用体系结构框架。

上述架构可以称为“4+2”模式,其中“4”即4云层,包括“云资源、云服务、云与云应用”,而“2”是2引擎,即云服务管理引擎与云应用驱动引擎。图4-1粗粒度地、简要地描述了该架构的主体内容。

该架构应用需要特别注意以下四点:一是仿真资源云化技术,将可共享及所需求的资源转化为各类资源“云”,即“云化”;二是云资源的服务表达、访问与控制,保证各类云资源可以有效地被供给方和需求方管理、控制和使用;三是云平台架构技术,可以有效地保证各类云资源按需出入云池;四是云接口及界面技术,保证云能被各类作战仿真有效利用和管理。

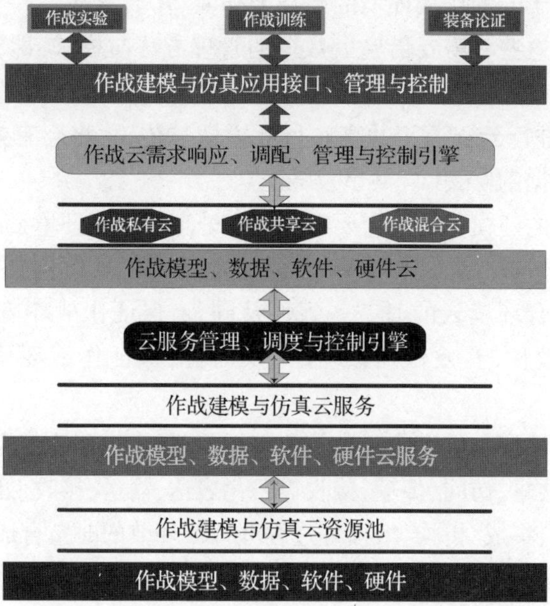

图 4－1　基于云的作战建模与仿真应用体系结构框架

此外，要完全实现作战云建模与仿真的应用，还需要制定科学、高效、有效的制度与机制作保证，保证云共享与云供需中可能出现的各类矛盾、冲突和问题得到及时的响应和处理。

最后，特别强调的是，实现作战云建模与仿真除以上强调的应用架构技术及制度机制法规外，还需要特别关注以下四项重点技术的研发及实现，即作战云环境建模与仿真技术、作战云装备/人员建模与仿真技术、作战云平台建模与仿真技术及云作战建模与仿真技术。

4.5.2　作战云环境建模与仿真技术

作战环境的云化，看似简单，实则并非如此。传统作战仿真的战场态势的远程输送以及社会生活中常见的监控摄像系统等基于“变”的数据传输方案并不适用于真实作战环境数据的“云化”及传输，因为真实战场态势的一大部分基本都是时变的。或者说，关心的“战况”数据的大部分几乎每时每刻都在改变，如果这些数据都被传入“云端”。即使完全进入 5G 时代，要保证战区范围内各参战实体在广阔的陆、海、空、天、电磁各疆域的态势信息实时的交互与同步，应该说，即使不是完全不可能，至少在目前的云环境下比较难以实现和达成。

如何实现基于云的作战环境的建模与仿真，需要寻找一些实践有效的可行性技术与方案。这些将需要借鉴大数据的管理方法与模式，即在作战环境云化后，将“按作战需”“按任务需”“按协同计划需”“按作战方案需”等各种“按××需”的按需模式进行云资源的共享和目标输送与传输，将会有效地实现对作战仿真战场环境数据的“云化”、共享及输送。

作战环境云的建模与仿真需要特别注意处理各类别环境云的时空条件与边界条件，注意有效、高效处理各环境云之间的融合、聚合、解构、更替等，需要保证各环境云及各聚合环境云的时空一致性及同步，保证作战环境的云描述、云处理、云应用的高效性、有效性、科学性与实时性，保证作战环境仿真的真实与可信。

作战云环境建模与仿真的关键技术包括：一是作战环境云的符号化/数字化描述/表达及其共享、访问、传输、接收等云化表达、输送、接收、处理技术；二是作战环境云的融合、集成、析构、组构等过程/阶段/环节的时空合成、分解与同步技术；三是作战环境云与其他类别作战云的融合、集成技术；四是作战环境云的按需生成、剪裁、制作、发送、接收、监控、维护等管理技术；五是作战环境云与作战云仿真平台的融合、集成技术；六是作战环境云仿真平台与作战云平台的融合、集成技术。作战云环境的建模与仿真直接影响和制约作战云仿真的真实性、有效性、可行性、可用性与成本、效益，是作战云建模与仿真人员必须关注也不得不关注的重要技术焦点、重点与难点，需要特别引起各有关机构、部门的高度重视。

4.5.3 作战云装备/人员建模与仿真技术

作战云装备/人员的建模与仿真是作战云建模与仿真的另一项需要高度关注与重视的技术，也是作战云建模与仿真需要重点加以解决的关键技术。

由于作战装备/人员等实体部分属性具有较高的稳定性，因而作战云装备/人员的建模与仿真可以采用部分属性的“静态”（“时稳”）描述与部分属性的“暂态”（“时变”）分析相结合的建模方法与形式。

对于稳态的部分，如装备性能、武器射程、飞行时速、运动方式与方法、使用频谱、最大载弹量、最远航程、是否具有空中加油能力、目标侦察形式与方法等可以以静态属性的形式对其进行描述与刻画。对于时变的部分，则需要实时或使用模型推演的形式对其相关状态数据进行实时更新与调整。

装备/人员作战云描述的重点是时变部分，这一部分如何云化，如何传输、共享和接收，都需要有一套明确、完整的技术方案加以解决，同时，也要求云平台、云池、云迁移有一套相应的机制作为支撑与保证。

装备/人员作战云建模需要考虑基于实体的作战系统/体系的建模方法与形式,必要时需要构建作战系统云与作战体系云,保证联合作战、体系作战时空的一致与同步。

作战云装备/人员建模与仿真的关键技术包括:装备/人员的“时稳”属性与“时变”属性的描述、量化与建模技术;作战装备/人员的云化描述与建模技术;装备/人员的系统/体系描述与云化技术;装备/人员作战行动/活动的云化描述与建模技术;作战装备/人员的状态空间描述与作战装备/人员的云化描述的互融、析构与组构建模技术;作战装备/人员云与作战环境云的同步、交互、融合技术;作战装备/人员云与作战仿真云平台的集成、融合技术。

作战云装备/人员的建模与仿真需要与作战云仿真体系架构、作战云仿真平台开发同步开展,确保最后得到的作战装备/人员云与其他仿真云及平台实现无缝对接与集成。

作战云装备/人员是作战云仿真实体云的重要成员,需要引起作战云仿真开发人员与管理者的高度关注与重视。

4.5.4　作战云平台建模与仿真技术

作战云平台是实现作战云建模与仿真的重要基础设施。作战云平台的建设水平和质量决定了作战云仿真的效果、效用和效益。如何构建云平台,以及使用什么方式与方法、选择何种途径与工具建造云平台是高标准建设作战云建模与仿真系统、成功实现作战云建模与仿真的重大战略课题。

作战云建模与仿真平台的建设既要吸纳比较成熟的作战仿真平台的建设经验,也要吸纳仍处在高速发展的各领域、各种类云平台的建设经验,还要吸纳作战云平台的研究、开发、运用经验,以确保作战云平台的建设有一个高的起点、正确的方向,以及可行、可信、可靠的路径。

作战云仿真平台的建设需要重点关注以下课题及技术:作战云平台与作战云仿真平台架构一体化设计技术;作战云仿真平台与传统作战仿真平台一体化综合集成技术;作战云服务架构、作战仿真云服务架构、仿真云服务架构、各领域(各类别、层次、用户群)云服务架构互访(共享、协作、融合)技术;作战云仿真平台大数据管理技术;作战云仿真平台作战模型云化服务、控制、开发、应用管理技术;作战云仿真平台时钟管理、控制、同步技术;多层级、多领域、多形式、多模态作战云仿真平台一体化、通用化、服务化、组构与析构集成管理技术;作战云仿真平台运行机制、制度、法规、技术标准等规则拟制、发布、执行、监管、约束标准化体系应用技术;作战云仿真平台需求发布、研制、开发、应用、保障技术;作战云仿真平台与作战云平台前端界面融合、标准化及共用数据的访问、监测、控制、管理技术;作战云仿真平台应用的软硬件架构设计与实现技术;作战云仿真平台的运行、维护、管理技术等。

作战云仿真平台的开发可以借鉴或借用有相关大数据与云计算成功经验的地方公司的成熟技术,或发包这些公司以法规合同形式让其参与,或部分参与,或部分合作的形式协作研制或开发完成。

作战云仿真平台的研制开发是作战仿真未来的一项重中之重的战略课题,必须投入与其所担负职责、任务相匹配的人力、物力、财力来保证并完成。作战云仿真平台的研发与作战云平台的研发都是一项长期的战略任务,二者需要加强协作、同舟共济、同步实施,确保共同成为军队新质作战能力的一个强有力的生长点。

4.5.5 云作战建模与仿真技术

毫无疑问,云作战将逐渐成为信息化战场的一种全新作战形式,是信息化战争、网络化战争时代发展的必然。尽管作战云仿真是一种基于云的作战仿真形式,它包含基于云的方法对各种目前及传统作战形式的仿真,并不特指对云作战的仿真,这使得作战云仿真与云作战仿真二者从概念的内涵及外延层面并不能完全划归同一。但是,由于云作战是作战发展的必然趋势,因此从远景展望,作战云仿真与云作战仿真最终有望减少乃至消除差异。

目前,云作战仿真可以理解为对于云作战的仿真。云作战是一种使用云技术、云平台、云方法实施的信息化作战形式。对于这种作战形式的仿真,如果从仿真角度,既可以使用传统方法通过虚拟的方法构建云仿真模型、云仿真环境等云仿真空间来组织、实施并完成,也可以使用前面几节介绍的基于云的仿真形式完成仿真。很显然,前者依然是传统作战仿真(仿真了新的作战形式——云作战),后者才是云仿真(用云的方法仿真了云作战)。前者是迄今并不具备云仿真条件的用户的选择,而后者是已具有云仿真平台与模型的用户的选择,同时最终也将是所有用户的共同选择。

第5章 作战仿真技术的科学化与工程化

伴随仿真技术应用领域、应用层次、应用范围的日益扩展及应用效能与效率的巨大提升,以及作战仿真基础技术与应用技术的快速发展,作战仿真技术的科学化与工程化趋向愈益鲜明且不可逆转,作战仿真技术的科学化与工程化知识体系愈益丰满且不断深化。在此背景下,梳理、总结作战仿真技术的科学化与工程化相关理论研究、实践应用相关研究成果并加以介绍,对于完善、充实作战仿真技术的理论与实践知识体系,丰富、坚实作战仿真技术基础与应用知识体系架构及内容,很有必要且重要。基于该原因,本章对国内外作战仿真领域这部分研究成果加以扼要介绍。本章内容包括基于仿真的工程科学、基于模型的系统工程及基于仿真的战争科学与工程。

5.1 基于仿真的工程科学

美国原国家科学基金会主任 Rita Colwell 教授曾说过:“过去认为科学通常包含理论和实验两方面的努力;现在,科学还包含第三个方面的内容,即计算机仿真,并由计算机仿真将理论和实验两方面连接起来。”[11]

5.1.1 基于仿真的工程科学概念内涵

2006 年,美国科学基金会蓝带小组(blue ribbon panel)发布了一篇长达 88 页的研究报告 *Simulation - Based Engineering Science: Revolutionizing Engineering Science through Simulation*。该报告强调了基于仿真的工程科学(simulation - based engineering science,SBES)的作用、地位、价值以及面临的挑战、困难和机遇,并将 SBES 界定为:“为工程系统仿真提供科学与数学基础的学科”,并将“工

程系统”的范围解释为“从微电子设备到汽车、飞机甚至油田、城市等基础设施”[12]。而后，又进一步明确：“简言之，SBES将传统工程领域（电力、机械、人文、化学、航空航天、核、生物医学和材料科学）的知识和技术与像计算机科学、数学以及物理和社会科学的知识和技术深度地融合在一起。”[12]这大大丰富和充实了工程科学的知识体系，使之能够更好地适应、满足信息时代工程实践对工程科学的需求。最后，明确指出：“这样做的结果是：工程师们能够更好地预测和优化几乎影响到人类社会生活和工作各个方面（包括环境、安全、使用和出口的产品）的系统。”[12]

该定义强调了SBES的科学性、学科属性、工程科学内涵的扩展及工程实践提出的急迫需求，具有较高的学科建设指导价值及理论与实践应用价值。

需要指出是：美国提出SBES的目的是期待借此保持、维持、巩固、加强美国在科学与工程领域的领导地位，并且认为“SBES在推进生物医学、纳米制造、本土安全、微电子、能源与环境科学、先进材料和产品研发方面具有核心作用”，同时指出“有足够证据证明，这些新的学科领域的进展能够实质性地、极大地影响人类生活的方方面面”。

5.1.2 基于仿真的工程科学能解决什么工程科学问题

尽管建模仿真（M&S）多年以来一直被美国国防部视为提升国防力和装备效能的关键技术，并将其提升至战略层面给予关注、加强和资助，但是，截至2006年美国科学基金会蓝带小组发布SBES报告时，该蓝带小组研究人员仍然一致认为：美国国家整体层面、教育层面、社会层面对建模仿真的关注度、支持与资助的力度与M&S对国家各领域全面深刻的影响、作用与贡献是严重不匹配的，且与欧洲、亚洲等国家对M&S重视力度与注资力度也是高度不匹配的。美国国家层面对此状态如不加以改变，就会使美国在此一领域奠定的基础性、引领性的优势地位逐渐不保，丧失主导权与领导地位[12]。

美国国家基金会蓝带小组完成并发布该报告的目的就是希望通过该报告引起美国国家层面对M&S高度关注与重视，各领域、机构、部门加大资助的力度、协调和统一布局、加强领导，改变不利局面，最终夺回在M&S等领域正在丧失的主导权并重新赢得领先、领导地位与优势。特别是数学建模、计算算法、数据密集计算科学与技术的进展已经为国家多个领域史无前例地发展及提高竞争力创造了非常好的条件。但是，要真正实现这种发展必须克服科学、工程、社会和教育等存在的巨大障碍，必须要求学术机构的研究、改变研究与教育文化及教育体制的组织结构等方面取得巨大进展与突破。在工程领域,计算机仿真的进展为此提供了非常多样化的可能性。要完全开发、利用这种能力,必须等待其他领域的基础研究融入并成为建模、仿真与计算的科学元素(有机组成部分)后才能实现。美国国家基金会蓝带小组把这些基础研究活动的组合称为基于仿真的工程科学[12]。

SBES对工程科学的重要性及主要解决的工程科学问题。

(1)SBES是工程科学取得进展与成果的关键因素。多项独立研究达成共识:仿真是工程与科学取得进展的关键要素。多个领域专家的独立研究表明:计算机仿真已经并将继续对工程各领域、科学发现与寻求解决重大社会问题产生巨大影响。

(2)SBES将成为应对21世纪科学与工程挑战问题的新范式。真正释放出SBES全部潜能需要进行一场仿真技术革命。基于仿真的工程科学不是常规的仿真,而是聚焦于复杂的、相互关联的工程系统的建模与仿真及满足指定可靠性和精度标准要求的结果的获取。的确,SBES的研究范畴远远超出物理现象的建模。

SBES开发新的方法、设备、程序、过程与规划策略。它不仅促成、激励科学认知上的进展,还将这些进展应用于应对和解决工程领域的挑战。比如,SBES的发现可直接应用于优化、控制、不确定性量化、校核与确认、决策及实时响应[12]。

简言之,SBES将会把仿真提升到一个强有力的新的高度,在这个高度上,可以期待用它解决绝大部分建模、工程设计、制造和科学探索等非常顽固棘手的问题。事实上,高级建模技术的影响如此深远,以至于可以期望用它推进大部分具有挑战性的新技术的开发并且促成重大的新的科学发现。

(3)SBES主要解决的工程科学问题还包括:①用它作为理解和控制多尺度、多物理现象的手段;②用它推动、促进纳米技术、生物医学、材料、能源和环境及地球和生命科学等基础研究的重要进展与突破;③用它极大地提升计算预测的仿真度与效用。很显然,SBES引领的技术不仅拓展了每个工程领域的能力与范围,而且使国家健康、安全、竞争力和财富获得极大的提升。

5.1.3　基于仿真的工程科学如何解决工程科学问题

迄今为止,仿真借力于硬件和软件信息技术的高速发展大潮取得了巨大进展。仿真也因为这些进展使其正在转变成为传统科学与工程实践中愈益有效的工具。不同于大部分理论处理对象定位于理想化的、严格限制的系统,仿真处理对象是现实系统。因为这个因素,仿真提供了前所未有的接近真实世界的条件。此外,仿真也不会受到实验设计和测试的限制。这些实验设计与测试经常会受到费用约束、不切实际的参数值域甚至条约或健康和环境因素强加的限制的阻碍。

计算机仿真已经成为其他技术(包括微电子、先进材料、生物技术、纳米技术、制药、医学及国防与安全)发展的必备要素。这些技术的大多数突破都源自计算机仿真和基于仿真的科学发现。因为上述原因,计算机仿真在20世纪取得了巨大成功。

然而,这些成功的核心是已有几十年历史的仿真方法学。这些方法学太过古老难以应对新技术的挑战。在许多方面,计算机仿真过去取得的成功很可能会成为自己最强劲的敌人,因为正是这些使它成功的知识基础、方法和实践现在可能会扼杀、窒息它的未来发展前景。

克服这些不足的关键是继续保持在仿真领域的主导地位,并且,必须站在使仿真更易于实施、更可靠可信的前沿,必须将仿真的能力延伸到更加复杂的系统分析与实时数据的实时获取,必须使仿真不再位居工科学生技能培训的边缘,而取而代之的是位居工科课程的核心使其扮演高效教学的关键角色。

所以,如果准备享有SBES的益处,就必须克服它存在的障碍。首先,必须彻底改变构想和执行仿真的方式、方法,这种改变要求学会整合简化和增强多尺度、多学科仿真的新的发现;其次,必须在包括大规模计算、数据管理和算法等支持技术上取得巨大进展;再次,必须全面改革教育体制以适应SBES研究和培训的需求;最后,必须改变目前科研资助及实施的方式、方法。

显然,必须将计算机仿真融合到工程教育与实践中,并且为了达成这一目标,必须投入更大的知识资源、在国家层面对SBES做出战略安排。

5.1.4 基于仿真的工程科学面临的挑战

经本节前述各部分内容分析,不难发现:SBES地位突出、价值/效益显著、影响巨大。但是,要完全发挥出SBES的作用,必须迎接SBES面临的诸多挑战。这些挑战如下。

1. 尺度壁垒:多尺度建模仿真面临的挑战

世界范围从事小型化、纳米科学、药物和分子系统建模、先进材料及其他应用、涉及原子与分子层次事件的研究人员都遭遇一个极其巨大的障碍:尺度壁垒。实质上,至 21 世纪初,所有已知的仿真方法仅仅在有限空间与时间尺度范围有效。但是,这些传统方法不能处理大尺度范围内的物理现象,如时间尺度达 12 个数量级的蛋白质折叠建模或空间尺度达 10 个数量级的先进材料设计等。在这些量级范围,尺度壁垒的力量会使所有传统方法变得无用。更令人困惑的是,支配这些事件行为的重要的物理机理常常会随着尺度的改变而变化,以至于模型自身的结构会随着描述对象事件从一个尺度到另一个尺度而发生改变。

尺度壁垒不仅使原子/分子层次仿真面临挑战,而且这种挑战会发生在所有时间和空间尺度存在较大差异的仿真对象上。这样的差异实质上存在于现代科学与工程的所有领域,例如天体物理、大气科学、地质科学和像潜艇、商用飞机与涡轮发动机这样的复杂工程系统设计。在许多方面,关于物理世界和工程系统设计与功能的全部知识都是按照尺度进行分类的:操控材料电子属性的设计师将世界视为无数无穷小的带有绕轨道运行电子云的原子组成,大气科学家将世界看作改变地球表面数千英里气候条件的巨大气团的运动。今天,正在尝试推进技术发展,不再容忍任何按照清晰的尺度类别对自然现象进行切分的认知和理解方法。现在正在寻求的建模仿真工具必须与它们仿真的现象的广度相一致、相匹配。

尺度壁垒并不能够通过建造内存越来越大和速度越来越快的计算机简单地突破、穿越。与之相反,必须改变长期以来作为人类进步支柱的科学和工程方法学的基本方式。这一具有历史意义的巨大挑战超出了任何个人和学科的能力。计算数学的必要突破和开发多尺度自然事件建模新方法需要跨学科研究人员和思想家团队的共同努力。

2. 校核(verification)、验证(validation)与不确定性量化

仿真的终极目标是预测物理事件或工程系统的行为。预测是工程决策的基础,是产品或系统设计的决定性因素,是科学发现的基础,也是计算科学能够展示出超越物理实验和观察能力的主要原因。因此,提出以下问题是很自然的:具体决定是否可以依赖一个事件的预测结果?计算机仿真的预测精准度有多高?依据关于物理系统的知识和对它进行描述的模型,可以指定一个预测结果什么等级的可信度?确定和量化计算机仿真和它们预测可靠性的科学、技术,或在许多方面的理念/哲学被称为 V&V,或者叫作校核与验证。V&V 方法是 SBES 获得成功和发展的基础。

为了深刻理解 V&V 的精髓和目标,首先必须对仿真的过程进行剖析。基于对某些感兴趣的物理事件的概念理解和用于解释它们(被鉴识为目标物理现象或工程系统)的科学理论,分析人员(建模者、科学家或工程师)构建完成该事件的数学模型。数学模型是一个集成了数学结构、方程、不等式、约束等的集合。该集合是现实的抽象,并且由刻画该事件的基础理论或应用理论所控制。然后,分析人员开发出一个该事件的计算模型。计算模型是数学模型的离散近似。构建该模型的目的是使分析过程可以在计算机上完成。验证是确定数学模型描述真实物理事件准确度的主观过程。校核是确定计算模型反映数学模型准确度的过程。简言之,验证需要解决的问题是"方程是否被正确建立",而校核需要解决的问题是"方程是否被正确求解"。

V&V 整个领域处在一个早期发展阶段。多年来,基本定义和原理都始终是众多争论的主题,V&V 的许多方面都保持在科学哲学、主观决策理论和硬数学与物理学之间的灰色地带。20 世纪的科学哲学家卡尔·波普尔曾断言:一个科学理论是不能被验证的;它只能被证明是错误的(也就是说,科学理论不能被证实,而只能被证伪)。由于一个物理事件的数学模型是一个理论的表达,因此这样的模型实际上绝不能在严格意义上被验证,它们仅仅可以被证明无效。在某种程度上,所有的验证过程依赖规定的接受的标准和指标。因此,分析人员依据物理观察、实验和基于经验与判断的标准评判该模型是否无效。

另外,校核过程是一件纯数学和计算的事务与过程。它们涉及软件工程协议、错误检测与控制、科学编程方法,以及一件更为重要的事务:后验误差估计。

最后一点,V&V 最令人困惑的方面是必须面对表征自然数学模型的数据的不确定性。在某些情况下,定义模型的参数是通过实验室测试、现场测量或观察确定的,但这些参数的测量值总是伴随一个样本到另一个样本或是一次观察到另一次观察而变化。此外,用于获取数据的实验装置也会因为噪声或校准误差的不可控的因素而引入它们自身的误差。对于某些现象,所知的定量信息很少,或者说关于控制物理过程的知识是不完全或不精确的。在这种情况下,只是简单地没有需要完成模型定义的必要数据。

因此,不确定性可能是由不可测量或不可知因素造成的数据的易变性,如关于支配物理学的不完全知识或所有模型的内在特性是其对自然特征的不完全描述,这些被称为主观不确定性。有些人认为,由于数据本身绝不能够使用绝对的确定性进行量化,因而所有的不确定性均是主观的。无论不确定性的根源是什么,都必须开发量化它的技术并将其融入仿真预测的方法与解释中。

在某种程度上,尽管不确定性量化方法已经被研究了半个世纪,但它们在大规模仿真中的应用仅仅刚刚开始。由于模型参数常常被处理为随机场,因此,当统计信息比较充分时,概率提供了一种量化不确定性的方法。另外,随机模型的使用可能会导致数据规模、存储、操控与检索需求的复杂性出现巨大增长。其他可用作不确定性量化的方法包括随机扰动方法、模糊集、贝叶斯统计、信息沟(information - gap)理论与决策理论。开发用于量化计算机预测中不确定性的可靠的方法——算法、数据获取与管理程序、软件和理论,是推进 SBES 的最重要和最艰巨的挑战之一。

3. 动态仿真系统、传感器、测量与异构仿真

SBES 最具挑战性的应用之一,但也可能是产生最大红利的应用,是将仿真工具直接与测量装置互联,用于仿真和计算机预测的实时控制。美国国家科学基金项目动态数据驱动应用系统(dynamic data - driven applications systems, DDDAS)已经对这方面课题提供了初步的研究资金支持。这一革命性、根本性的重要学科的全面发展将需要多年的研究与技术发展支撑。

DDDAS 概念被构想为计算机仿真的一种新范式。该范式涉及"共生反馈控制系统"的概念。在该系统中,仿真与实验(或现场数据)实时交互,进而极大地改进仿真工具的保真度、精确度和可靠度。

最初提出该构想的文件已经过去了 5 年之久。该文件将 DDDAS 的目标描述为:"开发一种能够动态接收并响应'在线'现场数据与测量和/或控制这样的测量的应用仿真。这种在应用、仿真和测量之间的协同与共生反馈控制回路是一个新的技术方向。它能够开辟一个具有高潜在回报的仿真能力的新领域,并创造具有新的和增强能力的应用。它有转变科学与工程处理问题方式的潜力,并且对社会履行许多功能的方式产生重大的、有益的影响,如像制造、商业、运输、风险预测/管理和医学等。"

5 年后,美国学者认为这种观点仍然是正确的,并且也使他们更好地认识到挑战的规模。为了开发 DDDAS,他们必须解决涉及系统复杂性、要求实现系统的专业知识与技术的广度、新的软件基础设施以及所需的计算与数据管理系统的能力与效率问题。这些前沿技术领域的成功,可能需要超过 10 年或更久的持续的基础与应用研究项目的充裕的资金支持。然而,它带来的收益是巨大的——事实上,也是如此重要的,以至于最高的优先级应该被给予开发和利用这个基础的 SBES 学科。DDDAS 是一个在美国被构想、定义和推广的概念。而且,为了凸显他们的倡议的价值,他们认为必须积极推进 DDDAS 的开发,并且认为美国目前对于这项技术的沾沾自喜会使他们的竞争对手再次从中获益。

DDDAS 的基本构筑模块包括:①异构仿真模型的体系架构;②从档案或动态源收集数据据的系统;③借助混合仿真模型与数据分析和预测系统行为的算法;④操控数据收集和模型验证过程的算法;⑤支持模型执行、数据收集、分析预测和控制算法的软件基础设施。

在许多方面,DDDAS 将会重写关于计算机预测验证与校核相关的方法。验证将不再是基于静态数据集判断仿真问题可接受性的一次性操作。在 DDDAS 中,验证成为鉴别和评估计算模型缺陷并快速升级和改进模型的动态控制过程的一部分。验证与模型动力学的结合将会极大地充实模型的可预测性并增加预测结果的可信性。

当仿真正在执行时,DDDAS 可动态地将测量数据融入仿真中。反过来,仿真也会动态地操控测量过程。为了完成这些操作,DDDAS 将数据密集计算、传感器、成像、网格计算和其他测量装置与大规模数值计算进行集成。这种技术的发展需要在软件基础设施、算法、控制协议与求解器方面进行概念创新。然而,一旦这些事项完成,该技术就提供了无止尽的应用列表。外科手术、国土安全、危险材料控制、环境修复、药物输送、制造过程、石油储存管理和飞行器飞行控制等仅是应用列表中的一小部分。

4. 仿真软件面临的新挑战

许多当代工程领域团体将仿真软件视为供应商为良好定义的、特定的、独立的应用领域提供的一种商品。偶尔,这些用于工程分析的长命代码以功能扩展的形式得到增量式改进。这种悠闲的软件开发方法将不再支持下一代的工程问题——与实时数据交互及数据中充满不确定性的多尺度问题。

美国总统信息技术咨询委员会(The President's Information Technology Advisory Committee,PITAC)曾发布报告称:“现在开发计算科学软件和应用是特别困难的。环境与工具包均不足以满足软件开发人员在解决日益增长的复杂跨学科问题的需求。遗留软件仍然是一个持续存在的问题,因为计算科学应用的生命周期要远长于计算系统 3~5 年的生命周期。此外,由于在软件工程最佳实践中没有一致性,许多新应用软件不健壮,不易于移植到新硬件上。”

因为上述因素,当今计算工程科学的许多软件都不足以应对 SBES 多方面的应用与挑战,开发用于封装 SBES 模型与方法的软件需要全新的方法(新的范式、新的软件工具、新的协议等)。必须成立满足 SBES 应用需求的跨学科团队,必须使有经验的软件开发人员与工程科学家进行密切合作,以保证能够开发出未来可用于 SBES 的软件。

5. 仿真大数据的涌现与 SBES 可视化的作用

至20世纪末,在计算科学与工程环境中,数据密集计算与大规模科学计算本质上隶属两个互不关联的两大阵营:一个是传输、存储和操控大型数据集,另一个是实现了可伸缩并行计算策略以求解非常大的科学与工程问题计算模型。然而,现在那种分离的时代已经过去了,在 SBES 所有应用中,巨大数据集的使用和生成都是必不可少的组成部分。例如,不确定性量化——SBES 的一个关键组成部分,将需要比传统确定性计算大许多数量级的数据集。按照定义,DDDAS 将需要经由计算网格或高带宽网络快速生成、存储、访问和传输大型数据集的新方法。此外,还有对仿真自身结果如何进行解释的问题。该问题也会涉及巨大的数据集。

伴随更加充分地利用正在加速出现的信息爆炸,可视化将会成为重要的工具之一。事实上,可视化方法将会对国防和国家安全、科学、生物医学、工程研究以及产业创新产生巨大影响。

可视化是如此有力的工具的原因在于:它是解释复杂现象模型的基础,像从 DNA 到整个器官的人体生理学多层次模型、多个世纪气候变化或流经喷气式飞机机翼气流的多维仿真;可视化快速而经济地减少、精化数据流,由此能够对巨量数据进行筛选——一种对于像在地区或国家层面追踪传染病传播的公共健康监测类应用而言非常重要的能力;解决像飓风动力学与本土安全类应用问题的可视化正在产生跨越传统学科边界的新知识;最后,可视化的应用正在快速使商业与工程实践向好的方向转型,由此提升产业的竞争优势。

需要为不确定性创建一个 SBES 可视化框架,并且需要为表征误差和不确定性研究、探索新的可视化表达。

可视化与数据管理是使 SBES 未来作出贡献的关键技术。此外,它们对于科学发现、安全、经济竞争与国家攸关领域也具有极广阔的应用前景。计算机可视化将是解释和利用 SBES 应用产生的大数据集的能力的必不可少的组成部分。

6. 下一代算法与计算性能

算法是一种将数学描述转化为计算程序的计算流程描述,架设了一种描述物理与工程系统模型与生成仿真数字表达的技术设备/设施之间的桥梁。在绝大多数情况下,人们只将计算设备/设施的速度用作测度仿真性能的效能指标,而对算法在降低时间复杂性(运算次数)与空间复杂性(存储规模)的作用、影响没有给予重视。过去数十年,计算设备/设施的能力按照摩尔定律快速发展着。

更快、更高效的硬件设施是基于仿真工程的强大的驱动力量,然而算法的改进对于 SBES 将更加重要。

在未来 SBES 环境中,单个处理器的计算性能仅是评价能效的众多重要指标之一。评价基于 SBES 原理的系统效能需要新的指标。在这些指标中,更多的基础指标包括在多处理器环境中解决方案的实现时间、从仿真开始运行到获得预测结果的墙钟时间、预测结果置信度水平的测度。如果解决方案的实现时间很短,但方案的质量与置信度较低,那么,这种预测就没有什么价值。从时间与质量角度,改进算法将带来重要能效收益。

新的算法设计最具挑战性的问题是优化及其逆问题。基于仿真的决策产生了由大规模仿真主导的复杂的优化问题。这些优化问题出现在工程设计(决策变量代表系统的配置与构成)和制造与操作(决策变量代表控制参数)之中。此外,由预测仿真支持的决策需要对支撑仿真的不确定性参数作出评估。对由此产生的逆问题的响应是寻求对保证模型变量值与观测值误差极小化的那些参数作出估计。

令人遗憾的是,基于仿真的优化——无论是以最优设计、最优控制的形式出现还是以其逆问题的形式出现——都是众所周知的、比对应的仿真问题更具挑战性的问题。其挑战性包括:第一,优化问题是典型的病态(病定、不适定)问题,即便是其对应的仿真问题是良好定义的;第二,优化常常会产生一个四维时空边值问题,尽管其正问题具有演化属性;第三,优化问题常常使用概率语词表述;第四,仿真仅仅是对应优化问题的子问题,而后者具有不同数量级上的巨大计算挑战性。事实上,当仿真问题需要消耗兆级资源时,优化问题消耗的资源将会达到千兆级。

当今的优化方法不能胜任上述任务。需要全新类别的可扩展的、高效的、鲁棒的优化算法,以使其量身定制地用于 SBES 产生的复杂的多尺度、多物理效应仿真。这带来的挑战达到了最高级别,然而,它必须被克服以履行 SBES 作出的承诺:将决策从依赖简单的插值模型的工程实践提升至基于高保真度的预测仿真的更加严格的科学层次。

5.1.5 基于仿真的工程科学教育与人才培养

教育机构的旧式筒仓结构已经成为一种过时的桎梏。它阻碍了创新,限制了核心学科之间至关重要的知识交流,同时也阻碍了对推进 SBES 至关重要的跨学科研究、学习与互动。

美国总统信息技术咨询委员会(PITAC)曾经将以下内容作为其主要建议之一:“大学必须极大地改变其组织结构,以促进和奖励振兴和推进跨学科科学的合作研究。大学必须设立新的跨学科项目和组织,以便为国家为占据科学发现前沿而成长起来的不断壮大的计算科学家队伍提供严格的、多方面的教育。”该报告还发出了这样的质疑:21世纪的研究与教育学习究竟是“中世纪的还是现代的”?

SBES研究小组强烈支持PITAC报告中的上述观点。如果仿真要成为一门学科、一个工程工具和一个终身学习的机会,那么国家大学层次工程教育体系必须进行重构。目前的教育系统没有提供未来SBES工程师与科学家所需要的广泛的跨学科知识培训、教育。要取得成功,这些工程师与科学家需要在计算与应用数学以及他们所从事的工程与科学学科获得较为深入系统的知识。此外,研究生必须获得以下学科知识的培训并奠定坚实基础:量子与分子科学,统计与连续介质力学,生物科学与化学,应用与计算力学,计算科学与科学计算,以及成像、几何与可视化。参与跨学科研究小组与业界实习将为学生提供广泛的科学与技术视域以及对于有效发展与部署SBES所必需的沟通技巧。

将SBES纳入教育体系将拓展大学生的课程体系。大学生将有机会获得展示理论与实践的教育材料,以弥补传统实验与理论方法知识获取的不足。此外,SBES将为大学生研究提供一个比较丰富的新环境,使得来自工程与科学专业的学术可以与跨学科团队一起工作。

因此,SBES的价值要得以完全展现必须使科学与工程教育作出巨大改变:需要大力加强计算科学与计算技术的跨学科教育;必须鼓励计算科学的跨学科项目;必须保证高等教育学科之间的传统边界能够被渗透,以保证工作于多学科研究团队的各学科科学家之间的信息交流。

5.2　基于模型的系统工程

5.1节介绍的“基于仿真的工程科学”(SBES)与本节将要介绍的“基于模型的系统工程”(model - based system engineering,MBSE)有较多不同。前者强调的是“伴随仿真技术的深入发展与全面应用,仿真将会极大地影响工程与科学的发展进程与发展方向,给工程与科学带来的全面彻底的深刻改变与变革”,而后者聚焦于“将模型全面应用于系统工程的全寿命周期,使系统工程更好地服务于人类重大工程设计与建设,以继续保持系统工程经久不衰、旺盛的活力与生命力,凸显的是模型全面嵌入与应用于系统工程后带来系统工程的深刻变化与变革”。系统工程仍是大型仿真工程设计与建设运行的基本方法,很显然,MBSE的发展也会带来和促进仿真工程设计与建设效能的巨大提升与质变。本节对MBSE予以简要介绍与分析。

5.2.1 基于模型的系统工程概念内涵与发展历史

MBSE的概念诞生于2007年,由国际系统工程协会(International Council on Systems Engineering,INCOSE)首次提出。当年,INCOSE在其发布的*Systems Engineering Vision* 2020中第一次给出了MBSE的定义,即“MBSE是建模方法的形式化应用,以支持系统需求、设计、分析、校核与验证活动。这些活动始于概念设计、持续于开发及其后全部生命周期各阶段”[13]。

实质上,40余年来,系统工程实践遵循的是以下“线性路径”:首先使用文档记载需求,而后这样的行为贯穿分析、设计直至整个全寿命周期开发过程。这些活动的“产出”(“产品”)均是一系列基于自然语言描述的文档,如需求、设计方案等这些文档是文本格式的。所以,从该角度解释,与MBSE相比,传统系统工程方法(traditional systems engineering,TSE)可以称为“基于文本的系统工程”(text - based systems engineering,TBSE)。然而,在该模式下,无论工程过程应用何种方法,如瀑布式、增量式、迭代式、螺旋式甚至短周期迭代式(sprint - based),由于整个寿命周期各阶段相互之间很难进行良好的、无歧义的信息交互,因此,这也直接导致项目交付时间被大大延长,同时也大大增加了项目各阶段之间转换、交接、修正错误的成本。实质上,产生上述问题的根源正是项目全寿命周期各阶段的文本描述的产品报告(如需求、设计、分析、实验/试验报告等)。这些报告不仅描述颗粒度较粗,而且不同利益方、不同承研方均使用各自习惯与熟悉的语言进行描述。这些描述语言常常隶属不同的表达符号体系。这不仅导致彼此的信息交互费时费力、不能相互沟通理解,而且极易出现错误,也大大增加了酿成重大失误与损失的概率。很显然,这种“文档中心”(document - centric engineering)或“文本中心”(text - centric engineering)的方法与新的环境、任务、形势需求格格不入,很难切合时代需要。正是在这一严峻形势下,为切合各方应用需求,INCOSE提出了“模型中心”(model - centric engineering)的方案,即“基于模型的系统工程”,力求克服、解决传统系统工程方法面临的巨大困难与挑战,使传统系统工程方法进行转型,以满足新的应用需求。

MBSE是系统工程领域的一个倡议。该倡议建议各阶段工作使用基于模型的描述与转换,以便各项工作可以并行地展开、需求收集分析、规范拟制与概念设计同时进行。MBSE 在全球许多产业领域均得到应用。例如,它被用于开发世界最大的望远镜、喷气式战斗机的推进发动机以及自动驾驶汽车等。

5.2.2　基于模型的系统工程与 MBE、MBSoSE、ME、DE、DT、CML

为应对复杂大型系统工程项目实践带来的挑战,国内外相关领域专家持续不断地创新科研理念、工程方法、理论模型、工具手段。除 MBSE 外,比较著名的方法、模型、工具还有基于模型的工程(model - based engineering,MBE)、基于模型的体系工程(model - based SoS engineering,MBSoSE)、使命工程(mission engineering,ME)、数字工程(eigital engineering,DE)、数字孪生(digital twin,DT)、能力使命栅格(capability - mission lattice,CML)以及美国波音公司在 MBE 基础上提出的波音 MBE 钻石模型(boeing MBE diamond)并将其称作为一种新的范式(a new paradigm),还有早期美国国防部关于体系与体系工程(SoS & SoSE)的探索与思考等。

在军事领域,这些努力的唯一目标就是能够研制出满足需求的装备体系或满足需要的装备系统。但是,由于当今许多领域大型装备体系的建模与优化,绝大部分都属于超系统或者复杂体系问题,面对的挑战和困难远超想象,加之上述方法部分应用是“碎片式”的、“静态”的,或者仅仅是将其应用于需求分析产品获取之后的设计、制造、维护保障阶段。因此,继续探索与构建一个能够对接应用环境的、动态调整的、直面体系需求的理论、模型、方法与工具仍是建模仿真界科研工作者面临的挑战与必尽的义务。

1. ME 与 CML

ME 与 CML 是美国在体系/系统(需求)工程领域取得的重要研究成果,对于美国国防部的采办政策与策略产生了重大的影响。近年来,美国五角大楼发布了《使命工程指南》(*Mission Engineering Guide*),用于指导美军武器装备的研制与采办。美军将使命工程定义为:“深思熟虑地规划、分析、组织和整合当前和新兴的作战和系统能力,以实现预期的作战任务效果。”足见美军对于如何构建满足未来战场需求的装备体系委实作了艰巨的努力与坚实的准备,并将能力作为嫁接需求与装备建设的连接媒介与中心。最新版本的 CML 3.0 分析框架以及 CML 用于 ME 分析的方法与机理分别如图 5 - 1 和图 5 - 2 所示。

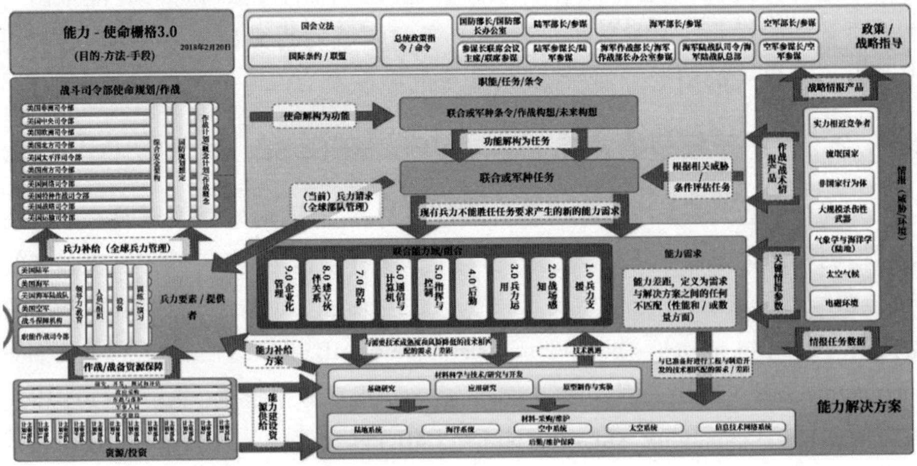

图 5-1　CML3.0 分析框架

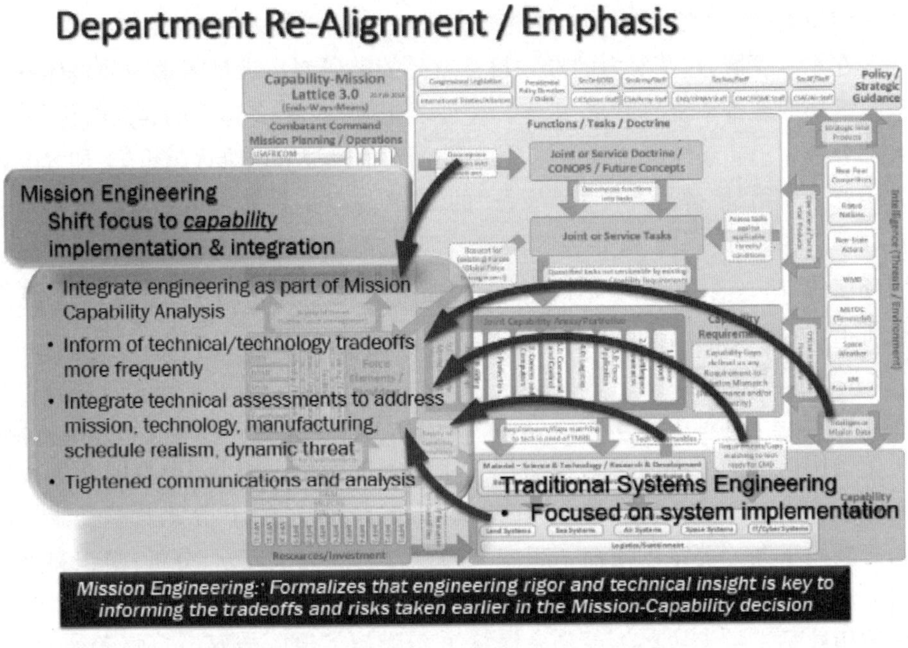

图 5-2　CML 用于 ME 分析的方法与机理

2. DE 与 DT

DE 在美国《国防采办指南》(DAG)术语集中被解释为:“使用权威来源的系统数据和模型,作为跨学科的连续体,以支持从概念到处置全生命周期活动的一种综合性数字方法。”不仅如此，美国国防部还在2018年和2020年两个年度分别发布了*DoD Digital Engineering Strategy*和*DoD Data Strategy*。数据的价值、作用和管理方式已经被上升至战略的高度。

DT概念的产生却是历经了一个比较长的时间跨度，最初是由密歇根大学的Michael Grieves教授于2002年针对产品全寿命周期管理（PLM）提出的，将其简单称为“Conceptual Ideal for PLM”，之后同年在该校教学课件使用“Mirrored Spaces Model”名称，2006年后又使用过“Information Mirroring Model”术语。但“Digital Twin”术语最早出现在2010年9月由Bob Piascik、John Vickers、Dave Lowry、Steve Scotti、Jeff Stewart、Anthony Calomino 6个人撰写的美国航空航天局（NASA）路线图报告中。其实，对DT一词及相关内容表述的发明者没有必要太过纠结，从事仿真的科研工作者也并不难看出，DT的核心技术就是数字仿真技术，其发展历史也基本与数字仿真的历史一样长久。DT是一类比较特殊的数字仿真，而且要求仿真系统的仿真度与真实系统几乎无差异。这显然大大超出目前已有和在研的许多数字仿真系统的能力，其中近于等效于真实系统的许多数字建模与仿真关键技术仍急待与急需攻关与突破。

DT的应用领域已不再囿于产品的全寿命周期，而已延伸至智慧城市、数字地球等，但这使DT肩负了太多极其重大的历史使命与责任，也使其需要在多领域的许多关键技术上取得重大进展与突破，而不能仅仅局限在概念层面的拓展与延伸，这尤其需要引起许多领域的专家学者特别关注与重视。

3. MBE、MBSE与MBSoSE

除了MBSE外，在系统/体系工程领域，MBE与MBSoSE两个概念语词也比较习见。与DT一样，NASA也是该方法应用的主要用户与推手。MBE、MBSE与MBSoSE虽然在应用层次与应用对象方面有一些差异，但本质上都是强化模型或仿真在装备研发各阶段的重要作用，提高装备研发的可用性、成功率、质量、价值、效益与效率，使研制完成的装备紧贴或满足应用需求。因此，如何构建模型、构建什么类型的模型、模型的仿真度与可信度成为三类方法应用成败的关键。显见，这三类方法与DE和DT高度交织、难以剥离。迄今为止，MBE、MBSE与MBSoSE方法已得到国外一些知名公司的普遍重视与成功应用。

美国航空航天局的MBSE路线图如图5－3所示。

波音公司的MBE“钻石”模型如图5－4所示。

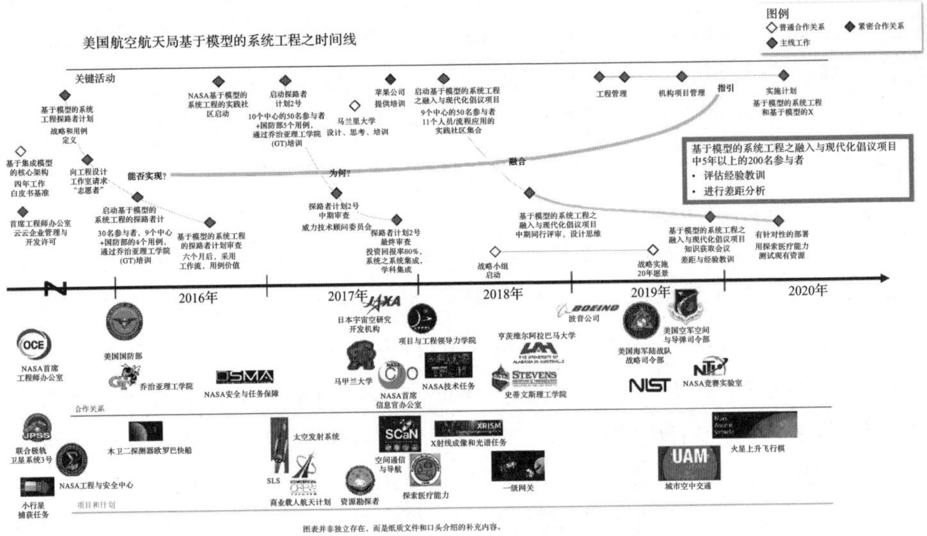

图 5–3　美国航空航天局的 MBSE 路线图

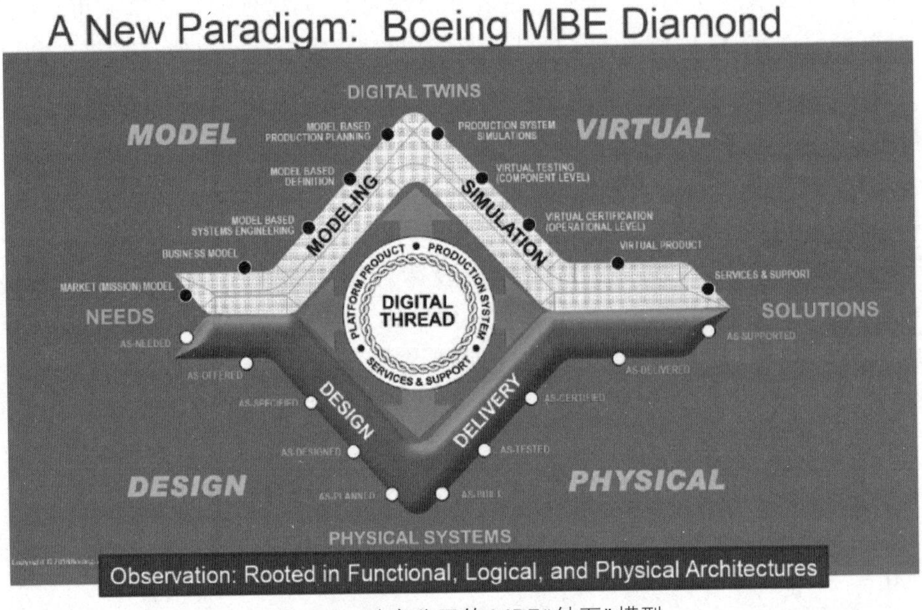

图 5–4　波音公司的 MBE“钻石”模型

值得注意的是:图5-4所示的波音公司MBE"钻石"模型已清晰地呈现了M&S、DT与MBE三者之间的关系,并将三者无缝融合于同一方法体系之中,对多个领域多个类别的装备(系统)研发均具有巨大的应用价值与潜力。但是,由于该方法重点是应用和支持产品级研发,需求被挡在了模型的应用范围之外,更没有为需求分析提供解决方案,因此,也存在显著的局限性,不能用于体系级需求的分析、建模与优化。

5.2.3　基于模型的系统工程与SysML

基于模型的系统工程是一种系统工程方法,该方法聚焦于创造和利用领域模型作为工程师之间信息交换(而不是像传统系统工程方法那样基于文档完成这种信息交换)的主要手段。

基于模型的系统工程是开发相关系统模型集合以用于帮助定义、设计和记录正在开发系统的实践,这些模型提供了各利益攸关方一种高效的探索、更新与交流系统各维度信息的方式,同时可极大地减少或消除传统系统工程方法对文档的依赖性。在实践上,工程师使用模型来获得知识(如性能),并作为实现系统的指南(如SysML、UML)。

任何基于模型的系统工程方法的推荐最佳实践模式是将基于模型的语言、基于模型的工具、基于模型过程和基于模型的体系结构框架进行协同应用。历经将SysML应用于棘手的系统工程问题的10年实践经验累积后,SysML已经成为事实上的MBSE项目的基于模型的语言选择。

SysML是UML向系统工程领域拓展的成果。UML是一种有效的建模语言,但是,多年以来,UML的描述对象仅局限于软件系统。OMG曾在1997年明确指出:统一建模语言(unified modelling language,UML)是一种通用的可视化建模语言,旨在规范化、可视化、结构化描述和记录一个"软件系统"的各个构件。很显然,这种局限于软件系统的描述方法很难被系统工程师所应用。在UML 2.0版本(OMG,2003)中,这种局限得以拓展,描述对象由"软件系统"被改进为"一般系统"。这种改进使UML变得足够灵活和健壮,可以支持扩展以满足系统工程的需求。

UML 2.0与SysML的关系如图5-5所示。

UML4SysML与UML 2.0、SysML的关系如图5-6所示。

UML4SysML包含序列图(sequence diagram)、状态图(state diagram)、用例图(use case diagram)、活动图(diagram of activities)、包图(package diagram)、类图(class diagrams)和构成图(composite structure,用于块定义和内部块图)。

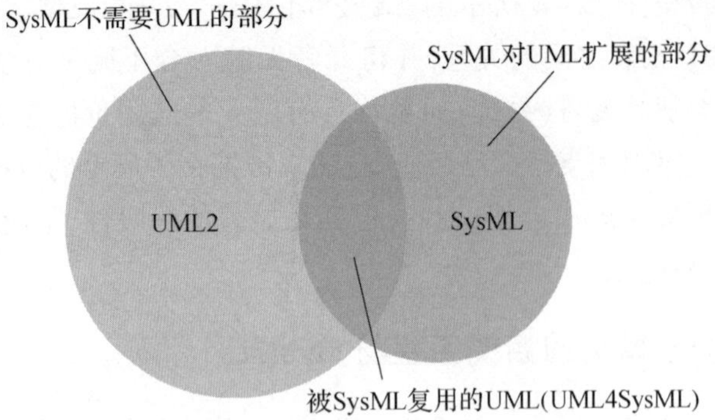

图 5-5　UML2.0 与 SysML 的关系

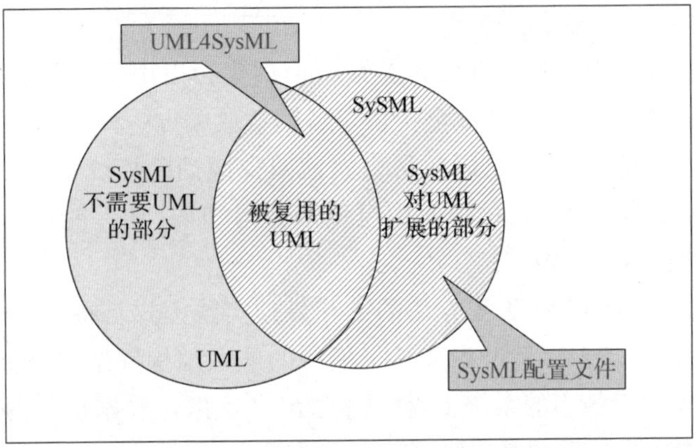

图 5-6　UML4SysML 与 UML 2.0、SysML 的关系

SysML 扩展部分包括:用于块定义和内部块图的定义、活动图的变化、需求图(新增)、参数图(新增)、分配(可追溯性,新增)。UML2 图及由其拓展改造构成的 SysML 图的构成分别如图 5-7、图 5-8 所示。除新的特征外,SysML 所做出的大多数改变能够在结构图中发现。

图 5-7 共有 13 个图,包括 6 个结构图与 7 个动态图。

图 5-8 共有 9 个图,包括 4 个结构图、4 个动态图及 1 个需求图。

结构图包括替换类图的块定义图(block definition diagram,BDD);替换构成结构图的内部块图(internal block diagram,IBD);保持不变的包图;用于关键系统参数分析的参数图是 SysML 所作出的一个扩展。

动态图包括:用于 SysML 的活动图稍稍有些修改;序列图、状态图和用例图保持不变;需求图是 SysML 所作出的一个扩展。

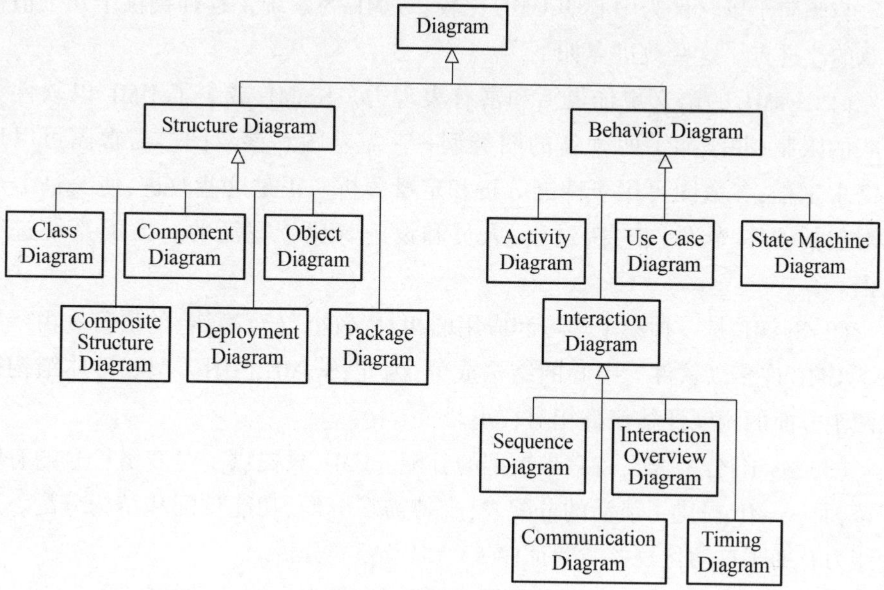

图 5-7 UML2 图的构成

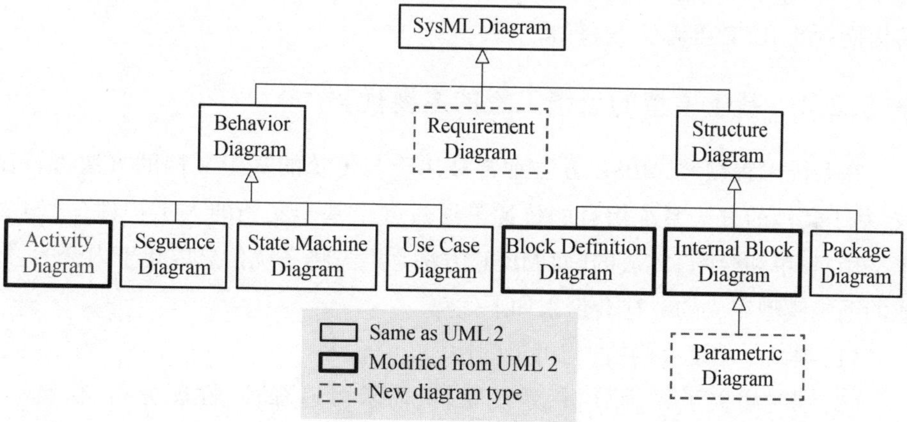

图 5-8 SysML 图的构成

SysML 被选择作为 MBSE 的建模语言的主要原因有:在系统工程领域,当考虑到具体应用实例时,SysML 相对于 UML 的优势是十分显著的。例如,对汽车系统进行建模,使用 SysML 需求图可以有效地捕获功能、性能和接口需求,而使用 UML 受其用例图限制只能定义高层功能需求。同样,使用 SysML 参数图可以精确定义性能和定量指标约束,如最大加速度、最小汽车净重(最小汽车整备质量)和总空调容量,而 UML 没有提供捕获这类基本的性能和定量信息的简单机制。

与倾向于以软件为中心的 UML 比较,SysML 为系统工程师提供了几个值得注意的改进点。这些改进点如下。

(1)SysML 的语义更加灵活和富有表现力。SysML 减少了 UML 以软件为中心的限制,并添加了两种新的图类型——需求图和参数图。需求图可以用于需求工程,参数图可用于性能分析和定量分析。正是这些改进,使 SysML 可以对包括硬件、软件、信息、过程、人员和设施等比较宽泛的一大类系统进行建模。

(2)SysML 是一种易于学习和应用的相对“较小”(较简洁)的语言。由于删除了 UML 许多以软件为中心的结构成分,因此,SysML 在图类型和整体结构构成两个方面的测度评估值都相对较小。

(3)SysML 分配表支持常见类型的分配。UML 只提供了对表格符号的有限支持,而 SysML 提供了灵活的分配表,支持需求分配、功能分配和结构分配。这种能力有助于自动化校核与验证(V&V)以及差异分析。

(4)SysML 模型管理结构支持模型、视图和视点。这些结构扩展了 UML 的能力,并在体系结构上与 IEEE - Std - 1471 - 2000(用于软件密集型系统的体系结构描述的 IEEE 推荐实践)保持一致。

5.2.4 基于模型的系统工程的主要优势

在系统工程领域,MBSE 方法常常被用于与传统的基于文档的方法进行比较:基于文档的方法系统信息的传递是通过多个基于文档的人工构件(手写文本文档、表单和绘图)完成的,而 MBSE 方法是通过将系统信息内化于内聚的、集成的系统模型完成的。这会带来如下优势。

(1)提高了精度、一致性与可追踪性。

(2)同时涵盖了行为分析、系统架构、需求可追踪性、性能分析、仿真、测试等。

(3)通过模型的使用,使系统开发实践形式化。

(4)通过学科专用的工程工具(包括硬件和软件设计、分析、仿真和测试等)集成信息。

(5)以下原因使开发小组间共享对系统的理解:质量/生产率的改进和更低的风险、严格和精确、开发小组和用户之间持续的信息交互、对复杂性的管理等。

5.2.5　基于模型的系统工程、模型与模型生命周期管理

1.模型管理相关基本概念

为了准确理解、正确掌握 MBSE 方法，需要对模型、系统模型、模型元素、模型配置项、版本、变体模型、配置、基线、建模工具、模型库、元数据、模型生命周期管理等基本概念有一个正确、一致的理解。以下是对这些概念的理解和界定。

模型：对与模型利益攸关者有关及有意义事物的抽象。在基于模型的系统工程背景下，对于分析、描述、设计与核验系统以及与其他利益攸关者共享信息的系统工程师而言，表达系统及其环境的模型是特别重要的。

各种系统模型被用来表达不同类型的系统和系统的不同方面，如它的几何形状、功能和性能。任何特定的模型都必须用具有明确和良好定义的表达规则或具有抽象语法和语义的建模语言来描述。在整个系统生命周期中用于表示系统的所有模型都可以被考虑在模型生命周期管理（model lifecycle management，MLM）的范围内。MLM 的范围包括具有良好定义的语法和语义的正式模型，如仿真和分析模型、SysML 和 AADL 一类的架构模型及 CAD/CAE 模型。MLM 的范围不包括经由语法和语义没有被很好地定义的建模语言描述的非正式文档，像文本文档、绘图、幻灯片和其他对系统进行较少规范描述的信息类别，除非这些信息直接由一个更正式的模型导出，比如模型查询或模型执行的结果。例如，自由文本需求文档将不在范围内，而存储在具有良好定义格式的数据库中的需求在范围之内。这个范围可能会随着时间的推移而改变，但可以认为这是一个合理的起点。在 MBSE 背景下，一个特定而重要的模型是系统模型。

系统模型：包含系统生命周期中任何给定阶段系统信息的模型。它包括系统架构模型和在系统架构模型与各种特定领域模型之间的基于模型的连接，如描述系统及其子系统各个方面的 CAD 和 CAE 模型。在系统架构模型（或模型元素）和特定领域模型（或模型元素）之间的连接可能具有不同的行为。例如：①用于基本可追溯性的引用连接；②用于交换参数值的数据映射连接；③用于在系统模型元素中封装可执行代码的函数封装连接；④用于双向生成和同步模型结构的模型转换连接。此外，系统模型的范围也可能会有所不同：在某些时候，系统模型会被视为系统及其元素的抽象规范模型；但是，在另一些时候，它可能也会包括详细的元素设计信息。图 5-9 是使用 UML 语言描述的一个通用的模型结构。

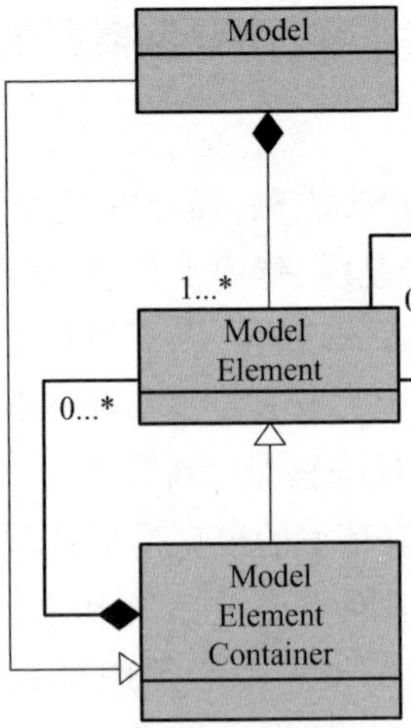

图 5-9　使用 UML 语言描述的一个通用的模型结构

一个模型由一个或多个模型元素组成。模型元素可以由其他模型元素组成。此时,它将成为一个模型元素容器。模型元素可以相互关联。这些被许可的关系由建模语言的抽象语法指定。例如,所有的 SysML 模型元素是 SysML 模型的一部分,而一些 SysML 模型元素(如包和块)也可以是模型元素容器。SysML 包是一个模型元素容器。它包含也是模型元素的块。块也可以通过关联、泛化等与其他块关联。Simulink 模型是由 Simulink 块(基本模型元素)构造的。Simulink 块还可以包含附加的 Simulink 块(并且被用作模型元素容器)。虽然这种简化的模型结构可能不能代表所有的模型结构,但它有助于理解这个问题并厘清图 5－10 描述的 MLM 需求。

模型元素可以相互引用。引用是两个模型元素之间的链接,允许用户在它们之间导航。内部引用是属于同一模型的两个模型元素之间的引用。外部引用是属于不同模型的两个模型元素之间的引用。

在模型生命周期中,模型、模型元素和引用将不断地被创建、读取、更新和删除。模型以及任何模型元素及其引用都可以是模型配置项(model configuration item,MCI)的一部分。

模型配置项是模型的一个逻辑部分,它以一种受控的方式进行维护,即具有一个可跟踪的修订历史记录。模型配置项满足最终使用功能,并由产品开发人员和用户指定用于独立的配置管理。模型配置项可以使用从单个的细粒度模型元素、一组模型元素至整个模型等不同的粒度进行定义。对整个模型 MCI 的增量更新通常称为模型基线。

模型配置项将被管理,以维护模型的完整性。MCI 的粒度及 MCI 的组织结构是 MLM 需要做出的一个重要决定。组织结构通常会受到创建模型的团队的组织结构的影响。良好的模型组织结构可以使资源冲突和复杂变化融合需求最小化。

以下配置管理术语也被应用于模型生命周期管理。

版本是与在给定时间节点上模型配置项生命周期相关联的一种状态。版本可以通过逻辑时间索引(最常用的方法)或其他可以明确区分两个版本的唯一标识符进行管理。

变体模型表示被建模系统的变体的模型。与表示状态变化的版本不同,变体通常用于反映给定背景的模型配置项的变化。变体反映了模型配置项参数的变化,如配备自动或手动变速器的汽车,或针对北美或欧洲的智能手机。

配置是一组带有相关联的版本和变体的模型配置项。在一个特定的配置中,每个模型配置项都有一个唯一的版本/变体。值得一提的是,配置并不能保证模型的一致性——配置是一种机制,它允许用户捕获带有各自的版本/变体的模型配置项集,但不能保证该集合在语义上是一致的(配置可以包括不一致的模型,如在更新后未同步的模型)。

基线是一个不可变的配置。基线唯一地定义了"随时间不变"的带有相关联的版本和变体的模型配置项集。模型基线通常用于在模型开发生命周期中的临界点处冻结模型配置项目。

建模工具是一种用于生成模型的软件应用程序,是系统开发环境的一部分。该环境允许用户使用模型语言,以及强制模型抽象语法和语义创建、更新、读取和删除模型。

模型库是模型及其模型元素的逻辑位置和/或物理存储空间。比较常见的是不同学科使用不同建模语言和建模工具将模型存储在不同的模型库(如基于文件的 verus 数据库)中。

元数据是关于模型的信息。它可能包括关于谁创建或修改了模型或模型元素、什么被更改、何时与为什么被更改等信息,以及关于在特定背景下如何使用模型的信息。

基于以上术语,可以对模型生命周期管理概念进行界定。

在整个系统开发生命周期中,模型生命周期管理是这样一个管理过程:对支持的建模工具和模型库中的异构模型进行同步创建、读取、更新和删除操作。这是通过对包括模型版本、变体、配置和基线、仿真、分析结果以及由多个地理上分散的用户所使用的工具等模型配置项的管理来实现的。此外,MLM 还包括对与模型、工具和分析结果相关联的所有元数据的管理。这些元数据包括谁做了更改、做了什么更改、何时和为什么更改以及关于模型应用的信息。模型生命周期管理系统(model lifecycle management system,MLMS)是实现模型生命周期管理过程的元素集合,可以包括人员、硬件、软件、数据和过程。

2. 模型生命周期管理

在 MBSE 方法中,一个统一的系统模型包含了关于系统及其元素的规范、设计、分析和验证的信息。这些信息覆盖范围包括对象系统的需求、结构、行为、性能和物理特性。MBSE 方法不仅有助于确保更加完整的、一致的和可追溯的系统设计,而且能够更加便捷于系统信息的流转(交互、交流、传递)与重用。

MBSE 方法的核心概念是“模型”。当给模型这个术语作出一个较为正式的概念定义时,可以使用模型构建者和模型用户都能易于理解的建模语言将“模型”视作一个“事物”来进行表述。MBSE 目标聚焦于系统全寿命周期支持各利益攸关方信息流转的众多模型的一体化与集成。这些一体化与集成方法包括模型创建、修改、细化、分析、发布、管理和归档。在这些模型中,每个模型可以代表系统的不同方面,像系统体系架构、几何设计以及诸如性能或可靠性分析等各种方法。不同类型的模型代表了正在开发的系统的各个重要方面。这些方面应该整体地反映在给定时间点上各利益攸关方对系统的最佳理解。MBSE 方法聚焦于确保系统这些不同方面的问题都能得到很好的解决,以满足各利益攸关方的需求。

模型生命周期管理涉及时间维度各时间节点上建模信息的同步,以确保被建模系统具有一致的表达。MLM 所面临的挑战是多维度的。MLM 必须考虑到正在开发的不同类型的模型。这些模型常常是使用不同工具开发的。而且,不同的用户会在不同的时间更新这些模型,所使用的工具的修订版本也可能会随时间的变化而变化。此外,从模型中产生的其他信息,如分析结果和模型查询,也必须与产生它们的模型同步。除维持时间维度各时间节点这些信息的一致性外,还必须保留修订历史记录(包括更改的内容和原因),以便充分理解和确认设计信息。最后,模型管理必须考虑到产品系列模型和系统变体模型。这些模型将大量的共性特征与独特的个性特征进行了融合,以满足不同客户的不同需求。

图 5-10 是一个典型的模型管理概念(MLM concept)示意图。“感兴趣的系统”(system of interest,SCI)由几种不同类型的模型表示,包括系统的体系结构、分析和几何模型。体系结构模型通常包括产品结构和行为的高级表示。CAD 模型涵盖了系统的机械和几何方面,分析模型包括仿真和其他工程分析模型,以

及其执行或计算的结果数据。如图 5－10 所示,模型通过不同的修订随着时间的推移而发展,彼此引用以定义依赖性/可跟踪性约束/目标。此外,用于编写模型的特定工具修订/版本正在发生变化,必须与其关联的模型工件相连接。

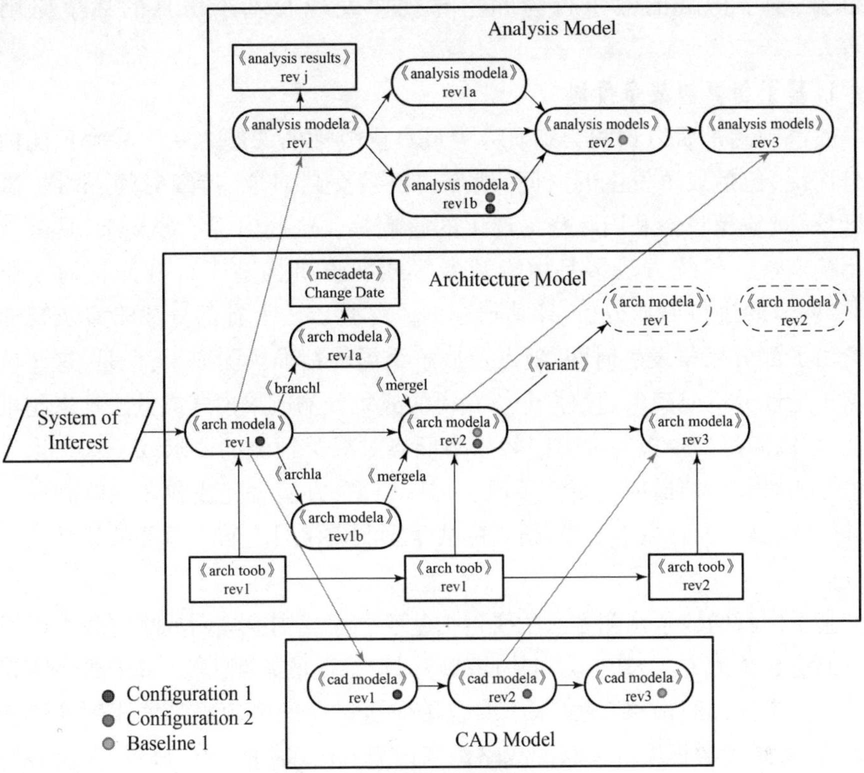

图 5－10　模型管理概念示意图

5.3　基于仿真的战争科学与工程

基于仿真的战争科学与工程(simulation－based war science&engineering,SBWS&E)可以理解为基于仿真的工程科学(SBES)与基于模型的系统工程(MBSE)两类方法在战争研究领域的自然延伸、拓展与应用。本节对此加以简要分析与探讨,内容包括基于仿真的战争科学与基于仿真的战争工程两部分。

5.3.1　基于仿真的战争科学

基于仿真的战争科学(simulation－based war science,SBWS)是指基于仿真

工具,使用仿真方法探索、揭示、发现战争行为规律和战争指导规律,服务于人类的战争研究、战争理论创新、战争指导的知识体系。基于仿真的战争科学的几类典型探索路径和应用方向包括基于仿真的战争预测、基于仿真的战争理论创新、基于仿真的战争行为和指导规律发现及基于仿真的战争原则萃取等。

1.基于仿真的战争预测

战争预测是所有预测类别研究中最具挑战性的课题之一。战争预测内容十分广泛,包括战争发生的时间、地点、规模、交战对象、持续时间、战损、影响的区域、对地缘政治和国际格局产生的影响等。这些内容十分复杂,具有极高的不确定性。传统方法多是由少数专家或智囊机构基于自身拥有的专业知识、专业经验进行专业分析、评估给出的。尽管历史上有部分战略家及智囊机构给出了部分战争发生时间、地点及战争结局的精准预测成果,但是,这些传统的基于定性分析或简单的数据分析获得的战争预测成果模式或方法越来越难以胜任、难以满足当今极复杂的国际战略形势对战争预测的要求或需求。当今的战争预测研究必须借助全新的手段、工具、模型、方法去完成或才能够胜任。毫无疑问,在这一大背景下,基于仿真的战争预测方法具有特别重要的意义及独有的价值。

基于仿真的战争预测方法主要包括基于国家或国家集团战略智能主体博弈对抗的仿真预测方法、基于人机协同战略对抗推演的预测方法、基于战略博弈仿真平台的专家推演预测方法、基于综合集成研讨厅的多领域多主体仿真演练预测方法、基于大数据统计模型的战略仿真预测方法、基于战略分析仿真模型的预测方法等。

1)基于国家或国家集团战略智能主体博弈对抗的仿真预测方法

该类仿真方法的重点是要构建具有较高信度的战略主体智能及演化行为模型。战略智能主体行为变量选取及博弈行为决策建模是重中之重。传统的智能主体模型多用于较低层次及较简单的行为描述。很显然,当将这类智能及行为建模方法用于战争预测的战略智能主体描述时,其局限性与不足是显而易见的:传统的简单反射智能行为方式与战略层主体行为模式相去甚远,很难反映战略博弈的深刻内涵及行为机理。因此,用于战争预测的战略智能主体建模需要综合运用(且不限于)以下几类建模方法:基于模型的反射智能体(model - based reflex agents)建模技术、基于目标的智能体(goal - based agents)建模技术、基于效用的智能体(utility - based agents)建模技术、基于学习的智能体(learning -

based agents)建模技术及基于简单反射智能体(simple reflex agents)的建模技术。此外,战略环境的建模也是十分复杂的,需要考虑包括(但不限于)政治环境、经济环境、军事环境、外交环境等及抽取量的易变性及不确定性、可感知性及不可感知性等各个类别及种类。此外,还需要构建合适的智能主体博弈仿真支撑平台及设计贴近远中近战略形势发展的想定等。

2)基于人机协同战略对抗推演的预测方法

鉴于人、机各有优点及不足,因而,很显然,充分利用和发挥人、机的人机协同战略对抗推演仿真的战争预测方法是十分受欢迎和值得重视的。人机协作对抗推演方法的核心在于正确精准区分模型、数据分析与人的决策、抉择二者之间的关系。哪些是模型可以计算及数据分析可以完成的?哪些是必须经由战略决策人员作出决定和选择才可成功实现的?需要何种数据?什么数据?多大规模?需要跨越多大时空范围及多大粒度/层次?需要构建何种模型?什么层次及多大粒度的模型?不同分辨粒度/层次的模型与数据如何聚合及解聚?都是该类方法成功实施的极其复杂及极具挑战性的难题。此外,该类方法需要构建界面友好的支撑环境及系统。

3)基于战略博弈仿真平台的专家推演预测方法

这类方法的核心在于基于将具有利益交织的多方通过角色扮演、采用"人""人"对抗的方式完成推演进而给出战争预测结果及报告。这是一种比较传统的方式与方法。该方法对博弈仿真平台的建设有一些基本要求:保证对于推演过程中所需要的各种知识(数据)信息的实时、直接、高效获取并能以参与推演人员比较易于理解、处理的方式通过各种界面以影像、语音、图形、表格等比较直观的形式进行呈现、展示与交互。这种方式的优点是真实、智能度高,易于组织和实施,对环境条件要求低,缺点是对参与对抗推演的人要求很高,人的知识、经验、能力及对抗模式与对抗方式的设置直接影响、决定结果的可信性及价值度。

4)基于综合集成研讨厅的多领域多主体仿真演练预测方法

这是一种比较理想的预测方式,但也是一种比较复杂、对环境建设要求极高的一种方式。如果支撑环境建设满足要求,参与推演的人员比较专业,想定构建及模型、数据准备比较充分,则该方式会成为一种比较易于获得高价值结果的可用的有效方式。但是,如何构建综合集成研讨厅、构建什么样的综合集成研讨厅是该方式能否获得高价值的一种高挑战性课题,也是极其艰巨的困难课题。

如何构建支持战争预测的综合集成研讨厅?该类研讨厅的构建至少需要考虑、满足(但不限于)以下要求:第一,从技术条件上可以实现无缝地人人、人机、机机集成、交互及融合。从技术成熟度角度,应该说现在的技术已经获得了非常巨大的进展,越来越接近以上三类集成及融合的条件,但从现实系统构建角度,目前的技术成果距以上对融合的技术要求仍然存在一定距离。第二,能否构建满足要求的模型集合或模型体系,仍然尚难以给出确切和肯定的答案。第三,支持研讨的数据体系的建设也具有非常高的挑战性。数据的完备性、实时性、新颖性、关联性仍然是数据建设面临的艰巨课题。第四,战略环境、战略构想、战略方针、战略想定的设计与设置也是综合集成研讨厅设计与推演必须面对、难以回避同时也是比较难以满意解决的疑难课题等。

如果上述问题都能够得到很好的解决,那么,基于该方式推演获得的预测结果会有比较高的可信度。

5)基于大数据统计模型的战略仿真预测方法

如果论及对当今世界、社会生存、发展影响最大的因素是什么,那么,可以毫无疑问地肯定地回答:数据。人类社会已经被一个巨大的数据海洋包裹,而且密度越来越紧实、规模越来越宏阔。数据已经成为人类社会生存、发展须臾不可或缺的关键要素。数字化空间已经远远超越人类物理空间的镜像存在,正在步入数物一体、虚实并立、交叠共生的超越物理、超越虚拟的超越实在的存在。大数据不仅孕育、潜藏了人类社会生存发展的大部分奥秘,也孕育、潜藏了人类社会战争发生、发展、演化的奥秘与规律。

基于大数据统计模型的战略仿真预测方法就是基于大数据的方法最充分地挖掘、揭示、发现战争孕育、发生、发展的主要诱因及关键要素,基于大数据统计模型的战略仿真推演的发现,对战争可能发生的地点、时间、规模、交战方、进程和结局做出较为科学的预测和预报。

该方法成功的关键是数据的完备性、挖掘方法的科学性及统计模型的实用性、可用性、正确性。

6)基于战略分析仿真模型的预测方法

这是一种比较经典的战争预测方法。简单地讲,基于战略分析仿真模型的预测方法就是通过建立战争爆发表征量及其影响、决定因素之间定量(或定性)量化(或关系)模型,使用模型对战争爆发时刻等做出预测的一种方法。例如《原子科学家公报》制作、发布的世界受核武器(核战争)威胁程度“末日之钟”(doomsday clock),12 时象征核战争爆发,距该时刻的时长被用于反映核战爆发的危险程度。

该方法的可信性及可用性主要取决于表征量、影响因素变量的选取与测度方法，以及建模专业知识、建模方法的可用性、可信性。传统运筹学学科关于战争预测的建模方法大都是这类方法。

2. 基于仿真的战争理论创新

传统的战争理论创新多依赖具有深厚军事理论专业知识积累及丰富战争经验的作战人员或指挥员的战争理论创新能力及禀赋，如《孙子兵法》《战争论》等。但是，这类战争理论创新都是特定时代及特定战争背景条件的产物，与当今时代对战争理论创新的要求和需求尚有较大距离。由于战争/作战仿真可以对历史战例进行复现推演、对当今时代战争进行仿真推演、对未来战争进行预演/虚拟推演（实验）。因此，使用基于仿真的战争推演方法可以更加深入地解析、研究、揭示不同环境条件下战争发生、发展、演化的共性规律和个性规律，可以对战争行为机理、规律获得更多新的发现与创造，所以，可以更大力度地推进军事/战争理论创新与突破。

基于仿真的战争理论创新的主要方法：一是基于不同样式作战仿真实验的作战仿真理论创新，如基于岛屿攻防作战仿真的岛屿攻防作战理论创新、基于登陆作战仿真的登陆作战理论创新、基于网络空间作战仿真的网络空间作战理论创新等；二是基于不同空间作战仿真的空间作战仿真理论创新，如基于陆战仿真的陆战作战理论创新、基于海战仿真的海战作战理论创新、基于空战仿真的空战作战理论创新等；三是基于联合作战仿真、战略博弈仿真的联合作战理论创新、战略决策理论创新等；四是基于大规模战役仿真及特定条件下战术行动仿真的战役理论、战术理论创新等。

3. 基于仿真的战争行为和指导规律发现

由于仿真“几乎可以不受限制地”对不同地域、不同空间、不同作战对象、不同力量编成、不同作战样式、不同层级的作战/战役/战争行动与行为进行非常“真实”的模仿。因此，在如此众多不同类别、层级、样式的作战仿真及体系对抗仿真实验中可以基于统计的方法、基于模式聚类的方法、基于机器学习的方法等获取战争行为的基本模式及其辅助获取成功的正确指导方式方法，继而，在此基础上，发现战争行为的基本规律和战争指导的基本规律。

基于仿真的战争实验方法是除基于战例总结、战争经验的方法之外的另一类非常具有价值的战争行为规律揭示和战争指导规律发现的重要方法。

4. 基于仿真的战争原则萃取

战争原则是战争指导者或战争研究者从自身亲历或人类历史上的战争成功或失败的史实中萃取的用于战争指导或战争实施所应遵循的基本准则，也可以说战争原则是人类用鲜血培育出来的智慧之花。传统的战争原则萃取方法只能是鲜活的战争史实或历史战例。但是,当仿真技术用于战争分析、推演后,战争原则的萃取方法便又被拓展出一个全新的通道:基于仿真的战争实验获得的"战争史实"或"战争战例"的战争原则萃取方法。

基于仿真的战争原则萃取方法与传统的战争原则萃取方法有以下不同:一是可以"前瞻性地"萃取战争原则。也就是说,可以基于战争类别、实施方式方法的演化对未来可能发生的战争样式、战争类别、战争烈度、战争波及地域、战争持续时间及战争结果带来的影响等进行多脚本、多编成、多冲突方战争行动想定构设和模型推演,充分彻底地展示战争诱因、发生、交战、终结等战争发生、发展进程的每一个阶段出现的战局、结局及其促成战争致胜或失败的影响、决定因素,继而借由专家团队或智能系统凝结、提炼需要加以谨记、遵循、避免的战争基本准则,形成战争基本原则。很显然,这一过程是基于"未来战争"完成的,是前瞻性地获取战争原则的过程。而这一点,传统方法是做不到的。二是萃取战争原则的手段、方式更加多样。传统战争原则的萃取,只有通过亲历战争的指挥员或研究战争的谋略大师完成,而基于仿真的战争原则萃取方法较为多样,它不仅可以沿用传统方法进行,而且可以由仿真分析专家、仿真大数据专家萃取完成,甚至直接使用基于机器学习的智能技术萃取完成。三是萃取原则的类别、层次、形式更加丰富。传统战争原则萃取方式和萃取的战争原则大多比较简单、单一,而基于仿真的战争原则不仅萃取方式更加多样,而且萃取的战争原则形式、类别、层次将十分丰富。由于仿真的战争实验几乎是"不受限制"的,因此很显然,基于仿真的战争原则萃取方法将会按照想定构设"按需地"萃取各个类别的战争原则等。

5.3.2 基于仿真的战争工程

亦如基于仿真的战争科学是使用仿真的方法尽可能地使战争研究科学化,基于仿真的战争工程(simulation - based war engineering,SBWE)也是使用仿真的手段、工具尽可能地使战争准备和实施工程化、高效化,运用仿真工程的方法使战争准备和实施提质增效。本节从以下五个方面对此进行扼要探讨、分析,即基于仿真的战略构想建构、基于仿真的战略/战争设计、基于仿真的战略/战争规划、基于仿真的装备需求分析与基于仿真的装备建设全寿命周期管理。

1. 基于仿真的战略构想建构

战略构想设计是国家军事斗争准备非常重要的一项基础工作。传统的战略构想设计一般主要仰赖国家战略研究机构的专业研究人员基于理论研究、调查走访、部分数据统计分析独立或协作完成。战略构想前瞻性强、时间跨度长、不确定因素多,特别是在当今世界处于百年未有之大变局的背景下,形成一个科学的战略构想并非易事,而是一项实实在在的挑战性课题。而在应对这一挑战性课题时,战略博弈与仿真具有独特的优势与价值,可以对未来各个战略远景及其后果进行较为可信的推演与预测,最终在最可能、最乐见、最艰难情形下作出满意的战略抉择,提出战略构想。这诠释了战略博弈仿真的战略评估模型、战略抉择方法、战略推演方式对战略构想的提出与设计具有举足轻重的作用。

基于仿真的战略构想设计是新形势、新环境下战略构想拟制的全新、必要、必备、重要、有效的工具与手段。

2. 基于仿真的战略/战争设计

相较于战略构想设计,战略/战争设计则是更为翔实、更为深入的战争准备基础工作。很显然,战略博弈仿真在协助完成战略构想设计之后,必然且自然而然地可以对战略/战争设计进行进一步的有力辅助与坚实支持。

与支持战略构想设计不同,支持战略/战争设计的战略博弈仿真需要在模型构建、推演方式、推演条件、研讨模式上作出进一步的拓展、深化、调整与创新。支持战略/战争设计的战略博弈仿真系统及模型设计需要考虑下列因素:①当今主要战略博弈主体(国家、联盟及利益集团等)目前及未来一定时期内战略力量构成及力量使用方式;②战略博弈主体的战略博弈方式、方法(结盟/单打独斗;军事威慑/经济制裁/实战等);③战略博弈主体的综合国力、军事力、经济力、意识形态及国家体制影响力、科技力等;④战略博弈主体的核心国家利益关切、诉求及其主要的安全及发展利益;⑤国际战略格局及其演化;⑥战略博弈主体可能投入的战争力量及可能使用、出现的战争样式;⑦战略博弈主体党派、领袖、决策机构决策方式方法;⑧战略博弈主体可能的主要博弈目标及实现目标的方式方法等。

基于仿真的战略/战争设计方法与传统的战略/战争设计方法有较大不同。一是战争博弈策略空间更加广阔。受限于人的推理思考力的束缚,传统方法进行战争/战略设计的过程、方法较为粗略,所能给出的战争/战略策略空间设计只能是粗放的。而基于仿真的战略/战争设计方法得益于计算力及仿真建模技术的巨大发展,可以创造及在更加广阔的博弈策略空间中进行对抗仿真推演,进而可以基于博弈结局的易损矩阵获取满意策略及战争/战略设计方案。二是战争博弈策略描述及博弈易损计算更加精细、准确。这使基于仿真的战略/战争设计方法可以对各类战略手段及策略的运用方法及效果作出相对客观的分析及评估,从而使战略/战争设计方案可以更好地服务于国家的安全和发展利益及在国际风云际会的战略环境中把握和占据主动。三是基于仿真的战争/战略设计“定性+定量”决策评估更趋理性及更接近当今和未来战争/战略实践预期,继而使战争/战略设计具有较高的可行性、实践性、有效性及可用性。四是基于仿真的战争/战略设计可以借助“战争仿真实验室”或“战略博弈研讨厅”方法实现战争/战略“预实践”,对未来可能发生的各类战争预见性及战略决策可能面临的复杂战略环境、条件通过仿真的“战争实验”或“战略决策的综合集成研讨”获得超前的战争“预感”、“预知”及“战略决策预见”,继而保证战争/战略设计的科学、正确。

3. 基于仿真的战略/战争规划

相较于战略构想、战略/战争设计,战略/战争规划则更为翔实、更加强调可操作性,需要在“构想”与“可实现性”之间获得平衡。战略/战争规划要求提供明晰的实现“战略构想”“战略/战争设计”的“路线图”及路线图实施、推进的检查评估手段及奖惩举措。而正因如此,相较于传统方法,基于仿真的战略/战争规划则更凸显专业性、科学性与可评估性、可检测性、可督导性,优势较为突出。

基于仿真的战略/战争规划方法在以下方面相较于传统方法有显著创新:一是可以更准确地评估战略目标与战略手段之间关联度及战略手段实现战略目标的可能性,提高战略手段选择的针对性和科学性;二是可以更加精确地评估实现战略规划目标需要投入的战略资源,提高战略资源的利用效益与效率;三是可以选择更加广阔的战略手段空间,提高战略手段选择的充分性与完备性;四是可以更好地平衡短期规划、中期规划与长期规划之间的关系,保证规划执行的一致性、长效性、适应性和持续性;五是可以提高规划监督、调整的科学性和时效性,保证规划执行的效率和效益。

基于仿真的战略/战争规划方法的推行需要构建体系化、科学化的规划拟制与执行仿真支撑平台,进而通过仿真支撑平台环境的建设推进战略/战争规划方法、手段的变革与创新。

4. 基于仿真的装备需求分析

装备需求分析,是装备建设规划拟制的基础。如何提出科学、有效、可用的装备需求,仍然是各国军事斗争准备的最具挑战性的艰巨课题。很显然,传统的装备需求用户自提自报然后由某部门机构汇总归纳的这种自底向上的需求生成方法很难适应当今这种国际战略格局正面临解构重塑、国际战略形势风云际会、日新月异的战略环境。如何正确、高效、有效地提出因应急剧变化的国家安全环境要求的装备建设发展需求，是各国装备建设部门不得不面对且解决的重大战略课题。

高价值的装备建设发展需求的提出，通常是对国家安全威胁、国家安全与发展现状与目标、国家安全环境演化、国家装备建设历史、装备建设现状、国家经济实力与潜力、国家科技实力与潜力、国家军事力量编制与体制等影响国家安全发展的诸多战略条件进行科学的战略评估后经战略推演、决策分析后得到的一种结果、产品。传统的需求生成过程对上述战略条件的评估常常是较为简略的、粗放的，因而获得的需求产品质量有较大局限性。而基于仿真的装备需求分析由于对上述战略条件的评估及战略推演可以充分地利用战略博弈仿真支撑平台的博弈推演、模拟仿真分析，且它较好地融合了“自底向上”及“自顶向下”两类重要的需求生成方法，所以，与传统方法比较，基于仿真的装备需求分析可以形成和得到更具针对性、预见性、科学性、有效性、可用性的需求产品。

基于仿真的装备需求分析已成为仿真应用于国家安全领域的重大前沿科研课题及研究方向。

5. 基于仿真的装备建设全寿命周期管理

这里分析的“基于仿真的装备建设全寿命周期管理”与国外曾提出的(基于仿真的采办)(simulation - based acquisition，SBA)并不完全同义。与 SBA 强调聚焦于建模仿真对武器装备研制全寿命周期的技术支持路线略不同，基于仿真的装备建设全寿命周期管理更强调建模仿真对技术装备建设全寿命周期研制技术支撑基础上的装备建设效费比极大化的装备建设管理和控制路线，属于基于仿真的装备建设全寿命周期“双线”管理的一种实践形式。

基于仿真的装备建设全寿命周期管理包括基于仿真的装备研制全寿命周期支持和基于仿真的装备建设全寿命周期管控两部分。前者作为支撑环境建设主要由装备承研方负责、装备建设方参与开发完成，而后者基于仿真的装备建设全寿命周期管控系统则主要以装备建设方主导、装备承研院所、机构参与协作开发完成。这两部分装备建设全寿命周期信息互通、实时交互，并确保管理线的全程参与、监管，承研线的研发进程动态实时可见、进展状态动态信息灵敏精准，确保装备建设效费比指标极大化管控目标的实现。

第6章 作战仿真技术展望

随着战争形态、作战方式、作战样式、作战装备以及基础科学技术、仿真科学技术、社会技术形态等的发展变化，作战仿真技术亦将必然地、难以例外地发生变革、进化，并逐渐迈入更为高级的技术形式与发展阶段。未来作战的虚拟化、网络化、智能化、数字化特征、趋向将更加显著，作战仿真技术的工程化形态将会更加凸显。精准把控作战仿真技术发展的脉动，是对作战仿真技术专业工作者的基本要求。基于这一考虑，本章将从作战虚拟化与虚拟化作战仿真技术、作战网络化与网络化作战仿真技术、作战智能化与智能化作战仿真技术、作战数字化与数字化作战仿真技术四个方面对作战仿真技术的未来发展趋向加以展望，以飨读者。

6.1 作战虚拟化与虚拟化作战仿真技术发展展望

作战虚拟化与虚拟化作战仿真是未来作战和仿真技术发展的最重要的两大基本特征，准确理解和正确把握二者的概念内涵，以及虚拟化作战仿真建模方法、仿真方法、应用形式与发展趋向对于科学预测和精准识别未来作战仿真技术的发展前景和远景具有重要意义与价值。

6.1.1 作战虚拟化与虚拟化作战仿真技术概念内涵

所谓作战虚拟化，是指作战的指控形式或操控形式及态势呈现越来越借由各类可视化终端表达、绘制，从态势端或可视化终端呈现的视频、文、图、表与各种虚拟呈现的视频、文、图、表已难以或无法分辨，指挥员或作战人员观察、获取的态势信息在形式上与态势的虚拟呈现已无差异，真实作战由于虚拟界面的出现而变得极度复杂，甚至可以发生虚拟空间操控真实作战空间乃至真实战争的情形。这就要求在各层次、各类别作战指挥或实际作战过程中，必须精准把控和操控“虚拟空间”各类作战实体，能够精准分辨和区分作战实体的虚实二重性，确保真实空间作战实体的行为得到有效控制，最终获取作战或战争胜利的一种作战方式或形式的特征抽象或表达。

这样一种作战虚拟化或虚拟化作战的作战样式或作战形式是未来作战的一种主导趋势。这种虚拟化作战但并非虚拟作战（二者的区分在于虚拟作战并不关联或同步于真实的实体）也将是未来作战仿真需要复现或推演的一种主要作战形式，需要引起高度关注。

这种虚拟化作战仿真需要将传统的真实作战空间、仿真作战空间二层次架构的作战仿真转化为真实作战空间、虚拟作战空间、仿真作战空间三层次架构。尽管虚拟作战空间本质上隶属真实作战空间，但又与传统的真实作战物理空间有较明显的差异，已构成指挥、操控真实作战必须穿越的一个空间形态，战争、战役乃至战术行动通常必须经由此空间才能转化为真实的作战行动。很自然地，如何对这一空间进行建模仿真，是测度作战仿真技术能否精准刻画和描述未来作战行动及作战进程、结局的主要标志和标准。三类空间之间的关系如图6－1～图6－3所示。

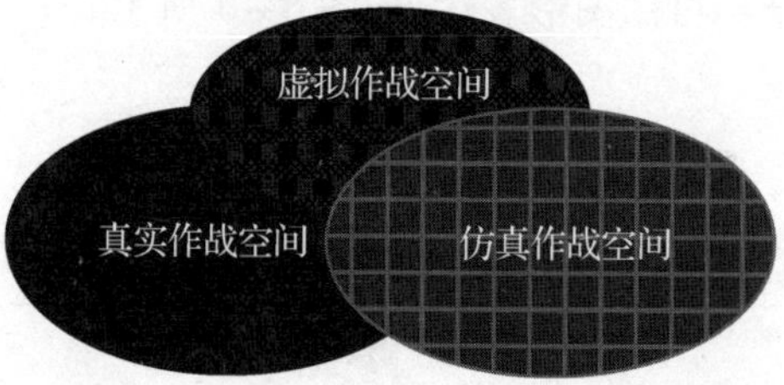

图6－1　真实情形

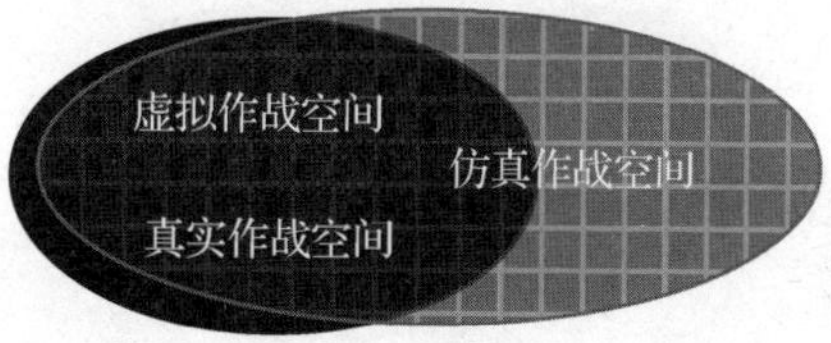

图6－2　理想情形

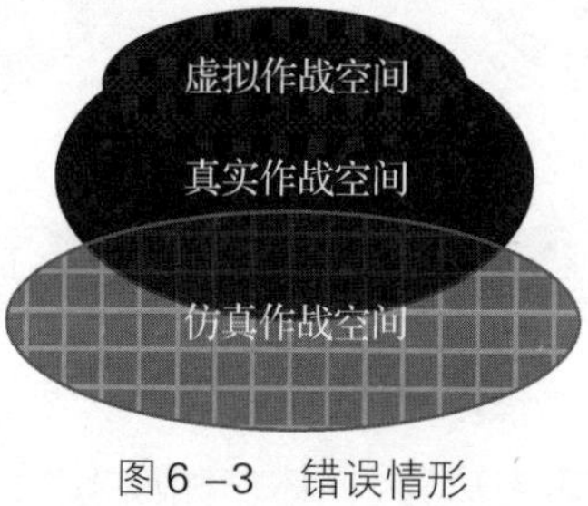

图6－3　错误情形

传统二层次空间建模与仿真方法用于未来作战仿真将会出现图 6－3 的错误情形。比较理想的未来作战仿真方法对应于图 6－2,而真实的作战仿真将会对应于图 6－1。这三种情形将既受到作战、仿真技术发展的推进度、深入度的影响,也受到认知等各种主观因素的影响。因此,未来作战仿真技术发展的理想目标是尽可能逼近第二种(图 6－2)情形,避免第三种情形的发生(图 6－3),确保第一种情形(图 6－1)的实现。

6.1.2 虚拟化作战仿真建模方法

由于虚拟作战空间的出现,相较于传统作战仿真建模,虚拟化作战仿真建模的空间复杂性增大,即真实物理空间建模实体至仿真空间实体映射会出现双映射链,即“真实物理空间建模实体→仿真空间实体”与“真实物理空间建模实体→虚拟作战空间实体→仿真空间实体”二重链路。二重链路增加了仿真实体与真实实体状态与行为同步的复杂性与难度。这是因为映射空间的增加与映射链路的延伸增大了仿真对象信息的失真度与畸变度,进而易于导致仿真过程、结果仿真度、可信度出现下降。

三类空间的出现,使侦察感知、指挥控制、信息攻防、信息传输等信息系统成为必不可缺的建模仿真对象,也使仿真空间的模型和仿真对象变得更加多样与复杂化。虚拟化作战仿真建模的空间形态及结构可用图形表达,如图 6－4 所示。

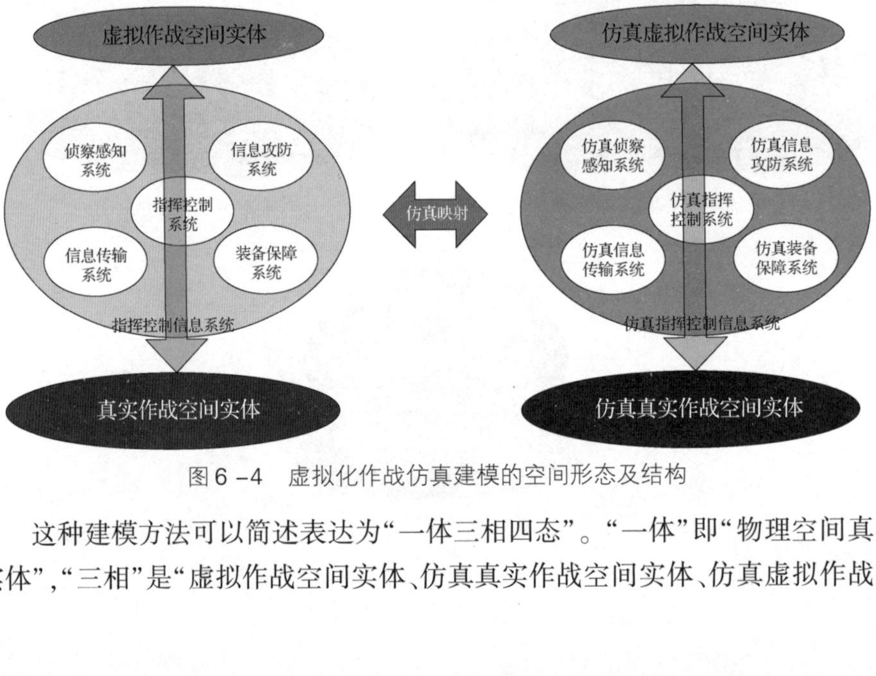

图 6－4　虚拟化作战仿真建模的空间形态及结构

这种建模方法可以简述表达为“一体三相四态”。“一体”即“物理空间真实实体”,“三相”是“虚拟作战空间实体、仿真真实作战空间实体、仿真虚拟作战空间实体”,“四态”即“物理空间真实实体物理态、虚拟作战空间实体虚拟态、真实作战空间实体仿真态、虚拟作战空间实体仿真态”。如何保证“一体三相四态”的一致性,是虚拟作战仿真建模必须破解和克服的重大挑战性疑难课题。

“四态”的表述方式,“三相”的表述形式,“一体”的复合映射、反射模式与方法,共同决定了虚拟化作战仿真建模的成败。是否完成和实现虚拟化作战仿真“四态三相一体”的时间、空间、状态的同一度和一致度是检验各空间实体及其关系是否被精确、准确、正确建模的重要指标。因此,虚拟化作战仿真建模的科学方法就是实现和完成各空间实体“态”“相”“体”的同一和同步,确保虚拟、仿真的各空间实体状态、关系与物理空间实体的状态、关系有较高的一致度和同一度。这也是检验虚拟化作战仿真建模方法科学性和有效性的黄金标准。

假设真实物理空间实体的状态描述 $\boldsymbol{X}=(x_1,x_2,x_3,\cdots,x_n)^{\mathrm{T}}$,虚拟作战空间实体的状态描述 $\boldsymbol{X}^v=(x_1^v,x_2^v,x_3^v,\cdots,x_n^v)^{\mathrm{T}}$,则仿真虚拟作战空间实体的状态描述可以用 $\boldsymbol{Xs}^v=(xs_1^v,xs_2^v,xs_3^v,\cdots,xs_n^v)^{\mathrm{T}}$,仿真真实作战空间实体的状态描述 $\boldsymbol{Xs}=(xs_1,xs_2,xs_3,\cdots,xs_n)^{\mathrm{T}}$。上述四类空间实体状态变量之间存在如下严格的一一映射关系:

$$\boldsymbol{X}^v=(x_1^v,x_2^v,x_3^v,\cdots,x_n^v)^{\mathrm{T}}=f^v(X)=f^v(x_1,x_2,x_3,\cdots,x_n) \tag{6-1}$$

$$\boldsymbol{X}^s=(x_1^s,x_2^s,x_3^s,\cdots,x_n^s)^{\mathrm{T}}=f^s(X)=f^s(x_1,x_2,x_3,\cdots,x_n) \tag{6-2}$$

$$\boldsymbol{X}^{sv}=(x_1^{sv},x_2^{sv},x_3^{sv},\cdots,x_n^{sv})^{\mathrm{T}}=f^s(X^v)=f^s(x_1^v,x_2^v,x_3^v,\cdots,x_n^v) \tag{6-3}$$

$$\boldsymbol{X}^{vs}=(x_1^{vs},x_2^{vs},x_3^{vs},\cdots,x_n^{vs})^{\mathrm{T}}=f^v(X^s)=f^{vs}(x_1,x_2,x_3,\cdots,x_n) \tag{6-4}$$

式(6-1)~式(6-4)完成了虚拟化作战仿真“四态”“三相”“一体”之间关联关系的精确描述和建模,也是完成各空间实体正向映射、逆向反射关联关系追踪与追溯的基本依据。

理论上,$X^{vs}=X^{sv}$,但实际上,因为真实物理空间、仿真空间建模分辨力及粒度描述能力的差异,二者仅大致接近,很难完全同一,而这也提供了更加多样化的不同路径建模验模的方法与手段。

借助图6-4框架及式(6-1)~式(6-4),经过细化与具象化,可以完成各类真实虚拟化作战仿真的建模与验模。

6.1.3 虚拟化作战仿真方法

虚拟化作战空间的存在,不仅使虚拟化作战仿真的空间描述变得复杂,也使现在常用的人在环、装备在环等经典的作战仿真方法局限性凸显,使作战仿真中经常出现的“真实的人操控真实的设备”“真实的人操控虚拟的设备”及“虚拟的人操控真实的设备”“虚拟的人操控虚拟的设备”几种经典的仿真操控模式变得不再完全正确和不再必然有效。

这四种仿真操控模式在虚拟化作战仿真环境下被强制转化为以下 8 种新的模式:“真实的人操控真实的指控系统、真实的指控系统操控真实的设备”“真实的人操控真实的指控系统、真实的指控系统操控虚拟的设备”“真实的人操控仿真的指控系统、仿真的指控系统操控真实的设备”“真实的人操控仿真的指控系统、仿真的指控系统操控虚拟的设备”“虚拟的人操控真实的指控系统、真实的指控系统操控真实的设备”“虚拟的人操控真实的指控系统、真实的指控系统操控虚拟的设备”“虚拟的人操控仿真的指控系统、仿真的指控系统操控真实的设备”“虚拟的人操控仿真的指控系统、仿真的指控系统操控虚拟的设备”,如图 6 -5 所示。

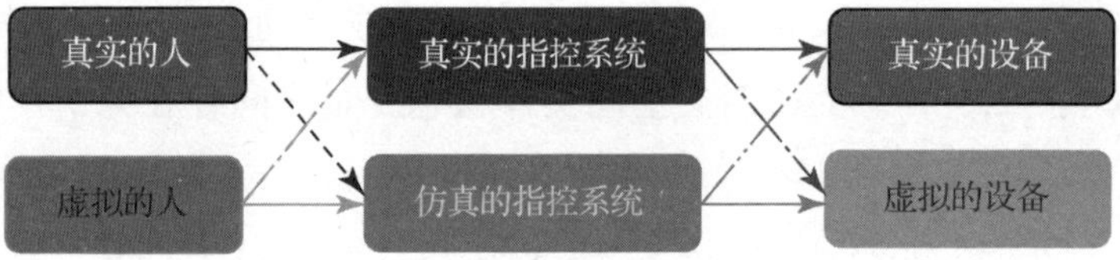

图 6 -5　虚拟化作战仿真操控模式及链路

由图 6 -5 不难发现,将真实的指控系统与仿真的指控系统纳入仿真操控链路,是虚拟化作战仿真复杂化与多空间形态出现的主因,也是虚拟化作战仿真的特征标志。上述图示化链路虽然简洁。但是,满足这种虚拟化作战仿真操控要求,需要在界面、模型、操控模式与方法、态势呈现方式与方法方面有重大的创新。

真实指控系统及仿真指控系统进入虚拟化作战仿真操控链路,会使虚拟化作战仿真的逼真度及可信度大幅提升,但也大幅提升了虚拟化作战仿真程序、仿真方法、仿真模型的复杂度,增大了虚拟化作战仿真应用系统设计与实现的难度。这是因为真实指控系统的模型、数据及使用方式对于大多数仿真系统开发部门而言常常是很难甚至是不可能获得的,而这部分信息的缺失及被滤除,使开发出满足用户需求的虚拟化作战仿真应用系统变得极其困难。而且,这部分信息的缺失,会使仿真的指控系统的设计与开发变得难以成功,会叠加虚拟化作战仿真系统开发失败的风险。

因此,要保证虚拟化作战仿真应用系统开发的成功,降低失败风险,必不可少地，除了仿真方法、模式创新外，建立安全、低风险、抗攻击能力高的数据、模型、方法联络协调管道，构建高效、有效的多部门协同合作机制至关重要。

6.1.4 虚拟化作战仿真应用形式

未来战争，虚拟化作战充斥于各层次、各类别、各形式的作战行动之中，将会无处、无时不在，因而这样一种虚拟化作战仿真应用形式也将非常丰富且多样，包括虚拟化作战装备仿真、虚拟化作战后勤仿真、虚拟化作战战术仿真、虚拟化作战体系仿真等。

虽然虚拟化作战仿真应用形式多样，但支持不同应用形式的仿真平台需要一体化、体系化，并不同于传统经典作战"一系统一应用"的那种单一化、专用化模式。这是因为经典模式下的传统作战仿真很难或几乎不能完成体系化作战或虚拟化作战这类未来主导的作战形式描述。这种大信息平台下的体系行动乃至比较单一的小行动都必须由比较完整的战场信息空间模型的支撑或支持才能完成，而这种模型是单一化平台或系统所不能提供或实现、完成的。

因此，未来虚拟化作战仿真的基本应用形式是一体化大信息平台支撑下多样化应用，应用系统的构建方式将是基于统一架构平台下的插件式自由组合、按需完成装卸载。这种模式是未来所有信息系统建构的基本模式，也是虚拟化作战仿真应用系统建构的基本形式。

6.1.5 虚拟化作战仿真发展趋向

基于对未来仿真技术与作战装备技术发展的综合分析与评估，虚拟化作战仿真未来的发展趋向将大概率在以下几方面取得重大进展：①虚拟化作战仿真与真实的虚拟化作战将会更加紧密地结合与趋于一致。虚拟化作战仿真获得的经验方法将会大概率地应用于真实作战场景并与真实作战高度一致与契合；②未来的装备研制、未来的作战分析、未来的战略设计将会极大地依赖虚拟化作战仿真分析、推演的结果及数据，虚拟化作战仿真将会成为装备研制、战争设计、战略构想形成与提出的重要的、必经的环节与程序；③虚拟化作战仿真将会很好地利用并融入元宇宙等新型技术、思想、设计等颠覆性创新体系的发展之中，并高效地利用该体系形成更好的新的仿真技术与方法；④虚拟化作战仿真将会与网络化作战仿真、智能化作战仿真、数字化作战仿真协同发展，并融为一体，形成下一代的数字化智能虚拟作战仿真技术；⑤虚拟真实化、真实虚拟化，未来的虚拟化作战仿真将越来越难以与真实的作战区分；⑥网络空间、赛博空间、赛博物理空间、数字空间等多维度空间逐渐一体化,使虚拟作战仿真的空间描述出现维度融合与降维;⑦未来的虚拟作战仿真将会逐渐出现人智、机智、物智融为一体等现象。

6.2 作战网络化与网络化作战仿真技术发展展望

作战网络化与网络化作战将是未来作战的一种基本形式。描述这种作战形式并推演作战的进程与结果,将是未来作战仿真的主要职能与任务。网络化作战仿真(并非网络作战仿真)与目前的主流作战仿真有较明显的差异:一是网络化实体、网络、网络效能描述是主体;二是基于网络的体系对抗是网络化作战行动描述的基本形式;三是超网络是网络化作战网络呈现的基本形态。上述不同,使网络化作战仿真需要在建模方法、仿真方法、应用形式等方面进行比较系统完整的推进与创新。本节将对此加以简要分析与探讨。

6.2.1 作战网络化与网络化作战仿真技术概念内涵

作战网络化,是指未来作战都是在网络支持或支撑下完成的。网络化作战,则是指未来作战都是网络化的,网络是作战效能聚集及倍增的基础。网络化作战仿真则是以网络化作战为建模与仿真对象、内容与目标,发现网络化作战能力生成、聚合、灭失规律的仿真。

网络化作战仿真的关键和特征标识是"网络化",网络化作战仿真的实体描述是网络化的,网络化作战仿真的行动描述是网络化的,网络化作战仿真的编成编组是网络化的,网络化作战仿真的想定设计描述是网络化的,网络化作战仿真的指标设计是网络化的,网络化作战仿真的效能评估是网络化的,网络化作战仿真的模型是网络化的,网络化作战仿真的数据是网络化的。

一言以蔽之,由于网络化作战的"态"和"体"都是网络化的,因而,要求网络化作战仿真的描述从整体到细节都必须是网络化的。网络化贯穿于网络化作战仿真的各层次、各级别、各领域。网络化是网络化作战仿真的特别标志和标识。

网络化作战仿真是作战仿真发展的新阶段和高级形式,是提升作战仿真技术可用度、有效度、效率和效益必须要跨越和突破的技术壁垒和屏障,也是检验作战仿真技术能否和是否实现了跨越式发展和满足新时代作战需求的主要标准。

网络化作战仿真的关键是构建支持网络化实体描述与网络化行动描述的模

型。保证建模对象实体之间物质、信息、能量流的按需流动与交互。网络流的控制与反控制、摧毁与反摧毁是网络化作战的基本方法、目标与手段，也是网络化作战建模需要把握的重要方法和原则。对于这种网络化作战建模需要掌握和运用的基本方法，将在 6.2.2 节进行扼要分析介绍。

6.2.2　网络化作战仿真建模方法

网络化作战的成败和关键是能否保证网络化实体之间的各类“流”（信息流、物质流、能量流）正常的按需流动、作用与交互。网络化作战的网络流是网络汇聚为整体及网络发挥职能与作用的基本手段与关键要素。基于“流”的描述与建模方法的基础是实体及实体之间的连接、关系和交互，相较于基于实体的方法，则是从复杂度与模型的结构及维度上有较大增长，需要将模型空间推进至高维空间，运用基于高维空间的建模方法和技术破解。

本节将从基于信息流的网络化作战仿真建模方法、基于物质流的网络化作战仿真建模方法、基于能量流的网络化作战仿真建模方法、基于抽象流的网络化作战仿真统用与通用建模方法四个视角对基于“流”的网络化作战仿真建模方法进行简要介绍与分析。

1. 基于信息流的网络化作战仿真建模方法

从职能角度，网络化作战信息流主要是情报流、控制流、协同流。三类信息流的畅通是网络化作战得以顺利实施的基础。基于信息流的建模方法可以更好地聚焦于网络化作战能力生成和集聚的本质和机理，有助于、有利于破解和再现网络化作战致胜的关键要素，保证仿真和实际的作战进程、结果一致，进而提高仿真与实战的贴近度，改善、提升仿真的可信度。

基于信息流的网络化作战仿真建模方法需要聚焦于信息流的产生、流转、输送、利用等生产、流通、处理各环节，以信息流追踪作战指挥控制、行动的实施及结果，保证模型对作战指挥、作战行动过程及结果的正确描述，有利于提升、改进仿真结果的价值度。

为了完成网络化作战仿真建模，需要解析基于信息流的网络化作战行动流程。真实的网络化作战行动必须历经以下程序或环节：网络化行动的指控者发出网络化行动（任务）指令/指示；该指令/指示信息经信息流转环节（发送、传输、接收）送达网络化行动任务执行机构/部门/部队/作战单元（网络化行动执行者）；网络化行动单元将该任务（分解）转换为作战指令；该作战指令信息经信息流转环节下达至行动响应（实施）单元；行动响应（实施）单元接收指令后实施并完成作战行动。

由此也不难发现,有且只有基于信息流的方法才能正确描述网络化作战行动的主要流程、过程及结果,正确反映网络化作战行动的战争实践。因此,基于信息流的方法必将也必然会成为网络化作战仿真的主要建模方法与工具。

基于信息流的网络化作战仿真建模方法需要精细描述以下三类主要行动实体:指控类实体、行动类实体、信息流转(生产、发送、接收、传输、转化、响应)类实体。各实体之间基于(事件)信息流建立交互、连接。信息收发、流转控制事件的发生、演化与终结,继而完成、实现网络化作战行动仿真。基于信息流的网络化作战仿真本质上是基于事件机制的离散系统仿真,但与经典的离散事件仿真方法有较明显的区别与差异。其最显著的不同是不仅要完成基于事件机制的行动仿真,还要完成完整的事件发生、发展、演化、终结全寿命周期描述与仿真,实现基于信息流的事件、行动双流程、紧耦合交互的网络信息空间与实体行为(行动)空间的并行、同步、融合、一体的高维网络化作战行动(行为)仿真。网络化作战仿真事件信息空间、实体行为空间、高维空间及其关系分析描述框架如图6-6所示。

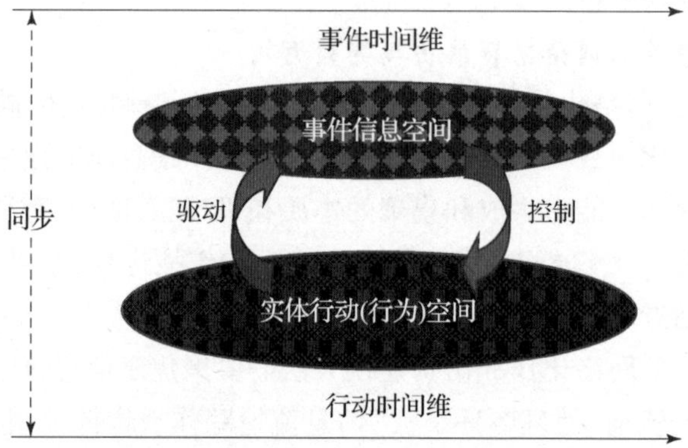

图6-6　网络化作战仿真事件信息空间、实体行为空间、高维空间及其关系分析描述框架

由于拓展了描述维度,因此,基于信息流的网络化作战仿真建模方法可以对作战及其紧耦合的信息流动进行更为精细、准确地分辨、度量、刻画和描述,提高网络化作战仿真作战过程和结果分析的可信度。

增加事件信息空间,是基于信息流的网络化作战仿真建模的一项重要拓展。该空间可以使事件发生发展的信息流程及网络化作战信息流转过程得到完整的描述和呈现,保证了网络化作战最重要的特征——起支配作用的信息流控制和主导行动流能够被正确反映、评估和展示。

基于信息流的网络化作战仿真建模方法与经典的作战仿真建模方法在以下几方面有显著的不同:①经典作战离散事件仿真是将事件作为驱动机制使用的,而基于信息流的网络化作战仿真建模是将事件作为信息驱动机制运用的。很显然,前者不能反映事件内部的作用机制及流程,而后者可以对此加以完整地描述及建模。这也使前者很难准确地反映网络化时代的战争,而后者可以对此提供科学的描述方法及手段。②作战仿真中的事件具有极其重要的地位作用和价值,是驱动仿真的重要方式及手段。但是,网络化作战的事件发生及演进,具有相当复杂的信息流程及交互机制,不清晰地描述和建立事件发生、发展推进流程模型,基本很难或不能仿真推演网络化作战或战争。这使基于信息流的建模方法必将成为网络化作战仿真建模的唯一选择。③基于信息流的建模方法不是否决实体建模方法,而是基于实体、聚焦于信息流动、描述信息活动/交互机制与规律的一种建模方法。它始于实体建模,但拓展、深化、提升、丰富、增强了基于实体的建模方法。它为网络化作战仿真提供了有效、适用和可用的建模方法。④事件信息空间模型的构建是基于信息流建模方法的重点、焦点、亮点,也是难点。只有建立正确、完整、有效的事件信息空间模型,才能使基于信息流的方法真正在网络化作战仿真应用中发挥出应有的作用和价值。

2. 基于物质流的网络化作战仿真建模方法

基于物质流的网络化作战仿真建模方法与基于信息流的建模方法有较明显的不同。基于物质流的网络化作战仿真建模将物质流中的"物质"作为主要的实体建模对象和建模目标,借此再现和描述网络化作战物质流输送、传递的过程、特性与规律。这是因为物质流的运动及作用较信息流有重大的区分与不同。

基于物质流的网络化作战仿真建模可以继续沿用经典的物质流建模方法,即将物质流作为连续流与离散实体两种方式建模。前者可以使用微分方程的形式描述,而后者需要使用基于主体的建模方法。虽然可以继续延续这两种经典方法建模,但是又要在经典方法基础上有一定创新:加强控制流与物质流的交互,构建基于控制流导控下的物质流输送/传输过程、装卸载方式/方法、输送工具/输送形式(空路、水路、陆路)、装载物料/物体类别/形式等细节描述、分析,建立支撑网络化作战的物质流保障模型。

控制流导控物质流模型的建模可采用系数法、指数法、流图法、约束方程、网络图等方法完成。有很多书籍、论文介绍这几种方法,这里不再赘述。

3. 基于能量流的网络化作战仿真建模方法

电力等基础设施网络，与信息网络一样，对网络化作战的成功实施乃至成败影响巨大，是网络化作战仿真必须纳入的重要建模与仿真对象。基于能量流的建模方法主要应用于电力等基础设施网络的模型构建及仿真。

基于能量流的建模方法使用能量流作为模型构建主要指标，基于能量网络拓扑结构和能量守恒的原理完成能量供给与能量消耗的平衡建模。由于能量网络负荷过载会产生级联故障，进而导致整个网络瘫痪，因而各种基于级联失效的复杂网络建模方法是基于能量流建模的重要方法。但是，该方法一般应用网络化作战能量网络的攻击与防御描述比较有用和有效，并不太适用于能量保障网络的建模。对于能量保障网络，则需要用到多类相互关联与相互依赖的网络加以建模、描述，尽管这也涉及互相关联与互相依赖网络的级联失效描述，但是，对于相互关联与相互依赖网络之间的精确关联与依赖的细节关系描述与建模仍然是完成能量保障网络细节模型构建必不可少的内容，也是能否实现从能量支持角度保障网络化作战顺利实施的关键，是网络化作战保障建模的重要组成部分。

对于这部分模型，其可参考和借鉴、借用的建模方法与工具比较多。一般而言，数学和物理学科门类下各种基于流描述、流建模的数学方程、物理方程等相关模型经过正确地修正和改造后常常可以作为这类模型建模描述框架的首选。

这类可参考的模型或模型结构框架较多，可以参考相关专业书籍。这里不加以详细分析、描述和介绍。

4. 基于抽象流的网络化作战仿真统用与通用建模方法

从拓扑抽象角度，所有基于流的建模方法可以抽取出相似、相同或通用的建模框架，形成可以共用的模型结构与模式，用于各类基于流的模型的同质特征、性质的分析，获取共性的有意义的结果、结论。本节对这样的框架及模型结构加以简要的分析、介绍。

基于抽象流的网络化作战仿真建模需要对建模对象的以下特征量加以正确描述：网络节点可最大中转、储存、接纳、使用不同类别“流”的“容量”（如交通节点车辆通行能力、信息节点信息处理能力、电力节点电力输送能力等）；承载各类流的通路载体（如公路、铁路线、航路、电力输电线路、通信电缆/光缆等）及通路承载能力；不同类别“流”的输送程序、模式与方法；不同类别“流”的流聚合与流分解方法；不同类别“流”在不同通路载体上的“通行方式”“流量”“流速”；不同通路载体、不同通路终端/转输/中转节点发生偶发故障及蓄意破坏、攻击时各类抵达“流”的转移、防护、重调度模式、程序与方法;各类流节点、流通路平时/战时安全防御能力;各类流节点、流通路平时/战时遭袭及故障修复、复原能力;各类流节点、流通路、流网络遭遇异常灾变(包括战争、自然灾害)重组、重构、复原能力等。

基于“流”的建模方法按需可以分为两大类:一类是基于不同连边流量均质化,以“流量”为主要建模特征量,重点描述网络层次各类流的“流入”“流出”“流经”产生、增长、分解、驻止、灭失演化过程规律的宏观建模方法;另一类是将节点、连边作为建模描述实体/主体,以节点、连边实体活动与交互作为建模分析描述的主要对象,重点描述各节点、连边主体的微观行为、活动、交互机制机理,基于各主体微观行为作用机制推演各类流宏观涌现模式、规律进而发现、揭示重要节点、连边主体行为对各类流模式的形成、发生、灭失影响规律的微观基于主体的建模方法。

两类基于“流”的建模方法各有优长与局限,网络化作战仿真实践应用一般需要结合实践应用对象、应用背景/环境、应用目的与目标结合时间、空间约束分别独立或综合、混合实施。

两类基于“流”的建模方法只要科学地选取模型变量及正确确立各变量或各主体之间的正确的行为、活动规则、交互/连接方式方法,均能够发现网络结构的脆性及“瓶颈”节点、连接,获得提高网络鲁棒性或韧性的方法。但是,对于军事网络,除需要关注以上特性外,更需要关注在战时各种网络攻击、电磁攻击或火力摧毁条件下,如何保证网络的联通性、时效性,改善或提高网络的战时抗毁伤能力。这与平时偶发故障或恶意攻击既有一定的相关性,又有显著差异不同。战时恶劣的毁伤环境因素会使常态社会环境(平时)条件下构建的各类想定、假设失效或不能成立。

因此,如何构建战时环境,仿真模拟战时各类流及网络运行态势及活动、行为规律是所有基于流的网络化作战仿真建模面临的极其严峻的重大挑战。

对于两类基于流的方法的建模具体实施应用,由于可以结合实际作战想定和环境假设有较多可参照的模型和方法可用,这里不逐一分析、介绍。

6.2.3　网络化作战仿真方法

不同的作战仿真方法,不仅影响作战仿真推演的程序与过程,而且直接影响作战仿真建模、仿真过程及仿真结果的精度与可信性。要获得一个比较满意的、可以信赖的仿真结果,设计、选择一个正确的、适用的、有效的、高效的仿真方法具有重要意义、作用与价值。如何设计、选择一个适用于网络化作战的仿真方法,是网络化作战仿真难以回避的重要课题。

基于对于网络化作战特征、机理、程序、方式、方法的分析,依据网络对作战的作用影响及其与作战关系的紧密程度可以将网络化作战仿真方法划分为以下三类:一是基于网络的网络化作战仿真方法;二是以网络为目标和对象的网络化作战仿真方法;三是将网络交融于作战、与作战一体共生的网络化作战仿真方法。这三类仿真方法的作用、影响与价值取决于网络化作战仿真的应用场景、目标、目的、环境和用途。以下分别对它们加以扼要介绍、分析。

1. 基于网络的网络化作战仿真方法

这一类仿真方法是将网络作为网络化作战的支撑结构,作战行为基于网络之上,作战行动是否发生及发生的进程与结果,经由网络的功能和性能完好度给予判定和分析。这样一类仿真,考虑到了网络对作战的影响与作用,能够粗粒度地研判、推演作战行动的进程、结果与结局,满足较高层次指挥员、领率机关对急剧变化的战场态势高时效的研判需求。但是,很显然,由于它本质上是将网络作为一种行为外的附加因素加以分析和研判,并不能真实反映作战网络形成、运行、失能、失效的本质和规律。因此,会使对于科学、准确预判、预测作战进程及战局的作战指挥需求度高的应用场景难以得到满足,不能作为高精度要求的网络化作战仿真的常态化使用方法。

2. 以网络为目标和对象的网络化作战仿真方法

这一类仿真方法凸显了网络的地位、作用和价值,很好地反映和再现了网络化作战网络的本质特征和影响,将网络的生成、运行、组构析构规律准确地凸显出来,刻画出网络化作战的一个非常重要的元素:网络。但是,因为其仿真的焦点全在网络,对网络化作战的其他关键行动要素缺乏直接和精准的描述、建模、分析,因而这一仿真方法仅仅能够用于对网络化作战网络的结构、组成、特征、性质、作用、功能的分析和研判,不能用于作战分析仿真及作战指挥训练、网络化装备体系研发需求分析与指导。

3. 将网络交融于作战、与作战一体共生的网络化作战仿真方法

有且只有这一类仿真方法可以正确地反映网络化作战的本质特征和规律,其仿真的结果可以用于作战指挥训练、作战规律/原则的探讨和分析及武器装备体系的研发指导。

无战不网,无网不战,是未来战争的一大基本特征。网络化作战的一个突出特征是网络与作战深度交融一体,网络及其节点、连边主体同时具有行动者、支撑者、保障者等多重角色。剥离其任何一种角色身份，都会使其对应的功能网络不能建构及功能缺失。

这类仿真方法要求网络基于实体行为动态构建。动态网络是作战仿真重点与首要关注的对象。基于实体行为生成、建构的动态网络，反过来又影响实体行为的顺利推进与实施。网络是实体行为建构的重要组成部分。网络基于实体行为建构，实体行为需要网络协同、协调与保障。网络与实体行为共生共成长。

该类仿真方法要求网络化作战建模基于实体、聚焦行为，以实体行为触发连接与交互的方法建构网络，之后结合网络结构、网络运行约束与特征、规律、职能、功能促动、实体行为推进与演化，行为与网络交融一体，最终达成网络化作战目标及战略战役目的。

该类仿真方法要求实体模型提供网络触发、生成、进化、演化的入口与接口，将网络结构生成与行为机制建构作为实体行为的一部分，使网络化作战全部要素、指挥控制、保障行为均基于网络结构。

伴随网络生成、组构与析构的实体行为建模及仿真是网络化作战行为网络交融的仿真方法的突出特征，也是保证这类仿真方法实现并取得成效的关键，更是这类仿真方法建模及仿真的核心技术与基本要求。

6.2.4　网络化作战仿真应用形式

基于网络化作战仿真的三类仿真方法，网络化作战仿真的应用形式也包括三种：一是将网络作为作战的“附加”因素参与、影响作战的过程和结果的网络附加仿真应用形式；二是以网络为中心、作战作为“附加”因素，重点评估、评价网络连接结构、功能、性能的网络中心仿真应用形式；三是网络与作战互融共生一体的网络融入仿真应用形式。

三种仿真应用的目的、目标有较大差异，因而并不能简单评价哪种应用形式的优与劣，只有按需所构建、组织、实施的仿真应用类别上的区别与不同。

第一种仿真主要应用于高层、时效要求高、辅助作战决策的作战方案评估；第二种仿真重点应用于网络效能分析及网络设计、网络优化及网络改造、扩建与维护上；第三种仿真重点应用于网络化作战兵力编配、部署、武器装备体系的建设及武器系统的研发、联合作战部队编制体制机制的论证与分析，兼用于作战辅助决策支持及作战指挥训练等。

三种不同的仿真应用使得其应用想定设计、作战环境构建、网络支持论证的方式方法及网络的构建与分析在方式方法上有较大差异，需要仿真系统设计人员、模型开发人员、系统应用部门在选择评估仿真系统可用性及系统效能、性能指标上采用不同的标准与方法。

6.2.5 网络化作战仿真发展趋向

人类社会正步入一个万物互联的时代。战争作为人类社会一种比较特殊的活动与组织形式,自然也不能例外。战争与作战的网络化将是当前和今后一个较长历史时期内战争与作战形态的一个基本特征。作为分析、研究、准备、实施战争与作战的重要工具与手段,作战仿真的主导形式必然是网络化作战仿真。结合技术及战争、作战的现状及发展、演化态势、模式、规律分析,网络化作战仿真的未来发展趋向主要包括(但不限于)以下几个方面。①网络化作战仿真的网络既是支撑网络化作战仿真的载体,也是网络化作战仿真的建模对象,还是网络化作战仿真态势呈现的重要形式。②网络化作战仿真网络兼具虚、实双重性。网络化作战仿真建模仿真对象既包括实体网络,也包括虚拟网络,还包括虚实兼具的混杂网络及各种形态的抽象网络(如功能网络、逻辑网络等拓扑结构网络)。多样化既是未来社会、战争网络结构演化描述的内在需求,也是网络化作战仿真网络形态描述与展现的重要需求与基本特征。③未来社会,实体价值呈现与作用发挥仰赖网络。在未来战争及作战中,作战及作战保障实体的价值呈现与作用发挥同样仰赖网络。正确描述与处理网络与实体的关系,是未来网络化作战仿真必须面临和破解的首要课题,也是网络化作战仿真是否能够科学描述和准确推演网络化作战进程、结果、结局的重要标准和关键标识。无论是将作战仿真的焦点聚焦于网络,抑或是聚焦于实体,再或是聚焦于"网络+实体",都必须使实体融合于网络,网络建构于实体,实体行动聚合于网络,联合作战战力生成与增益于网络。厘清网络与作战、网络与实体、网络与联合、网络与作战能力生成之间的关系,是网络化作战仿真建模必须解决和攻克的重大课题,也是检验网络化作战成败的基本标准。④网络化、一体化、体系化是网络化作战仿真应用中有关联但又有区分的三个重要概念。三个概念之间的关系是:网络化是基础,一体化是目标,体系化是高级阶段。⑤如何准确地将网络化作战物理空间实体连接描述关联至网络空间实体,建立二者之间的映射模型,是网络化作战仿真需要重点研究并予以解决的挑战性课题。⑥如何建立实体基本属性和行为/活动属性与实体网络节点属性、连边属性之间的正确关系,是检验网络化作战仿真是否能够将实体融合于网络、网络建构于实体的基本标准与核心标识。⑦网络化作战仿真必将与虚拟化作战仿真、数字化作战仿真协同发展、智能化作战仿真，并融为一体，形成全新的虚拟化、数字化、智能化作战仿真技术等。

6.3　作战智能化与智能化作战仿真技术发展展望

智慧社区、智慧城市、智慧地球，这些词语正变得耳熟能详。促成这些概念诞生及社会科学技术重大变革的背后，正是近年来快速发展与进步的智能技术，它不仅深刻地改变着人类社会的生产生活方式也在革命性重塑战争形态、作战样式。作战的智能化及智能化作战一直不以人的意志为转移地发生着、发展着，将继续深入推进并走向全新的样式、形式和阶段。因此，作战的智能化与智能化作战是技术发展的必然趋势，也是智能技术驱动作战及作战样式、形式发生变化、变革的规律使然。技术的智能化发展与作战的智能化发展既是正在到来的智能时代的突出标志，也是当今时代发展的重要特征。同时，毫无疑问，它也是作战仿真技术的重要发展方向和主要的仿真对象与不可或缺的内容。探讨、分析作战智能化与智能化作战仿真技术的内涵、发展路径、基本目标、主要方法、核心内容、基本形式与发展趋向是科学把握作战仿真技术未来发展态势与趋向的重要手段。本节对此作扼要介绍、探讨与分析。

6.3.1　作战智能化与智能化作战仿真技术概念内涵

所谓作战智能化，是指智能化武器被日益广泛地应用于战场、智能技术普遍地应用于作战指挥控制等各领域、各系统、各层次、各阶段，成为作战各空间、全过程不可或缺的一部分。智能化武器及智能技术被深入地融入作战各系统、各部门、各环节、各行动，使得拥有智能武器及智能技术优势的一方，拥有作战成功的更大主动权与可能性。而智能化作战仿真是对智能化作战的仿真，包括对智能化作战对象自主遂行任务的作战、智能化作战对象融入的作战、智能化作战技术支持的作战等各类别、各形式、各样式的智能化作战与保障行动的仿真，也包括战略、战役、战术各层次智能化决策、智能化作战指挥控制的仿真。

智能化作战仿真技术包括智能化作战对象自主遂行任务的作战仿真技术、智能化作战对象融入联合作战的作战仿真技术、智能化作战技术支持的作战仿真技术等。

智能化作战仿真技术的关键是智能作战模型如何建？作战智能行为如何仿？选择和创新作战智能建模技术、作战智能仿真技术是智能化作战仿真技术的重点与难点。

由于作战环境的生死存亡性、零和博弈对抗性,如何将当前产业界较为成熟的智能技术运用于作战及作战仿真,仍然是一项极具挑战性的技术疑难课题,仍然需要付出巨大的努力才能一点一点地向前推进,并伴随智能技术的发展与进步逐渐被破解。

本节以下各节对此作扼要介绍与分析。

6.3.2 智能化作战仿真建模方法

基于6.3.1节的分析,智能化作战仿真建模方法包括以下三部分:智能化作战对象自主遂行任务的作战仿真建模方法、智能化作战对象融入联合作战的作战仿真建模方法、智能化作战技术支持的作战仿真建模方法。

1. 智能化作战对象自主遂行任务的作战仿真建模方法

目前,对于智能化作战实体自主遂行任务的仿真建模比较常用的方法仍然是基于主体建模仿真(Agent - Based M&S)或基于多主体的建模仿真(Multi - Agent M&S)方法。尽管从技术实现层面,这两类(或一类)方法比较成熟,但是,从迄今的主体模型及其仿真工具、平台开发现状看,目前的工具、平台还很难支撑真实战场环境下(单一或群体)智能装备遂行真实作战任务的作战行动仿真。本质上,目前基于主体/多主体行为建模的核心是基于“规则”(if - then)的描述方法。很显然,无论作战“规则”设计如何丰满,要精确而完整描述各种作战环境下的作战条件及其正确处置方法,即便可能,也恐是一件极难完成的工作,更遑论要保证规则被正确地应用于恰当的环境条件。

目前,智能化作战实体自主遂行任务实际可行的方法是共享自主感知、尽可能实现多实体自主协同、有条件完成自主作战、复杂环境下必须要求人智主控、机智辅控、人机正确结合地完成重要作战任务。因此,对于智能化作战实体自主遂行任务的仿真建模,比较可行的方法只能是有条件地完成和实现上述三类情形的建模与仿真,而不能完全依赖目前基于主体或多主体模型的“规则”穷举法实现。

感知共享、任务协同、人智机智融合是目前此类建模的重点领域,需要继续大力开发出可用、有效、高效的方法。

2. 智能化作战对象融入联合作战的作战仿真建模方法

当智能化作战武器融入联合作战大环境中时,智能化作战与智能化作战仿真的复杂度会被极大地提高,因为此时的作战模型不仅要描述智能化作战武器作战及作战时各智能化作战武器之间的交互,还要考虑智能化作战武器作战与有人操作的作战武器、平台、系统之间的交互、协同、指挥与控制关系，以及彼此时间空间上行动的协调与同步。这会使作战仿真模型描述及仿真呈现出极高的复杂态，以及建模对象实体属性空间及行为空间上的高维度，不仅会大大提高实体的属性维度，也会使行为交互、控制的维度出现暴增。

此类行为仿真建模的关键是要正确分辨与处理有人与无人实体、系统、平台之间的交互时序、主从、机智如何融入人智环境等重大关系，保证智能作战实体行为的任务一致性、时空一致性以及与真实作战的一致性。

如何处理仿真作战实体的自主决策与受控决策并保证与真实作战决策过程、程序、方法、结果的一致，是这类作战行为建模技术上面临的挑战性课题。在真实作战中面临的这个疑难课题，同样是智能化作战仿真很难绕开和回避的棘手问题。唯一不同的是，可以通过一定的控制条件按需基于人智机智的不同融合度进行不同的仿真推演，而后依据不同的仿真推演结果，研究、分析对智能武器加入联合作战后应该给予多大的行为自控度才能够最大限度和最有效地提高和改善智能武器的联合作战效能。

因此，该类仿真建模的理想模式是将人智机智的融合度、贴近度、一致度作为联合作战行为模型构设的预置条件，视不同应用环境、条件将智能武器的自主度（自控度）作为智能武器行为实施的强约束控制条件，仿真推演时据此控制条件判定智能武器应该响应来自自身的自主控制指令还是来自外部的人为干预指令，并且明确应该在何种条件下执行何种指令。这种施加人智机智结合度控制条件的仿真应该是智能武器加入联合作战目前唯一可行的建模及仿真策略。

尽管重大行为决策，特别是作战（交战）仿真可以采用以上模式加以仿真描述，但是，并不是智能武器所有行为都必须要使用以上模式决策，如情报共享、协同、保障等行为完全可以按智能武器（装备）的真实功能（能力）加以建模并仿真，而不必额外强置或强加以上条件。

3. 智能化作战技术支持的作战仿真建模方法

智能化作战技术支持包含的内容和项目比较多，它包含了除智能武器（装备）外的所有内含智能技术支持的系统、平台、工具等，如只能辅助决策的指挥信息系统、作为侦察情报系统一部分的智能感知系统、智能辅助的定位与导航系统、智能辅助的大型作战平台等。毫无疑问，这类系统是智能化联合作战的重要力量与组成部分，智能化联合作战仿真必须对其加以模仿，构建描述其行为、活动的模型并仿真。

对于这类智能仿真，核心课题是机智怎么模仿。如果说智能技术是对人智的模拟,那么,对机智的模拟是否就演化为模拟智能的模拟,这似乎不仅是一个比较饶舌的文字游戏,而且涉及智能仿真难以回避的技术课题。也就是说,面对这样一类技术支持性机智活动的仿真,可供选择的技术实现途径只有两条:一条是机智仿真机智,即使用支持作战相同的智能技术完成这一类智能行为的仿真;另一条是使用可仿真智能的技术仿真机智。前一条路径似乎可信度更高,但是实现的难度也比较高。这是因为目前作战支持智能辅助技术本身尚不是特别成熟,并且因种种因素智能仿真技术开发方可能也比较难于从智能技术开发方获取相关模型、算法,将其应用于仿真系统之中。所以,实际可行的技术路线只有一条,就是开发仿真智能的技术用于智能仿真。由于仿真智能的技术实现路径比较多,这会在某种程度上使仿真智能相较于一些特殊环境下的人工智能的实现难度有所简化,比如某些难以仿智的环节使用“人在环”方法也可在一定程度上降低其实现的难度,其他一些云仿真、大数据仿真、概率统计模型等方法置换部分作战支持系统中的智能算法(如深度强化机器学习等)等都是仿真机智实践环节中可供考虑的技术方案、方法。

简言之,这类智能仿真的实现方案需要结合不同的应用环境分别有针对性地开发完成,实现不同应用环境下机智的仿真。

6.3.3 智能化作战仿真方法

根据智能技术应用领域的类别,可以将智能技术的应用领域划分为智能化感知、智能化火力对抗、智能化电磁对抗、智能化网络对抗、智能化控制、智能化保障等。与之相对应,将智能化作战仿真划分为智能化感知仿真、智能化交战仿真、智能化控制仿真、智能化保障仿真等。以下按上述分类,分别对其仿真方法加以简要分析、介绍。

1. 智能化感知仿真方法

智能化感知包含的装备类别、种类较多:从频谱属性上,装备工作频谱包含可见光、红外、紫外、声、雷达、电子等谱段;从空间属性上,装备搭载平台包括外层空间航天器、空中各类别飞机、海上各类舰船、海下海底各类侦测设备、陆上各类汽车、运载工具等;从控制属性上,装备包括有人、无人侦测装备等。

对以上众多的智能化感知装备及系统、体系感知行为进行仿真,需要分别构建不同类别、属性的智能化装备、系统、体系感知模型,基于各类模型完成各类智能化的感知仿真。

区分智能化感知行为的不同类别,基于各类智能化感知仿真不同的应用目的,分层次完成不同智能化感知应用仿真,是智能化感知仿真的基本方法。对于装备层次,基于需求可以构建同构模型,力争实现形、构、态三同仿真;对于系统层次,基于同态模型,实现系统感知效能的实装等效;对于体系层次,基于体系效能指标同度量衡,完成基于指标等效的数学(或统计)模型仿真。

因此,区分粒度、层次,分别构建不同粒度、层次的模型,实现不同粒度、层次的智能化感知仿真,是重要的和基本的智能化感知仿真方法。

2. 智能化火力对抗仿真方法

智能化火力对抗,是指使用智能武器完成或智能武器参与完成的火力对抗,包括单(件、台、套)智能武器完成的火力对抗、多智能武器完成的火力对抗、智能武器与非智能武器联合完成的火力对抗三大类别。

描述及仿真智能化火力对抗,可以依智能化火力对抗武器装备机器智能的自主度(或智能占比)将其划分为自主智能化火力对抗、半自主智能化火力对抗、非自主智能化火力对抗。因此,基于仿真应用需求,可以将智能化火力对抗仿真方法划分为自主智能化火力对抗仿真方法、半自主智能化火力对抗仿真方法及非自主智能化火力对抗仿真方法。

自主智能化火力对抗仿真方法可以基于触发条件、行动/响应规则实现。当战场环境触发智能化火力对抗武器装备的某一种或几种火力对抗条件或行动、响应规则时,与之相对应的智能化火力对抗行动开始实施。

半自主智能化火力对抗仿真方法与以上完全自主对抗仿真方法有一定不同。该类仿真需要在以上响应规则触发前增加控制规则(设置人、机控制条件),只在满足机智控制条件时才可触发上述规则。何种条件下人控?何种条件下机控?是这类仿真构建火力对抗控制模型必须精细考虑的重要控制量。也就是说,这类仿真方法是采用二层控制架构即“人智机智控制条件＋行动/响应规则条件”实现完成的。

非自主智能化火力对抗仿真并不是将智能武器非智能化的仿真,而是基于仿真目的按需对智能化作战武器火力对抗施加各种额外特殊限制条件的仿真(如对察打一体无人机对战场特别重要目标的袭击,可以归属该类仿真)。这类仿真,可以选择基于完全人控或基于推演想定按需预设火力对抗控制规则的方法实现。

智能化火力对抗仿真是智能化作战仿真中非常重要的一种形式,需要结合仿真需求选择与仿真目的贴合度高的仿真方法应用于实践中。

3. 智能化电磁对抗仿真方法

智能化电磁对抗仿真包括单一谱段智能化电磁对抗仿真、多谱段智能化电磁对抗仿真及全谱段智能化电磁对抗仿真三种形式。与之相对应,智能化电磁对抗仿真方法也包括以上三种基本形式。

单一谱段智能化电磁对抗这种形式最简单,只需按需选择明确电磁对抗源(载体)按照指定的时域、空域、频谱谱段(如雷达、电子、红外等谱段)、确定的干扰强度(功率)对特定时间、空间内的特定目标实施压制或扰乱。因此,这类形式的仿真,可以采用实物仿真、半实物仿真或数学仿真的形式完成。无论选用何种形式,都必须确保干扰效能能够在确定的时间空间内抵达、作用于确定的(干扰)目标对象。

由于多谱段智能化电磁对抗仿真及全谱段智能化电磁对抗仿真一般较难采用实物,因此,对于这两类仿真形式,建议采用数学仿真的方式完成。这需要构建比较完整的多空间、多载体、多类别电磁对抗装备器材对抗干扰能量输送路径、形式、作用介质、传播规律及对抗效能分析等数学模型,并将其与作战仿真的战场环境相互融合。

电磁对抗仿真的智能化控制模型相对较为简单,只需依作战指挥控制要求将其完全规则化、条件化就可完成。

4. 智能化网络对抗仿真方法

此处网络特指信息网络,如指控网络、情报网络等。这类网络,一般都由无线及有线网络集成实现。对于其电磁干扰部分(特别是对其无线网络)的对抗仿真,6.3.2 节论述的方法可适用。但是,对于其比较纯粹的网络对抗部分,如病毒攻击等,则适用于本节方法。

智能化网络对抗仿真可以划分为智能化战术网络对抗与智能化战略网络对抗两大类别。对于这两类网络对抗仿真,基本的方法主要有两种:一种是基于统计层面的攻击单元(如病毒等)对于网络的穿透力(感染率、传播率、破坏率)使用传播方程(如传染病方程、粒子输运的平均场方法)等计算评估对网络的破坏力;另一种是基于网络的智能主体交互感染传播的方法,计算一定时段后网络被破坏、受损的程度。

上述两种方法均是智能化网络对抗仿真比较常用的方法,也是被实践验证比较有效的方法。

5. 智能化控制仿真方法

智能化控制仿真方法主要包括基于规则的方法与基于机器学习的方法两大

类。在仿真应用实践上究竟应该选择何种方法,需要根据仿真目的确定。应用于控制智能算法验证,建议采用基于智能技术(机器学习等)的方法;而应用于训练及联合作战效能评估,建议采用基于规则的方法。

6. 智能化保障仿真方法

智能化保障仿真可以采用基于主体的方法。这是因为基于主体的方法可以很好地仿真智能化保障单元的保障行动/行为,与真实的战场智能化保障一致,实现联合作战背景下的高逼真度保障仿真。

高效实现基于主体的智能化保障仿真的关键是正确选择主体的分辨粒度,使仿真的效率与可信度实现最佳匹配、结合。

智能化保障仿真还需与联合作战其他仿真形式进行高度融合,以保障联合作战仿真的联合效能得到准确描述与呈现。

6.3.4 智能化作战仿真应用形式

从作战应用角度,智能化作战仿真应用形式主要包括单装智能化作战仿真、智能化集群作战仿真、联合作战智能化仿真及体系对抗智能化作战仿真四种基本形式。以下对其分别加以简要分析、介绍。

1. 单装智能化作战仿真

单装智能化作战仿真需要基于不同的仿真目的使用不同的仿真方法或形式。如果是装备论证,则需要构建几何形态、物理形态、运动形态、装备性能等不同形态表征的模型,尽可能完整复现装备的物理性能;如果是效能评估,则需要尽可能构建比较完整的想定应用环境,将仿真装备应用于仿真的作战环境,检测装备的应用效果或作战效能(当然此时也可使用实物仿真,在靶场更真实地检测智能装备的作战效果或效能);如果是用于训练,则应该尽可能搭建比较逼真的智能装备应用操控环境,提供高逼真度的仿真战场,在近于真实作战的环境中训练操控人员的技能水平,提高训练效益、效果等。

单装智能化作战仿真方法或形式取决于应用目的或应用需求,重点在于装备自身性能、效能、操控技能仿真,辅以必要或必备的仿真环境或靶场环境。

单装智能化作战仿真属于实体层次的仿真。

2. 智能化集群作战仿真

智能化集群作战仿真相较于单装智能化作战仿真复杂度更高,但仿真层次有提升,分辨粒度略粗。不要求物理同构,但要求行为空间同态。智能化集群作战仿真应用要求仿真描述智能化集群各实体的个体行为及集群整体作战效果,要求描述并提供集群各智能实体的时间空间数据、运动状态数据、作战行动数据、集群智能化控制规则(含集群集结及解聚)数据、集群交战规则数据、集群运动(机动)行为规则数据等。

智能化集群作战仿真的重点是智能个体和集群行为模式和方式方法,个体和集群行为规则的正确、可用和有效是实现仿真最终可用性和有效性的关键、焦点、难点。

3. 联合作战智能化仿真

联合作战智能化仿真,相较于智能化集群作战仿真更为复杂,特别需要重点关注和处理有人智能化系统和无人智能化系统的协作、协同与集成。如何仿真有人智能化系统和无人智能化系统协作、协同与集成,是联合作战智能化仿真研究的重点,也是难点。基于仿真目的,其技术实现方案可供选择的路径主要有两条:一条是“人在环”方法;另一条是将有人智能化系统“机”智化,通过构建智能模型,以机智简化人智,实现有人与无人系统的智能化集成。

实现智能化无人系统与有人操控系统(如航空母舰、有人驾驶作战飞机/坦克/舰艇等)的集成,保证一体化联合作战指挥控制系统对其实施一体化的指挥与控制,完成具有同一作战目标、目的的联合作战行动,是联合作战智能化仿真首先必须面对和处理的挑战课题。

联合作战智能化仿真需要构建仿真用联合作战指挥控制平台,与大多数目前联合作战仿真指控平台不同的是:该平台不仅要保证与真实作战指挥控制平台指挥界面、指挥流程、指挥方式方法的一致,还要特别构建支持智能化作战的专用智能化指控模型与算法,以满足实践上联合作战智能化仿真的应用需求。特别是,这类智能指控模块从功能上需要满足以下应用需求:从空间构成上,需要支持陆战场、海战场、空战场、天战场、电磁战场、网络战场等各维度作战空间的智能化融合;从作战兵力构成上,需要支持陆军、海军、空军、火箭军等各军兵种作战力量的智能化融合;从行动性质上,需要支持情报、指控、作战、保障等各类别作战行动的智能化融合;从分辨颗粒度上,需要支持单装、单兵、单作战单元、单作战系统、联合作战单元、联合作战系统、联合作战体系等不同等级、层次的对象实体的各作战阶段、作战过程、作战空间的智能化融合等。

上述各类融合的重点和难点是模型。能否构建完成高质量的联合作战智能化模型,将成为检验联合作战智能化仿真项目能否取得成功的主要标准与标志。

鉴于联合作战智能化仿真从仿真平台、仿真模型、仿真方式、仿真方法、应用形式上与前几类仿真及以前在用的联合作战仿真有较大不同,因而构建联合作战智能化仿真系统时需要在系统设计、建模及仿真应用实践上注意辨识差异与不同，力争构建能够满足各个不同应用需求的系统。

4. 体系对抗智能化作战仿真

体系对抗智能化作战仿真是智能化作战仿真应用的终极阶段和高级形式，也是所有智能化作战仿真中最复杂的一种应用形式。

体系对抗智能化作战仿真相较于联合作战智能化仿真复杂度更高，原因是它不仅要对单一的联合作战智能化体系进行建模与仿真，而且要对两个或多个具有不同使命目的的联合作战智能化体系进行建模与仿真，同时还需要对多个体系之间的复杂关系（协同、对抗、部分援助与支持等）进行建模与仿真。多个智能化作战体系及多个智能化作战体系之间多类别复杂关系的建模及仿真，不仅需要正确描述单一方智能化系统与非智能化系统（并非仅仅使用单一的有人系统与无人系统可以分划）之间的指控、协同等关系，更要清晰区分、正确描述不同方作战体系之间的对抗、协同及每方体系内部的多类别复杂关系。

辨识、区分、准确描述体系对抗智能化作战各类关系只是构建体系对抗智能化作战仿真模型的基础，能否正确理解、科学描述各方智能化作战体系内部及各方智能化作战体系之间的机理机制是最终能否完成正确构建体系对抗智能化作战仿真模型的决定性因素。

多方、多层次、多类别、多粒度、大规模智能化实体与非智能化实体及其融合的实体描述及行为建模是体系对抗智能化作战仿真复杂度提升的主要原因，也是决定体系对抗智能化作战仿真能否取得实践成效的关键。

因此，体系对抗智能化作战仿真的难点和重点是多方、多层次、多类别、多粒度、大规模智能化实体与非智能化实体及其融合的实体描述及行为建模，深入理解与科学认识同方、对抗方的不同层次、不同粒度智能实体和非智能实体的作用交互机制、方法（包括聚合解聚原则、模式和方法），是实现体系对抗智能化作战仿真的方法论，也是最重要的原则和指南。

6.3.5　智能化作战仿真发展趋向

伴随智能技术更加深入影响和应用于军事、政治、经济、社会各领域，作战智能化、智能化作战、仿真智能化、智能化仿真都必将成为作战、仿真两大领域及其共融的领域内耳熟能详的术语和各语境中习见的用语、概念。毫无疑义，智能化作战仿真也必将迎来一个全新而快速的发展节点，强力驱动和推进作战仿真技术迈向效能、效率、可信性全面提升的新阶段。

智能化作战仿真的未来发展趋向主要包括(但不限于)以下几方面。

1. 作战仿真平台智能化

作战仿真平台智能化有两层含义:一是将智能技术广泛深入地应用于平台构建,使仿真平台具有很强的应用适应性;二是增强平台功能的智能性,提高、保持、保证平台对智能化活动(作战、决策)的支持能力。

只有基于智能化的作战仿真平台,才能完成和实现智能化的作战仿真。单装智能化作战、智能化集群协同、有人无人智能化一体联合作战、智能化体系对抗等各类别智能化作战仿真均需要仿真平台具有非常高的智能性和普通性。

作战仿真平台智能化包括平台架构的智能适应性、平台功能的智能适应性、平台应用支持的智能适应性、平台应用互联的智能适应性和平台数字化的智能适应性等。

作战仿真平台智能化是实现智能化作战仿真的基础。只有实现作战仿真平台的智能化,才会实现智能化作战行动及智能化作战决策的智能化仿真,提高、增强对智能化作战行动的响应速度、编组模式、力量聚合、行动过程及结果、效果分析、评估的仿真适应性。

2. 作战行动仿真智能化

伴随"机智"在作战行动中承担的责任和所发挥职能作用的不断提升、增长、扩展,作战行动的智能化是未来智能化作战的必然趋向,因而,智能化作战仿真、作战行动仿真的智能化也是作战仿真技术发展的必然和结果,作战行动仿真的智能化是实现智能化作战仿真的基础、必备要素,也是必要条件。

作战行动仿真智能化包括作战行动仿真实体建模的智能化、实体行为决策的智能化、实体行动控制的智能化、实体交战规则的智能化及实体战损效果评估的智能化、实体数据存储/访问/交互的智能化、实体存亡的智能化等。

3. 作战仿真决策智能化

作战仿真决策智能化具有双重含义:一是作战决策仿真的智能化;二是智能化作战决策的智能化仿真。二者不具有非此即彼的界面,而是伴随不同应用环境相互交织、融合,并存在一定程度的叠加。

因此,作战仿真决策智能化既是对决策智能化仿真的要求,也是对智能化决策仿真的要求。二者均需要将智能技术深度嵌入决策模型构建、决策过程仿真及决策效用、效果的智能化评估中。

如何使决策仿真智能化和完全实现智能化决策的智能化仿真,是作战仿真决策智能化的两大主要研究方向和核心课题。

作战仿真决策智能化技术包括作战仿真智能化技术、作战智能化技术、作战决策智能化技术、作战智能化决策仿真技术、作战决策仿真智能化技术及作战决策智能化仿真综合应用技术等。

作战决策智能化仿真的核心技术是各类决策模型的建模，主要包括智能化决策模型建模、决策智能化规则建模、作战仿真决策模型建模、智能化决策规则建模等。

4. 作战仿真战场智能化

作战仿真战场智能化，是指对于作战仿真战场环境建模及模型描述具有较高的智能度，能够确保智能化作战仿真各类作战实体与战场环境实体的交互按时按需按空间分布高效完成，保证各类行动对环境的影响、作用及环境对各类实体的影响、作用实时得到精准度量、描述、分析、评估。

作战仿真战场环境智能化包括环境数据获取智能化、环境数据访问智能化、环境信息生成智能化、环境作用影响智能化、环境可视化描述与环境信息集成智能化、自然环境信息与人工环境信息交互智能化、多维度环境信息综合集成智能化、环境实体之间及环境实体与作战实体之间信息交互智能化等。

作战仿真战场环境智能化核心技术是各类智能算法对环境实体及环境信息、数据生成、访问、交互、集成的深度嵌入及融合，保证环境信息生成、应用、交互的高适应性及各类动态环境信息按多方交战所需实时更新、改变及调整。

作战仿真战场环境智能化技术是实现智能化作战仿真的重要基础技术。

5. 作战仿真多分辨粒度实体聚合解聚智能化

多分辨粒度实体聚合与解聚，是高层次作战仿真应用技术实现的难点，也是重点。对于智能化作战仿真，其技术实现的复杂度、难度更高、更加艰巨。这主要是因为智能化作战仿真多分辨粒度实体的聚合与解聚除面临习见的实体聚合解聚困难与挑战外，还将面临大量何时、何地、何种态势实现何种层次、何种粒度的实体聚合解聚等大量时空作战聚合解聚条件的辨识、判别及自主适应与应用等技术难题。

作战仿真多分辨粒度实体聚合解聚智能化技术包括多分辨粒度实体聚合解聚条件智能化识别技术、聚合解聚颗粒度智能化识别技术、多分辨粒度实体智能化聚合技术、多分辨粒度实体智能化解聚技术、智能实体智能化聚合解聚技术等。

作战仿真多分辨粒度实体聚合解聚智能化是高层次作战仿真聚合解聚技术发展的一种新的形态和阶段，也是智能实体聚合解聚技术发展的必然。

作战仿真多分辨粒度实体聚合解聚智能化的核心技术是实体聚合解聚原则、模型、应用方式、方法、模式的智能化构建技术及智能化应用技术。

作战仿真多分辨粒度实体聚合解聚智能化需与联合作战行动仿真智能化同步推进、实施。

作战仿真多分辨粒度实体聚合解聚智能化技术是智能化作战仿真的核心技术,其进展快慢与技术可用度、创新度在一定程度上影响和决定着高层次智能化作战仿真的实践成效,需要引起高度重视并付出坚定努力以取得重大创新性研究成果。

6. 作战仿真想定设计智能化

作战仿真想定设计智能化包含三方面含义:一是想定设计工具的智能化,极大地提升想定设计人员想定设计的时效、质量;二是想定内容设计的智能化,使想定设计的效率和可用性与快速变化的战场形势保持同步;三是想定应用方式、程序的智能化,使想定设计高效地转化为作战仿真编制、编成、任务、态势数据,无缝地嵌入智能化作战仿真全过程、各层次、各阶段、各任务单元。

作战仿真想定设计的智能化是作战仿真想定设计的重要发展方向,也是未来智能化仿真发展必须同步跟进的重要研究领域。

作战仿真想定设计智能化技术包括:想定使命任务智能化分解技术;使命任务清单智能化拟制技术;战略战役态势智能化合成与分解技术;格式化想定智能化生成技术;想定数据智能化提取技术;想定使命任务、作战任务、能力清单智能化转换与交互技术;基于国际安全环境的想定态势智能化提取技术;战略构想、战略环境、战役想定、作战想定信息智能化交互与转换技术;想定拟制人智、机智智能化集成与交互技术等。

作战仿真想定设计智能化技术是非常重要的智能化作战仿真基础技术,需要引起相关部门、机构、人员的高度关注、重视并予以大力研究、解决。

7. 作战仿真评估智能化

智能化作战仿真对评估的科学性、准确性、时效性较目前在用的大部分作战仿真要求更高。只有实现评估智能化,才能够使评估适应和适用于智能化作战仿真对评估高时效、高精准度的要求。

作战仿真评估智能化包括评估模型智能化、评估方法智能化和评估程序智能化。评估模型智能化包括智能化评估建模及构建智能化评估模型两层含义。评估方法智能化和评估程序智能化包括将智能技术嵌入评估方法、评估程序所形成方法、程序智能化及应用智能化方法、程序完成评估而形成智能化评估方法、程序两大类别。二者的差异在于前者是将智能技术应用于方法、程序，而后者是将方法、程序智能化。

作战仿真评估智能化技术也是重要的智能化作战仿真基础技术，同样需要引起技术研发机构、人员的高度关注、重视，应该加以研究、解决。

8. 作战仿真数据智能化

作战仿真数据智能化的基本含义是实现作战仿真全流程、全作战阶段、全生命周期各粒度、各层次、各等级数据的获取、处理、传输、应用等的智能化。作战仿真数据智能化是作战仿真数据采集、应用的高级阶段和形式，是作战仿真数据工程化开发和应用获得重大实践效益必须历经的重要阶段和高级形式。

作战仿真数据智能化包括作战仿真数据采集智能化、作战仿真数据传输智能化、作战仿真数据处理智能化、作战仿真数据交互智能化、作战仿真数据应用（人机、机机、人人）接口智能化等。

毫无疑问，在深入推进智能化作战仿真的进程中，作战仿真平台智能化、模型智能化、数据智能化是所有智能化技术发展的重中之重和面临的最主要挑战。只有完全实现平台、模型、数据的智能化，才能使智能化作战仿真具有坚实的基石，也才能使作战仿真真正实现具有实践价值的智能化蜕变。

最后仍然需要强调：智能化作战仿真技术不是一项孤立冒进和发展的技术，需要与虚拟化作战仿真技术、网络化作战仿真技术、数字化作战仿真技术并力共进，共生共融，加速智能化、网络化、数字化、虚拟化作战仿真技术群的兴起和一体化，形成新一代具有高创新度、高应用实践价值的作战仿真技术高地。

6.4　作战数字化与数字化作战仿真技术发展展望

数字化与作战数字化，作为热词、概念进入大众视野，至少已有 30 多年时间（从 20 世纪 90 年代初开始），但是，其作为一个从战略到工程，从武器装备研制、作战到社会政治、经济、生活各领域被全面彻底浸润，且作为一种主导思维理念和解决众多问题的工具手段，应该说也仅仅是在近几年才开始出现的现象。从技术发展角度，数字化已经进化为当今社会各领域发展普遍追求的目标、过程与基本存在形式。研究、探讨作战数字化和数字化作战仿真的发展趋向，只能在当今这个大的时代背景下进行。本节对此进行扼要分析、研讨。

6.4.1 作战数字化与数字化作战仿真技术概念内涵

厘清作战数字化、数字化作战、作战数字化仿真与数字化作战仿真基本概念之间的关系,是正确理解、准确界定作战数字化与数字化作战仿真技术概念内涵的基础。作战数字化是作战装备、样式、形态、形式等呈现、展现、表现出的数字化特征,数字化作战是使用数字化装备、器材、工具、手段所实施或进行的作战。作战数字化仿真是对作战数字化特征、样式、形态的仿真,数字化作战仿真是对数字化作战的仿真。由此可见,以上四个基本概念之间的关系存在着极为微妙、彼此交织的复杂关系。

数字化作战仿真是数字化作战的基本仿真形式,也是数字化时代作战仿真技术的基本表现形式。深入探讨、解析数字化作战仿真技术的概念内涵、主要内容、基本形式、发展趋势对于准确把握作战仿真技术的发展趋向具有基础性、决定性价值。

数字化作战仿真技术是用于支持数字化作战仿真的基础技术和应用技术的统称,是构建数字化作战仿真系统、完成和实施数字化作战仿真的核心技术和支撑技术。

数字化作战仿真技术主要包括:数字化作战建模技术;数字化作战仿真技术;数字化作战仿真平台构建技术;数字化作战建模仿真数据标准、模型标准、体系架构标准、支撑平台技术标准等。其中最重要的技术是数字化作战建模技术与数字化作战仿真技术,而二者的难点与重点是数字化作战仿真建模方法与数字化作战仿真方法。

6.4.2 节和 6.4.3 节将对此加以简要分析、介绍。

6.4.2 数字化作战仿真建模方法

数字化作战仿真建模与各类传统作战仿真建模的最大差异与显著不同是如何处理和描述所有作战实体静态属性及其行为属性的“数字化”。数字化是数字化作战仿真建模的重点,也是难点。“数字化”遍及数字化作战全空域、全时域、全频域。在数字化作战战场上,“数字化”无处不在、无时不在。如何对数字化作战全空域、全时域、全频域的“数字化”建模,是数字化作战仿真建模需要考虑的首要问题。基于这一事实,从数字化作战仿真应用层面,数字化作战仿真建模方法至少应该包括(但不限于)数字化作战实体建模方法、数字化作战系统建模方法、数字化作战体系建模方法、数字化作战体系对抗建模方法。

以下逐一进行扼要介绍。

1. 数字化作战实体建模方法

数字化作战实体较传统作战实体的主要不同是其各类物理属性、行为属性、内外连接、交互属性的表现形式必须是数字化的，其建模方法必须为实现实体的数字化表述与呈现形态提供原则、规范指导和工具、手段支持。

数字化作战实体模型有不同的颗粒度，其建模分辨粒度需要依据其建模对象实体的应用层次、应用场景、战法、作战原则等确立。不同颗粒度的数字化作战实体的作战行为机制、机理有较大差异，其建模所遵循的原则与方法也有较大不同。

数字化作战实体建模需要依据实体位居层次、分辨颗粒度采用基于功能属性的建模方法实现、完成。高精度的数字化作战实体是数字化作战孪生实体，低精度的数字化作战实体模型可能仅仅是数学函数或数学方程的描述形式，如数字化实体探测概率模型、数字化实体毁伤概率模型，数字化作战实体兰彻斯特交战模型等。

从作战功能属性上，数字化作战实体的基本功能属性包括数字化感知、数字化指控、数字化交战、数字化（后勤、装备）保障、数字化通信、数字化协同等。这些不同类别的功能属性既是数字化作战实体建模描述的对象，也是建模必须达成、实现的目标。如何对它们建立满足数字化作战仿真需求的数字化作战、保障、指控模型，决定了数字化作战实体建模的可用性、有效性、可行性和适用性。

尽管对这些功能属性的建模，可以参考或借鉴经典的各类实体建模方法及框架，但不能完全照搬或全部移用这些经典的建模方法。数字化作战实体的建模必须凸显各类建模对象及其物理属性、功能属性、应用环境的数字化特征，即必须科学描述和完整呈现数字化作战实体的本质属性——数字化的作战装备、数字化的功能应用、数字化的环境交互及数字化的作战效果等。这些特征的描述及呈现需要将传统的实体建模方法注入“新的元素”，增加、补入新的工具及手段。

数字化作战实体建模的最高境界是构建一个与真实世界完全“同一”的“数字孪生世界”及一个与真实作战“高度一致”的“数字孪生作战空间”。但是，在完成一个实际应用的数字化作战仿真系统或支撑平台的实践过程中，不需要、实际上也不可能完全实现这样的要求或结果，需要且必须做到满足数字化作战仿真需求的“数字孪生作战空间”、“数字孪生作战模型”及“数字孪生作战实体”。

数字孪生技术是数字化作战实体需要引入的建模方法与技术。但是，这里需要特别注意数字化作战实体的建模并不等同于各类实体的数字孪生建模。数字化作战实体的建模需要按不同分辨粒度、颗粒度建立不同分辨能力的数字化作战实体模型,这里的数字化作战实体模型既可以是数字化作战实体的孪生模型,也可以是根据数字化作战仿真需要的其他类别的数字化作战实体模型,如粗粒度的数字化作战实体数字模型、中等粒度的数字化作战实体数字模型,只有细粒度的数字化作战实体数字模型才可能是或接近数字化作战实体孪生模型。

因此,数字化作战实体建模方法主要包括数字化改造后的经典作战实体建模方法、基于数字化智能主体的建模方法、基于数字孪生技术的数字化作战实体建模方法、基于虚拟实体的作战实体数字化建模方法等。在仿真实践应用中,可以选取一种建模方法应用,也可以多种建模方法综合应用。

2. **数字化作战系统建模方法**

数字化作战系统模型需要基于数字化作战实体模型、数字化作战系统的功能设计及基于功能设计模式下数字化作战实体的功能及物理连接方式方法构建完成。如何实现功能设计、基于实体的物理连接与功能连接是数字化作战系统建模需要面对和处理的主要挑战和技术课题。

从作战维度,可以将数字化作战系统按作战功能划分为数字化侦察感知情报系统、数字化指挥控制系统、数字化火力打击/电磁对抗/网络攻防系统、数字化后勤保障系统、数字化装备保障系统、数字化通信保障系统等。但这种按功能类别划分的方法是相对的,也可以基于不同作战及仿真需求进行不同的类别划分。

具有完整的系统功能是数字化作战系统与数字化作战实体区分的基本标准与主要标识,也是数字化作战系统与实体仿真建模方法区分的显著标志。

实现具有作战功能的系统,需要实现具有不同类别属性的功能实体的组构与集成,因而指控实体、通信实体是所有具有作战功能的系统组构的必择实体,其他实体则需要基于系统的不同功能属性分别连接与集成,如感知情报系统必须联入感知实体、保障系统必须联入保障实体等。因此,在实现数字化作战系统建模的前一阶段即实体建模阶段必须完成所有数字化作战实体作战功能属性的标识与区分,按作战仿真应用及系统功能集成之需分别将其划分、标识为指控实体、感知情报实体、火力打击实体、电磁对抗实体、通信实体(网络信息传输实体)、后勤保障实体、装备保障实体、战场环境实体等。在完成基于功能属性分类的数字化作战实体建模后,再完成各类数字化作战系统模型的建模与集成。

不同的仿真应用目的与不同的仿真应用环境,需要构建具有不同分辨粒度的数字化作战系统模型;用于装备系统研制,需要构建数字孪生层次的数字化作战系统模型;用于教学训练目的,需要区分是装备操作层次还是战役战术训练层次,低层次模型需要达到实体级操控界面,而高层次模型仅仅是实体效能指标级别就可以满足需要;用于作战规划、战略推演目的,仅仅构建系统性能、效能指标层次的数学模型就可满足需要。

因此,数字化作战系统模型具有不同的分辨粒度,构建何种粒度的数字化作战系统模型需要结合数字化作战仿真应用的目的和目标加以确立。需要特别强调的是:数字化作战系统建模可以基于“传统的作战系统建模框架+数字化特征嵌入/改造”完成,也可以采用“数字化实体描述+实体数字化互联+基于功能属性的数字化实体集成”的方法完成。具体应用何种方法完成建模,需要结合作战仿真应用的目的和目标而确定。

3. 数字化作战体系建模方法

体系基于系统组构,具有完整的体系功能,但从集成层次上,体系高于系统。体系组分之间的耦合度低于系统组分,体系组构的方法与机制不同于系统。体系的组构与析构基于应用环境需求完成,具有较高的动态性、临机性、易变性、灵活性。数字化作战体系也是如此。由于体系运行的机理机制、方式方法不同于系统,如何对其进行建模,达成体系仿真的目标,不能挪用、照搬系统建模的方法实现。

数字化的作战系统组分、数字化的物理连接、数字化的功能应用,决定了数字化的作战体系与传统体系有较多不同,也决定了数字化作战体系建模在许多方面不同于传统的体系建模。如何凸显数字化体系的数字化组构与析构及数字化组分系统的集成与解集的数字化特征、机理与机制是数字化作战体系建模需要关注的核心内容,也是确立选择、创新何种建模方法需要把握的核心策略、方法与原则。

数字化技术使人类能够构想、奔向和实现一个“元宇宙”时代,无疑地,在军事领域正在创生、演化、发展出一个战争元宇宙的时代也不再是异想天开和痴人说梦,而完成满足军事领域体系层次应用所需的实体、系统、体系的数字化模型的构建将是最终完全实现具有高应用价值的数字化作战体系仿真和数字化战争体系元宇宙这一梦想的基础与基石。只有站在这一高度、层次,才能够发现具有较高科学和应用价值的数字化体系建模方法。

数字化作战体系的建模除重点关注实体、系统、体系数字化本身的建模及实体、系统之间跨越层次的连接机理机制的建模外,更需要特别关注不同层次、不同应用的不同实体、系统、体系不同粒度的数字化描述及不同粒度建模对象之间聚合解聚机制、规则的处理与建模。数字化作战体系模型本质上是一个包含多层次、多粒度、多系统/多实体的数字化模型体系及其关联机制机理规则的集合体,实际应用需要基于作战仿真目的在相同的体系仿真平台上完成现实作战体系与数字化作战体系之间的同构或同态映射及部分虚实双向互通、互联与映射、投射、反射及多态多形式的数据化正向逆向多重转换、建构、描述。

数字化作战体系建模方法主要包括基于体系工程的数字化作战体系建模方法、基于综合微观分析的数字化作战体系建模方法、基于超网络的数字化作战体系建模方法、基于数字孪生的数字化作战体系建模方法、基于通用体系架构的数字化作战体系建模方法、基于作战想定与战争工程设计的数字化作战体系建模方法等。

以上几种方法各有优势及局限,具体建模实践选择使用何种建模方法,需要基于数字化作战体系仿真的应用目标和目的而确定。

需要特别指出的是:上述方法的应用均需要基于数字化作战实体、数字化作战系统、数字化实体与数字化作战系统的数字化链接实现和完成,也是传统体系建模方法所没有强调和提出的特别要求。

4. 数字化作战体系对抗建模方法

体系对抗是数字化作战的基本形式,也是凸显数字化作战基本特征的主要形式,还是数字化作战仿真建模的核心作战样式。构建体系对抗模型、实现体系对抗仿真,是数字化作战仿真的使命任务,也是实现数字化作战仿真效用和价值的基础。

基于仿真应用需求和任务目标,可以将数字化作战体系对抗仿真划分为单方对抗数字化作战体系对抗仿真、双方对抗数字化作战体系对抗仿真和多方对抗数字化作战体系对抗仿真三种基本仿真形式。每种形式对于模型描述的方式方法及模型体系构成、结构形式、表达形态有不同要求。

以下分别对数字化作战体系对抗这三种仿真形式的建模方法加以扼要分析与介绍。

第一种:单方对抗数字化作战体系对抗建模方法。

单方对抗是一种基于作战分析仿真的方法,也是一种比较传统的作战分析仿真方法。这种方法的优点是方法简单、易于操作,可以快速地获得方案评估结果;缺点是简化因素比较多,对于对手的设计缺乏灵活性,所获得结果的可信度不能得到完全保证。但是,作为体系对抗仿真方法的一种简化形式,在许多特殊场合依然被频繁使用,特别是装备体系设计研制部门使用较多。这里对其建模特点、方法加以扼要介绍。

单方对抗,并不是逻辑表述上的一种似乎矛盾的语词,而是指在作战分析领域将作战环境(对手、作战装备、力量编成部署、战法等)完全预设,在这种完全预设的作战环境中分析仿真推演作战体系力量编配、兵力部署、装备体系构成等体系作战方案的有效性及装备体系效能、武器装备作战能力量值的一种分析仿真方法。

这种对抗方法建模除需要完整构建单方作战体系的各类实体、系统及体系的模型外,还需要对作战环境进行完整地设计,将对手作战意图、作战兵力编成、作战装备、作战部署、作战战场自然和人工(社会、军事、政治、经济等)环境、对手的作战指导方针、战略战术、战法等各种因素指标化,再在设定的作战环境下完成不同兵力构成、不同作战规模、不同作战样式的作战想定设计,而后基于不同粒度、不同层次的体系对抗作战(火力打击、电磁干扰、网络对抗等)模型进行多轮次/波次对抗仿真,最后,基于仿真数据、仿真目标和目的给出单方对抗仿真的最终结果数据,获取评估结论。

第二种:双方对抗数字化作战体系对抗建模方法。

双方对抗是体系对抗一种比较经典的对抗模式,也是研究体系对抗一种比较典型的对抗模式。如何设计、建构双方对抗模式下的体系对抗模型,是体系对抗仿真必须面对、解决的首要课题。双方对抗模型设计与单方对抗模型设计一个本质不同是建构各类作战效能模型所选取和使用的量均须作为变量,而不是像单方对抗那样将对方作战各类影响因素参数化、设计为参量,依各类想定条件赋值,对己方作战方案、作战设计、装备体系构成的有效性、可行性给出评价结果并赋予置信度。当影响双方作战行动的各因素均为自由变量时,所建构的模型的变量组合是高维的,随变量个数呈指数级增长,使得模型应用只能使用仿真推演模式,经过“人在环”的多想定、多模式、多轮次推演获得可信的、高价值的兵力编配、装备构成、作战部署等各类方案、效能性能数据,用于装备体系研发及部队兵力结构调整、编成、部署及战略、战役、战术、战法设计等仿真研究目标、目的。

用于双方对抗的体系对抗模型的建模需要采用基于红蓝双方自由对抗的兵力编配、编成、部署的作战体系对作战体系的攻防对抗模式完成,红蓝双方全部行动模型的构建需要在体系对体系的大背景及模式下完成。行动需要体系支撑、体系任务目标需要行动去实现和达成,构成在双方对抗模式下体系对抗建模的基本条件与要求。建构何种体系、使用何种体系何种作战力量、保障力量交战与行动是建模需要考虑的首要因素与基本指导。实现基于实体、系统的、体系的灵活组构与析构是体系对抗模型设计的运行机制要求。

双方对抗的数字化作战体系对抗建模方法主要包括:基于作战对象典型数字化作战体系编配、运用及己方数字化作战体系编配、运用的体系对抗建模方法;基于国内国际战略形势、可能作战对手演化与敌我数字化作战体系典型/理想编配、演化的体系对抗建模方法;基于体系装备研发技术、应用于军事领域的颠覆性技术发展及演化的红、蓝双方数字化作战体系对抗建模方法;基于红蓝双方的军事、经济、技术发展战略蓝图的作战体系设计及演化的数字化作战体系对抗建模方法等。

在实践中,常常需要将以上方法综合或混合应用以达到预期并切合实际的效果。

第三种:多方对抗数字化作战体系对抗建模方法。

多方对抗是一种现实世界更为实际的体系对抗模式,也是国与国之间或利益攸关的重要对抗方之间发生战争所可能出现的更为现实的体系对抗情形。这种对抗模式需要明确主要对抗方(或联盟)、协助(或援助)对抗方及次要对抗方。这种情形下主要对抗方的体系编配、构成及运用会产生一些变化,协助对抗方、次要对抗方的参战力量会直接、间接进入主要对抗方作战体系的编配、构成、运用之中,使主要对抗方的体系力量结构及体系力量的效能发生较多变化。如何完成这种模式下的体系对抗建模,实现预设的体系对抗仿真目标,是模型设计需要优先考虑的事项。

多方对抗模式下的体系对抗建模首先需要确立参与对抗的对抗方数量、规模、力量结构、编配部署并正确处理全部对抗方参与对抗的方式及方法:是直接参与到某一方的力量编配并成为其作战体系的一部分,还是作为独立作战力量参与对抗另一方或者是仅仅为某一方提供情报等辅助型作战协助、协作支持?不同对抗方、参与对抗的不同力量配系及不同的参与对抗的方式方法决定了体系对抗模型的不同结构形式、模型构成及模型运行的方式方法,并规定了全部模型的体系结构、模型种类、模型层次、模型形式及分辨粒度。在此基础上,可以分别采用两两对抗(可参考双方对抗模型及建模方式方法)而后综合、集成的方法形成多方对抗模型体系及对抗效能、结果数据,或者采用先完成力量编配综合,而后再基于该力量配系进行主要对抗方(红蓝)的体系对抗建模及仿真。

需要特别注意的是:无论采用何种建模方法,完成双方对抗的体系对抗模型建模及所形成的完备的双方对抗的模型体系都是多方对抗体系对抗模型建模及获得完整的多方对抗模型体系的基础。

6.4.3　数字化作战仿真方法

从仿真应用层次和分辨粒度角度,数字化作战仿真方法可以划分为单实体数字化作战装备仿真、多实体数字化作战系统仿真、多系统数字化作战体系仿真、多方数字化作战体系对抗仿真四种方法。以下分别对其进行简要介绍与分析。

1. 单实体数字化作战装备仿真方法

单实体数字化作战装备仿真方法包括数字化虚拟仿真、数字化半实物仿真和数字化实物仿真三种类别。单实体数字化作战装备仿真主要应用于装备研制,其次是装备操作训练、教学。虚拟仿真方法具有较高的沉浸感,可以可视化地精细观察单装实体部件之间的连接、运行及活动规律,也可以精确计算单装实体与运行、使用环境之间的交互、作用、影响参数与变量值。半实物仿真方法是将数字化装备的部分构件、器件使用实物而其他部分使用模型替代完成仿真的一类方法。这类方法的优点是降低了对复杂器件仿真建模的难度及精确度的损失,提高了对装备关键能力指标设计的可用度、可信度、精确度。实物仿真一般用于装备性能、效能检测与鉴定,通常在靶场或各种检测、鉴定、评估中心开展,是装备研制、验收、批量生产及装备部队前必须完成的一种仿真形式或仿真活动。这类仿真方法对场地、环境要求较高,通常对于部分很难提供实物的环境因素或条件也需要采用仿真的办法完成。实物仿真是单实体数字化作战装备研制/采办部门必须提出、提供并应用的一种重要的仿真形式,同时也是批量、成规模装备部队之前必须历经和使用的一种仿真方法。

2. 多实体数字化作战系统仿真方法

多实体数字化作战系统仿真方法通常需要使用基于网络的方法完成。当然,这里的“网络”可以是作战实际使用的信息网络,也可以是基于模型、仿真平台或实验室生成、“架设”的“虚拟网络”。多实体数字化作战系统仿真一般用于检验单装实体数字化作战的系统适配性、功能适配性。例如,预研、设计、制造、即将交付的数字化作战实体产品是否能够满足作战部门的系统适配性、功能适配性要求,是否满足、达到采办需求提出的指标要求。

基于作战信息网络的多实体数字化作战系统仿真一般需要在采办部门指定的测试靶场或实验鉴定检测机构完成,而基于虚拟网络的多实体数字化作战系统仿真可以在装备设计研制部门完成,也可以在鉴定检测靶场完成。

系统适配性、功能适配性是装备采办部门在装备提交承研方案阶段或者在发布装备需求指南时即需要被明确提出并给出指标约束的。由于许多装备的研发周期较长或技术、作战环境发生剧变,使早期的装备适配性指标跟不上或不能满足形势发展变化的需求,所以实质上基于虚拟网络的多实体数字化作战系统仿真是一种更常用的仿真方法与手段。该方法可以通过虚拟的方法对装备的系统适配性、功能适配性作出部分超前分析与预测,提出适配性指标的风险性应对方案,最大限度地保证装备研制完成后与作战环境的系统适配性与可用性。

无论对于需求方还是承研方多实体数字化作战系统仿真,都具有极重要价值的一种仿真方法或形式。

3. 多系统数字化作战体系仿真方法

由于组构为体系的系统之间的连接较之系统内各组分之间的连接更为松散、耦合度更低,具有按需而聚、任务完成而解构的特点,因此,体系的仿真方法在许多方面不同于系统仿真。从仿真应用角度,多系统数字化作战体系仿真是体系仿真的一个子类,也是数字化作战仿真的一个子类。由于多系统数字化作战体系通常由数字化作战系统组构而成,因而,多系统数字化作战体系仿真通常需要基于数字化作战系统以及系统与系统、系统与环境之间的连接、交互建模并仿真完成。

多系统数字化作战体系仿真方法主要包括以下三种。

第一种,环境设定法。环境设定法就是将重点关注的体系仿真系统明确为仿真对象,将组构为体系的其他系统及主要交互对象设定为环境。通过设定的各种密切交互的环境因素、条件的参量、数值的变化,仿真分析系统、体系性能、效能的改变,探索、寻找、发现体系及仿真对象系统存在的不足与缺陷,提出改进优化体系结构、组分系统的举措、策略、办法。这类仿真方法通常应用于研制装备部门在需求部门提出装备系统需求方案、承研方提出装备系统设计方案与装备系统方案虚拟制造、实际制造及装备系统实际研制完成等重大时间节点(或里程碑节点),为装备系统研制方案被采纳、实际使用、推进及准备交付时确立相关节点任务是否完成以及是否可以转进入下一阶段工作,提供可信的决策信息与可验证的决策数据服务。

第二种,使命任务规约法。该方法主要用于系统需求方案提出、装备系统研制方案设计阶段,重点用于检测、验证装备系统用于何种体系、体系用于何种使命及体系必须完成何种任务。该类仿真可以及早发现需求的装备系统是否能够组构为需要的作战体系及所参与组构的体系能否承担和胜任相应的使命任务。由于使命任务通常具有较长时期的稳定性，因而，使命任务规约法对于分析需求、研制新的装备系统及改造、挖潜老旧系统具有极重要的作用、意义和价值。

第三种，体系对抗法。该方法是一种更为真实的体系适配性及体系效能的检测方法，是三类仿真方法中最接近真实情形的一类仿真。但是，该方法对模型及体系、系统模型运行环境条件要求高，很多时候很难获得完全满足需求的体系对抗仿真运行环境。

该方法更为具体的介绍和分析请参见多方数字化作战体系对抗仿真方法。

4. 多方数字化作战体系对抗仿真方法

尽管多方数字化作战体系对抗仿真是一种更为有效的仿真方法，但是，该方法的成功实施及完成是一件极其复杂而困难的任务。

该方法组织实施的复杂性主要包括(但并不限于)以下几方面。

(1)多方装备实体、系统、体系模型建模复杂度高。不同国家的装备实体、系统、体系的性能、效能参数的获取难度极高，因而，对它们的建模、描述存在较高的不确定性，获得可信且有效的模型十分困难。

(2)难以对参与对抗的各方的装备、系统、体系的编配部署应用方式方法有精准、透彻的了解与正确认识、认知，使得对抗仿真各方对抗体系的编配、部署及应用存在脱离真实对抗条件的风险，进而导致对抗仿真获得结果的可信度、可用度降低。

(3)对抗模式设置、人员指挥及战法错误设定、误置的风险，这类风险常常客观存在且极难消除。

(4)对抗环境、模型描述及运行与真实状态、条件背离、不一致甚至误置、分裂的风险。这类风险也是较高概率的客观存在且较难消除。

鉴于以上复杂性，目前的体系对抗仿真系统的设计、开发都普遍面临着极大的不确定性、极高的困难与极大的挑战性。

尽管如此，为了保证战略装备及关键装备、系统融入体系并形成完全的作战能力，在限定条件下用于测试/验证特定装备(系统、体系)特定功能、性能、能力、效能的体系对抗仿真系统仍然需要/亟待开发完成并投入实践应用。

多方数字化作战体系对抗仿真方法可以划分为以下5种类别。

(1)虚实对抗法。所谓虚实对抗法，是指体系对抗的我方采用实编实配而对抗方采用虚编虚配并借此完成对抗双(多)方推演仿真的方法。这种方法应该说是目前应用比较广泛的一种方法。其优点是对于对方的不确定性可以通过多类别多形式的“假定(想定)”探索进而以极小极大(极大极小、极大极大、均衡优化等)方式获得劣点优解、优点优解、均衡优解等。

(2)虚虚对抗法。虚虚对抗法是指体系对抗的敌方、我方等对抗的各方均采用虚编虚配并借此完成对抗双(多)方推演仿真的方法。由于国内国际战略形势及各方武器装备的发展变化,这类对抗常常是实际更大概率出现及发生的情形,也是一种难度最高的对抗形式、方法。也可以说,该类对抗方法本质上属于一种具有较高不确定性的体系对抗,对抗仿真推演的结果的可信性、可信度主要取决于想定构设预测与未来对抗实践的贴近度、一致度与各方对抗模型构设的真实度、可信度,以及仿真推演方法、环境的科学度、有效度等。

(3)预置测试法。预置测试法是将待验证的装备(体系)置于特定的体系对抗环境对其效能、性能进行检测、认证、确认的一种方法。

预置的体系对抗环境可以是局部真实体系对抗环境(如测试靶场、局部范围实兵实装演习等),也可以是部分真实部分仿真的体系对抗环境(如构建完成并使用仿真系统的测试基地/靶场、实兵演习 + 仿真等),还可以是纯粹、完全的仿真体系对抗环境。无论哪一种情形,构建真实可信、与未来装备(体系)使用环境一致的体系对抗环境都是一项具有很强挑战性的艰巨任务。其中,实物、模型、环境的真实性、可信性、有效性,以及想定构设的科学性、与未来真实场景的一致度都具有极强的挑战性和极高的难度。

(4)智能蓝(绿、黄、白等)军对抗法。智能蓝(绿、黄、白等)军对抗法是将己方体系采用基于真实的体系或基于规划的、构设的需求体系进行建模,而将对抗方(或第三方)采用智能体系予以建模,进而实现体系对抗行为推演及结果预判的一种仿真方法。这类方法的结果可信度及可用度主要取决于真实、需求作战体系模型及智能对抗体系模型的可信度及仿真度。己方体系的建模可参考、采用前三类方法中的建模技术及策略,但智能体系建模会成为该方法是否有效及取得成效的重点,也是难点。采用智能技术后,对于对抗方除仍需保持与前三类方法相似的科学预测及预研预判外,还需要重点对对抗方体系演化发展的方式、方法、机制、规律有准确的预测、洞察及理解,构建准确捕获对抗方体系演化的机理模型,使其能充分揭示、展现对抗方体系行为规律。这是融合智能技术的基础,也是使智能模型切合未来体系对抗战争实践的关键。

(5)双(多)方智能对抗推演法。这种方法一般应用于真实的体系作战要素(人、装备系统等)不能参与对抗时而构设的一种体系对抗推演方法,如重大装备体系研发部门在完成大型装备(系统)方案设计时常常需要首先在构设的体系环境中进行检测、评估,这时尚不可能进入一种实际测试环境中,开发一种研制方测试用的智能体系对抗仿真环境用于方案的测试与评价就成为一种必要且可行的方法。该方法需要在方法四的基础上将己方体系进行智能化改造,使之成为一种单部门机构测试用的智能化体系对抗仿真系统,以用于方案测试。这种方法的难点不仅仅是己方作战体系智能化改造及描述,还包括贴合体系作战实践的体系对抗想定构设及体系对抗国际战略环境演化构想的设计。一般这种环境的建立仍然需要多部门介入、参与设计及研发才可能完成,仅依靠承担装备研发任务的某一部门组织实施是很难完成的,也不可能设计、开发出满足需求的仿真系统。

以上5种多方数字化作战体系对抗仿真方法可以结合形势演变及实践发展扩展、删减、并合新出现的变化及形态。

6.4.4 数字化作战仿真应用形式

从仿真应用目的和应用模式角度,数字化作战仿真应用形式可以划分为装备体系仿真论证模式、作战分析模式(作战方案分析仿真,战略规划、作战规划与计划仿真)、训练模式三种基本模式。以下分别扼要介绍与分析。

1. 装备体系论证模式

装备体系论证模式是数字化作战仿真应用于装备研发的主要模式。数字化作战基于数字化作战装备实施、完成,而数字化作战装备必须融合于数字化作战装备体系才能转化和形成数字化体系作战能力。体系作战的实践需求也强制要求数字化作战装备的研发必须是完全体系化的进而能够组构和融合于体系。这要求装备研制的需求分析、设计、研制、测试、交付全流程、全寿命周期都必须实现体系化的需求分析、体系化的指标设计、体系化的装备研发、体系化的装备测试及验收等。支持这一全过程的数字化作战仿真即数字化作战仿真的体系应用(或论证)模式。

该模式需要将数字孪生技术融合于体系/系统/装备设计、制造、测试、交付、保障全流程、全寿命周期,实现数字化作战仿真与数字孪生在装备体系论证领域深度融合、嵌入、交互、互联,完成虚拟空间、仿真空间、实物空间的互联、互通、互融为一体,实现装备体系论证仿真融入元宇宙开发与应用的技术洪流之中。

2. 作战分析模式

作战分析模式是数字化作战仿真应用于数字化作战概念探索、数字化作战构想设计、数字化作战想定开发、数字化作战方案评估与优化、数字化战略规划/

作战规划与计划设计的核心模式。

该模式的应用需要面向多个不同层次、不同粒度的对象实体,因而,数字化作战仿真模型将包含不同分辨率及不同分辨粒度的实体及作战行动/行为模型。尽管不同层次、不同粒度的模型结构、表现形式差异巨大,但是,与其他应用模式比较,普遍要求各层次、各分辨粒度的实体及行为模型必须能够正确抽取出可反映、描述各实体显著特征及行为演化的参量、变量及其关系,以满足不同层次、不同粒度模型所在层次、粒度测度指标及其关系与实践应用的切合度、正确度、合理度、科学度等要求。

由于新的数字化作战概念、数字化作战构想的提出及数字化作战想定的设计均是一种具有高度前瞻性的探索行为,因而,正确性和实践引领性是辨识、区分其价值和有效性的关键测度指标。如何保证数字化作战仿真模型支持这三类应用,使模型具有智能性是模型可用、能用、有效的关键。构建建议采用基于机器学习(如强化学习、深度学习、深度强化学习等)的技术、方法完成此种仿真模型的。

而基于仿真的数字化作战方案评估与优化及数字化战略规划/作战规划与计划设计,需要使用和构建基于目标的评估指标体系,及基于指标体系的评估与优化模型方法、技术。对于这两类仿真应用,指标体系的设计是基础,优化方法与优化模型的选择是关键。

作战分析模式是数字化作战仿真理论研究和科学实验的重要应用模式,保证各类模型设计及结果的科学性、正确性是应用成功的关键。

3. 训练模式

训练模式是数字化作战仿真非常重要且应用频度和广度最高的一种模式,是保证、保持未来数字化作战体系数字化作战能力的一种十分高效且有效的重要方式。

训练模式下的数字化作战仿真样式、形式、类别众多,包括从单兵单装的数字化操控技能训练到数字化作战战术训练、数字化战役指挥训练乃至国家安全战略决策训练。

不同层次、不同类别的数字化作战训练仿真,其模型表现形态、操控与运行方式、仿真实体颗粒度、人机交互与态势展现方式、模型推演方式方法、想定内容与形式、参演/训兵力规模及编组/编配形式与方法、训练/演训/演习内容与方法、导调/导控模式与方法、实兵是否联训及联训的形式与方法等均有较大区别与不同,实际仿真组训前需要进行非常深入、具体的研究与分析,而后有针对性地确立仿真训练课题、训练场地、训练系统、训练方式、训练时长、训练编组、训练目标、训练效果等，以确保训练仿真系统的训练效能得到最大限度的利用和发挥，达到预设的训练目标和目的。

数字化训练仿真与传统训练仿真最主要的不同是数字化理念的深入、全面、完整的融入，从系统、模型、组件、方法、制度、机理等各层次、各方向对当今在用、在研训练仿真进行由内而外、自下而上的体系化重构与重建，形成面向数字时代的训练手段、训练方法、训练程序、训练理论、训练体制等全方位革新与转变，借由数字化革命催生作战训练的数字化新形态，实现数字化作战与数字化训练的深层一体融入。

因此，数字化作战训练仿真并不是数字化技术在训练领域的简单普及、改造与应用，而是要实现认识论、方法论、实践论的一次伟大变革，完成训练领域的一次重大的数字化转型与数字化革命。

论证模式、分析模式、训练模式三种主要应用模式共同推动、推进数字化作战仿真技术的全面深入发展，使作战仿真技术坚实地屹立于数字化时代发展的大潮中，乃至成为新时代技术发展的符号与标志。

6.4.5　数字化作战仿真发展趋向

伴随各国数字化工程(digital engineering)、数据工程(dataengineering)、数字化工程战略(digital engineering strategy)的相继提出和推进，人类社会正在加速步入数字化时代。数字化时代不仅全面地影响和改变着人类数千年来已经形成的生活习惯和生活方式，而且改变着人类社会中人与自然、人与人之间的对话形式与互动方式，一个全维度、全空间的虚实数字化互联乃至数字化虚实一体的元宇宙时代已经走来，并正在开启人类社会发展的新纪元。毫无疑问，在这个宏大的时代背景下，数字化作战仿真正在承载和担当着重大而艰巨的历史使命，它将会迎来并彻底改变人类社会认识、模仿战争的形式、载体和方法，使人类对战争样式、形式、机理、控制的认识进入一个新阶段，使战争的准备、装备的研发、战争的实施、战争的预测与控制等完全在数字化的战争/作战实验室完成，加速战争研究的科学化进程，使战争理论成长为战争科学。

可以预期，数字化作战仿真将在以下几个重要方向上取得重大进展。

(1)数字化作战仿真应用将呈现全领域、全层次、全系统、全体系的模态，不再囿于较局限的装备、战术层次的简单应用。数字化技术的深入发展与应用将使数字化作战的“仿”与“真”的差异愈益缩紧乃至逐渐趋同、难以分辨。这也使各类指挥控制系统的态势呈现与各类作战仿真指挥控制信息系统的态势呈现趋向一体化,虚拟指挥、数字化指挥、数字化作战仿真指挥及指挥仿真的边界不再清晰,职能日趋融合。

(2)数字化作战仿真使作战训练的施训空间、受训空间、能力空间、指控空间被极大地拓展,使许多传统作战训练、作战仿真训练难以组织、实施、承担和完成的任务变得可能,推动作战训练仿真成为作战训练最为重要甚至最主要的训练工具。

(3)由于数字化作战仿真模型粒度、层次、类别、描述对象、运行机制的丰富性,多层次、多类别、多粒度模型之间转换、交互的灵活性,以及模型、描述实体的自适应、进化、智能度高等特征,数字化作战分析仿真对作战方案、作战规划的科学拟制以及对作战准备与作战实施的辅助支持力度将会更大,更加科学和高效。

(4)伴随数字化作战实物仿真、数字化作战虚拟仿真、数字化作战推演仿真、数字化作战智能仿真等各类数字化作战仿真技术日趋融合,数字化作战虚实互融共生全领域、多层次、研训战一体的高维数字化作战仿真空间将会逐渐形成为一种新的作战仿真形态,并在元宇宙技术的助力下,促成新一代数字化作战元宇宙技术、形态的诞生,使数字化作战人、装、环无限融合,进而使现实世界的高层决策人员、指挥控制人员、作战保障人员、装备研制人员无限感受和体验数字化作战的种种现实和可能,难以区分数字化作战的虚拟和真实,在其中基于各自需求分别完成战略决策、作战指挥、维护保障、武器装备研用及参与各类系统级、体系级使命任务。

参考文献

[1]肖田元,张燕云,陈加栋.系统仿真导论[M].北京:清华大学出版社,2000.

[2]胡晓峰,陈雷鸣,毕长剑,等.作战模拟术语导读[M].北京:国防大学出版社,2004.

[3]张最良,李长生,赵文志,等.军事运筹学[M].北京:军事科学出版社,1993.

[4]LANGTON C G. Artificial life:Proceedings of an interdisciplinary workshop on the synthesis and simulation of living systems, september[C]. Los Alamos, NewMexico, USA: Addison – Wesley Publishing Company, Inc,1989.

[5]ILACHINSKI A. Artificial War: Multiagent – based simulation of combat[M]. Singapore: World Scientific Publishing Company,2004.

[6]ILACHINSKI A. Irreducible semi – autonomous adaptive combat (ISAAC):an artificial life approach to land combat[J]. Military Operations Research,2000,5(3):29 – 46.

[7]ILACHINSKI A. From ISAAC to EINSTein: An artificial – life laboratory for exploring self – organized emergence in land combat[R]. Alexandria:Center for Naval Analyses,2003.

[8]张贤达.矩阵分析与应用[M].北京:清华大学出版社,2004.

[9]金伟新.战争组织化复杂适应系统(OCAS)的建模与仿真:国防大学第二届战争复杂性与信息化战争模拟专题研讨会论文集[C].北京:国防大学科研部,2006.

[10]全军军事术语管理委员会,军事科学院.中国人民解放军军语[M].北京:军事科学出版社,2011.

[11]肖田元."仿真是信息时代认识世界的第三种方法吗?":中国科协第8期新观点新学说学术沙龙——仿真是信息时代认识和改造世界的第三种方法吗?[C].北京:中国科学技术出版社,2007.

[12]National Science Foundation Blue Ribbon Panel on Simulation – Based Engineering Science. Revolutionizing engineering science through simulation[R].[S. L:s. n.],2006.

[13]International Council on Systems Engineering(INCOSE). INCOSE systems engineering vision 2020[R]. San Diego:[s. n.],2007.

后 记

伴随着大数据、云计算、网络技术、智能技术、元宇宙等技术的深入发展与推进，人类正在一步步迈入信息社会，信息社会的社会形态、人们之间的社会交往形式与生活方式正在逐渐成形，一个集大成智慧的大成智慧时代与大成智慧社会正呼之欲出，一个人们向往与梦寐以求的人智、物智、机智一体的万物智慧互融一体的时代正在到来，人们逐渐过上千百年来人们一直仅存于幻想中的所想即所得甚至未想即已得的理想生活。这是一个日新月异的美好时代，是一个有追求只要不吝奋斗就会实现理想的时代。毫无疑问，这也是一个令每位仿真工作者异常激动与兴奋的时代，它已经将“仿”与“真”紧密地融合，使得“真实”与“虚拟”仅仅是一步之遥，甚至难以区分。同时，它一直以来不可避免地改变着作战仿真的形式与方法，真实的作战与仿真的作战难以辨别与区分，真正实现了作战仿真的初心。

作战仿真技术的未来发展将不可避免地步入以下形式与形态：大数据仿真、云计算仿真、作战云仿真、云作战仿真、智能作战仿真、作战智能仿真、作战仿真大成智慧研讨与推演、作战大成智慧仿真等。各种新的作战仿真形式的相继诞生、成长、成熟，将令仿真人和全社会都变得目不暇接、惊喜与惊奇，这也是每个仿真人梦寐以求的时代。

最后，将大声欢呼云时代、智能时代、大成智慧时代的到来，也由衷地欢呼和迎接云仿真时代、云作战仿真、智能作战仿真与大成智慧作战仿真时代的到来，以此为全书的结语，作为与读者朋友们一段阅读小聚旅程中的暂别告别语。谢谢各位同行、专家的阅览。